2014年
哈尔滨市社科联学术著作出版资助项目

黑龙江省旅游产业发展若干问题研究

HEILONGJIANGSHENG LÜYOU CHANYE FAZHAN RUOGAN WENTI YANJIU

钱　威　徐亿军　高建军　编著

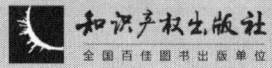
知识产权出版社
全国百佳图书出版单位

图书在版编目(CIP)数据

黑龙江省旅游产业发展若干问题研究 / 钱威,徐亿军,高建军编著.
—北京:知识产权出版社,2014.11
ISBN 978-7-5130-3144-8

Ⅰ.①黑… Ⅱ.①钱…②徐…③高… Ⅲ.①旅游业发展-研究-黑龙江省 Ⅳ.①F592.735

中国版本图书馆CIP数据核字(2014)第261874号

内容提要

本书以黑龙江省旅游产业的发展为研究对象,以北国风光特色旅游开发区建设为时代背景,从多个方面研究与探讨了黑龙江省旅游产业发展中所涉及的方方面面的若干热点问题。从政策导向与时代背景到旅游产业发展能力的客观评估,再到产业发展的核心主体——旅行社管理问题研究,最后到冰雪旅游这样的热点问题及民族地区旅游这样的难点问题研究,形成了一个完整的黑龙江省旅游产业发展问题研究的理论体系。本书可作为旅游产业研究人员参考用书。

责任编辑: 许 波

黑龙江省旅游产业发展若干问题研究

钱 威 徐亿军 高建军 编著

出版发行:	知识产权出版社有限责任公司	网 址:	http://www.ipph.cn
电 话:	010-82004826		http://www.laichushu.com
社 址:	北京市海淀区马甸南村1号	邮 编:	100088
责编电话:	010-82000860转8380	责编邮箱:	xbsun@163.com
发行电话:	010-82000860转8101/8029	发行传真:	010-82000893/82003279
印 刷:	北京中献拓方科技发展有限公司	经 销:	各大网上书店、新华书店及相关专业书店
开 本:	720mm×1000mm 1/16	印 张:	13.5
版 次:	2014年11月第1版	印 次:	2014年11月第1次印刷
字 数:	187千字	定 价:	42.00元

ISBN 978-7-5130-3144-8

出版权专有 侵权必究
如有印装质量问题,本社负责调换。

序

黑龙江省旅游产业正经历着史无前例的大发展。伴随着人们生活水平的提高、经济增长方式的转变，旅游业作为新兴的绿色产业，得到了地方政府的高度重视。近年来，研究区域旅游产业的学者较多，他们多从影响产业发展的其中一点进行研究，研究主要围绕旅游产业集群、旅游产业结构、旅游文化产业、旅游产业竞争力等问题展开。

钱威、徐亿军、高建军的《黑龙江省旅游产业发展若干问题研究》从黑龙江省大力发展旅游业的政策导向与时代背景出发，分层次、多角度地对黑龙江省旅游产业发展进行了非常详实的分析，运用产业经济学理论，通过实证分析方法，对旅游产业发展能力进行了客观评估，对旅游产业发展的核心主体——旅行社管理问题进行了研究，具有扎实的理论逻辑支撑和数据事实根据。对冰雪旅游这样的热点问题及民族地区旅游这样的难点问题也进行了研究，形成了一个完整的黑龙江省旅游产业发展问题研究的理论体系。书中所提出的一些政策建议颇具新意，具有可操作性。

当然，需要指出的是，书中的研究没有涉及国内、国际旅游产业发展对黑龙江省旅游产业发展的影响，这是作者今后需要进一步深入研究的内容。

总之，作者的研究是立足于黑龙江省的实际问题展开的，研究的实践意义大于理论意义。行文风格全面、详实，写作方向追求实效、真理。为研究区域旅游产业的发展，探求解决旅游产业发展问题及困难，又增填了一部有力的著作。对弘扬黑龙江省民族精神、传承民族文化，对促进黑龙江省经济社会发展发挥了一定作用。因此，我愿意将《黑龙江省旅游产业发展若干问题研究》一书推荐给经济学界以及关心黑龙江省旅游产业发展的广大读者。

王朗玲

前　言

近几年，尽管整体宏观经济增速放缓、消费需求下降、入境市场低迷，但黑龙江省旅游业仍然保持着较快的发展势头，旅游业总收入相当于全省GDP的10%左右，旅游业在全省经济发展中起着举足轻重的作用。黑龙江省旅游业强劲发展的动力不仅源于黑龙江省得天独厚的旅游资源，更源于黑龙江省对旅游业的高度重视。冰城夏都的旅游口号已深入人心，北国风光特色旅游开发区、贸易旅游综合开发工程和旅游名镇正在建设，黑龙江省旅游产业的发展走出了一条独具特色的高速发展之路。

本书比较系统的介绍了黑龙江省旅游产业发展过程中的一些重要问题，包括北国风光特色旅游开发区的构建及东北老工业基地发展旅游业的构想等政策性问题，黑龙江省旅游产业发展能力、黑龙江省旅行社管理等旅游产业发展的核心问题，以及黑龙江省冰雪旅游产业、民族地区旅游产业等特色发展问题。其中第4、5、7章由钱威编著，第1、2、3、6章由徐亿军编著，书稿的整理、编辑工作由高建军负责。

编著本书的目的就是希望能将黑龙江省旅游产业的发展问题进行一定程度上的梳理和总结，为关心、研究及从事旅游产业发展的人士提供一些资料，并能从中得到一些启发。

作者

2014年11月于哈尔滨

目　　录

第1章　北国风光特色旅游篇 ………………………………001
1.1 北国风光特色旅游开发区建设提出的背景 ……………001
1.2 北国风光特色旅游开发区建设的重大战略意义 ………001
1.3 北国风光特色旅游开发区的发展战略和总体目标 ……003
1.4 北国风光特色旅游开发区建设的思路和内容 …………003
1.5 科学构建北国风光特色旅游开发区的路径选择 ………004

第2章　东北老工业基地发展旅游业的构想 ………………012
2.1 振兴东北老工业基地与发展黑龙江省旅游业的关系 …012
2.2 黑龙江省旅游业的优势和发展潜力 ……………………013
2.3 振兴东北老工业基地,黑龙江省旅游业发展的构想 …015

第3章　知识经济环境下的黑龙江省旅游产业发展 ………021
3.1 面对知识经济,黑龙江旅游业的机遇与挑战 …………021
3.2 知识经济挑战下的黑龙江省旅游业生存发展战略 ……024

第4章　黑龙江省旅游产业发展能力分析 …………………029
4.1 黑龙江省旅游产业核心竞争力分析 ……………………029
4.2 黑龙江省县域旅游产业的可持续发展能力分析 ………034

第5章 黑龙江省旅游产业发展的核心——旅行社管理 ······041
5.1 提升黑龙江省旅行社管理水平的重要意义 ······041
5.2 旅行社管理的理论基础 ······042
5.3 国内外旅行社的发展与管理现状 ······048
5.4 黑龙江省旅行社的发展现状及管理问题 ······067
5.5 黑龙江省旅行社管理的对策与建议 ······080

第6章 黑龙江冰雪旅游产业篇——以"冰城"哈尔滨为例 ······090
6.1 冰雪旅游研究概述 ······093
6.2 哈尔滨冰雪旅游市场分析 ······104
6.3 哈尔滨冰雪旅游市场需求的相关预测分析 ······129
6.4 哈尔滨冰雪旅游市场发展对策与建议 ······150
6.5 结论 ······155

第7章 黑龙江省民族地区旅游产业的发展模式 ······158
7.1 发展黑龙江省民族地区旅游产业的重大意义 ······159
7.2 黑龙江省民族地区旅游产业发展研究 ······165
7.3 北国风光特色旅游开发区建设对黑龙江省民族地区旅游产业发展的影响研究 ······181
7.4 民族地区旅游产业发展模式典型案例研究及其启示 ······184
7.5 黑龙江省民族地区旅游产业发展的路径选择及对策研究 ······189

参考文献 ······203

第1章 北国风光特色旅游篇

北国风光特色旅游开发区是黑龙江省八大经济区之一,在"十二五"规划中占有举足轻重的地位。明确北国风光特色旅游开发区建设的总体目标与建设思路,以"黑龙江北国特色"为主线,科学规划、合理构建独具特色优势的北国风光旅游全方位发展体系,对于全面提升黑龙江旅游产业的竞争力及其跨越式的发展具有深远的经济社会意义。

1.1 北国风光特色旅游开发区建设提出的背景

北国风光特色旅游开发区是黑龙江省八大经济区之一,最早是在2008年12月全省经济工作会议上原省委书记吉炳轩提出的建设"八大经济区"和实施"十大工程"的构想中,旅游业的加快发展名列其中,即"北国风光特色旅游开发区"和"旅游综合开发工程"。[1]2009年5月,黑龙江省委十届七次全会又审议并通过了《黑龙江省北国风光特色旅游开发区规划》,为全省旅游产业、旅游科研指明了新的发展方向,提出了明确的要求。2011年1月,《黑龙江省国民经济和社会发展第十二个五年规划纲要》中,将"北国风光特色旅游开发区为重点,全面加快服务业发展"作为一章,再次着重论述了建设北国风光特色旅游开发区的主要任务、发展目标和实施设想,为今后五年黑龙江省旅游产业的大发展描绘了美好蓝图。

1.2 北国风光特色旅游开发区建设的重大战略意义

1.2.1 北国风光特色旅游开发区建设是针对黑龙江省经济社会发展缓慢症提出的战略决策

黑龙江省委提出建立北国风光特色旅游开发区,明确代表了黑龙江省"十二五规划纲要"和旅游业发展的规划,是构建并提升黑龙江省整体产业体系的重大举措,是关系到未来黑龙江省经济、社会、生态发展的重要战略步骤,是巩固黑龙江省在东北亚大战略中保持关键地位的棋子,是黑龙江省贯彻科学发展观、构建和谐社会、建设社会主义生态文明的首要体现。北国风光特色旅游开发区的提出和规划的制定,标志着黑龙江省旅游业发展步入了新的阶段,在黑龙江省经济发展史上,特别是旅游业发展史上树立了新的里程碑。[2]

1.2.2 北国风光特色旅游开发区建设是体现中央精神并使之黑龙江化的战略举措

以科学发展观为指导,建设北国风光特色旅游开发区是在原有规划建设和工作成果的基础上,首次从省级层面提出旅游开发区建设构想,是完善黑龙江省旅游规划的一次有意义的尝试,是一个提升规划、战略规划、工作规划和特色规划。黑龙江省旅游产业要做大做强,应当在特色旅游方面加大开发力度,做到你无我有,你有我新,你新我奇,你奇我特。只有特色显著、魅力十足,才能吸引更多的客源,才能形成黑龙江特有的市场优势和经济优势,打造成国内首个北国风光特色旅游开发区,并发展成为东北亚重要的旅游目的地。

1.2.3 北国风光特色旅游开发区建设是经过实践检验和证明并切实可行的战略思路

建设北国风光特色旅游开发区,有利于加快黑龙江省旅游业实现跨越式发展,推动经济社会发展和文明进步;有利于塑造和展示地方形象,提升黑龙江省在国际上的知名度和影响力;有利于促进保增长扩内需战略实施,增加财政收入;有利于城乡一体化发展,扩大社会就业,促进社会和谐;有利于挖掘黑龙江省文化资源,推动边疆文化繁荣;有利于保护生态环境,推动基础设施改善,实现协调可持续发展。

1.3 北国风光特色旅游开发区的发展战略和总体目标

北国风光特色旅游开发区的发展是通过极核带动的战略，重点培育最具潜力、发展基础好、龙头带动作用大、辐射范围广的区域，在政策、资金等方面给予大力扶持，形成"哈市带动，全省互动"的北国风光特色旅游开发区的整体发展格局；跨越赶超战略，以跨入全国旅游经济发达省份为目标，激励重点旅游板块、重点旅游景区、重点旅游企业做大做强，逐步缩小与发达地区之间的发展差距；突出特色战略，构建各个区块具有全国性乃至国际性竞争力的核心特色旅游产品，培育差异化主题的多元特色旅游产品体系；塑造精品战略，以塑造冰雪、森林避暑、边境旅游三大系列品牌为重点，带动重点景区的开发建设，促进整个旅游开发区的全面发展；国际化战略，注重旅游开发理念的国际化、旅游产品的国际化、旅游服务水平的国际化和重点发展边境旅游。

北国风光特色旅游开发区发展的总体目标是，经过3~5年的努力，将北国风光特色旅游开发区建设成为旅游形象鲜明，空间发展格局科学合理，十大极核带动作用显著，冰雪旅游、生态避暑、边境旅游三大旅游产品基本成型的全国旅游快速发展区域，成为中国首个特色旅游开发区。

1.4 北国风光特色旅游开发区建设的思路和内容

1.4.1 突出以"黑龙江北国特色"为主线

开发区设定黑龙江全省为一个区，区中又包括十大板块，每个板块中又有若干景点，连点成线，覆盖全省。突出以冰雪、清凉、生态、边境为主线的"黑龙江北国特色"，最终建设目标是把北国风光特色旅游开发区建成旅游形象鲜明、空间发展格局科学合理、十大极核带动作用显著、主导旅游产品基本成型的全国首个特色旅游开发区，把旅游业建设成黑龙江省国民经济的重要支柱产业。[3]

1.4.2 充分利用黑龙江省独具特色的资源优势

以整合优化、培育特色旅游产品为切入点，以打造龙头精品为品牌，以哈尔滨、五大连池、镜泊湖、小兴安岭、神州北极、扎龙湿地、兴凯湖、大庆温泉、抚远华夏东极、鹤岗黑龙江界江十大旅游开发区建设为核心，以搭建营销策略平台为手段，以保障体系为支撑，力争通过3~5年的努力，真正构建起点面结合、有效互动、面向全国、辐射欧美的黑龙江省北国风光特色旅游开发区全方位发展体系。通过确定北国风光特色旅游开发区重点建设的十大板块及精品项目的开发与建设，塑造黑龙江旅游发展增长极，为全省旅游业跨越式发展奠定基础。同时，围绕开发区产品体系，重点建设旅游产品类型，塑造特色旅游产品品牌，培育专项旅游产品，推出精品旅游线路。

1.4.3 明确搭建发展平台

加快景区、交通、住宿、娱乐、餐饮、旅游商品、文化演出等要素建设。北国风光特色旅游开发区以打造最具北国风光特色的旅游产品体系；以塑造北国风光特色旅游开发区旅游增长极为突破口，优先发展和培育十大板块；以塑造冰雪旅游、生态旅游、边境旅游三大旅游产品为重点，优化和整合黑龙江省现有的旅游产品；以基础设施和服务设施建设为切入点，完善旅游公共服务体系，为黑龙江经济又好又快发展做出贡献。[4]

1.5 科学构建北国风光特色旅游开发区的路径选择

1.5.1 着力搞好北国风光特色旅游开发区规划

建立北国风光特色旅游开发区规划，应在推进旅游重点建设的同时，进一步促进完善东北三省一区旅游发展区域规划。旅游专项规划编制应在北国风光特色旅游开发区建设规划的大框架内进行，以突出"黑龙江北国特色"为主线，重点塑造具有龙江地域特色的冰雪旅游、生态旅游、边境旅游三大旅游产品品牌。充分彰显黑龙江省独特的大森林、

大冰雪、大界江、大湖泊、大湿地、大熔岩、大油田、大农场等自然生态环境和闯关东文化、北大荒文化、大庆创业文化等白山黑水文化，重点培育自然景观、民族风情、工农业旅游、红色文化、历史文化、商务会展六大专项旅游产品。全力提升旅游产业素质，重点对旅游交通、宾馆饭店产品体系建设、旅游信息服务、旅行社行业、旅游商品开发、旅游餐饮业等方面做出规划。同时，通过编制风貌特色规划，充分体现自然特色、地域特点和文化品位，同生态环境协调一致、相映成趣。既要丰富多彩、生动活泼，又要体现地方及民族特色。全力推进文旅结合和文化产业化、市场化进程。在北国风光特色旅游开发区规划蓝图指导下，根据开发区的资源禀赋、交通状况、行政区划等客观条件，打造大景区，实施大项目，推动大发展。

1.5.2 打特色旅游牌，实施精品旅游战略

在旅游市场开发上以"冰城夏都滑雪天堂"为形象定位，把冰雪旅游、生态旅游、边境旅游做成核心品牌，包装设计别具特色的旅游产品和线路，提高我省冬季冰雪旅游、夏季养生度假旅游、极地旅游、边境旅游等特色旅游产品在国内重点客源市场上的知名度和影响力。围绕建设"北国风光特色旅游开发区"，黑龙江规划建设了一批具有国际性、地域性和市场竞争力较强的旅游精品项目。近3年来，全省共开工旅游项目983个，总投资558.29亿元。神州北极旅游度假区，抚远华夏东极旅游区，五大连池、镜泊湖、扎龙湿地生态旅游区，兴凯湖旅游度假集合等一批重点旅游项目粗具规模。[5]如2011年全力打造"北国风光"特色和品牌影响力的产品，按照精品化、可游性、可进入性的原则，推出"北国风光，美在黑龙江"夏季养生度假旅游品牌和精品线路。包括了三十大养生度假名胜、十四大养生度假主题旅游产品、十条精品旅游线路，涵盖黑龙江省十大板块和12个重点旅游名镇的旅游精品，形成黑龙江省夏季养生度假旅游的精华荟萃。充分利用旅游资源，依托特色旅游资源建设一些龙头旅游景区，开发建设具有国际性、地域性和市场竞争力较强的旅游精品和品牌，做大做强旅游业，搞好黄金旅游线路建设，

做好重点景区景点规划建设，进一步树立黑龙江省旅游整体形象和三大特色旅游目的地形象。

1.5.3 转变发展方式，调整旅游产品结构

北国风光及哈尔滨冰城夏都旅游区等十大板块的整体联动，形成了黑龙江首个无障碍旅游区，构建了点面结合、有效互动、面向全国、辐射欧美的旅游业全方位发展体系。黑龙江旅游业的加速发展在调整产业结构、转变经济增长方式、促进资源型城市转型、助力新农村建设等方面越来越发挥着强势推动作用。重视创意旅游的研究与开发，提高旅游产品的科技含量，加强旅游开发中的环境保护，大力实施"科技兴旅"战略。旅游产品结构调整，坚持同质提升、差异开发、优势互补、协调发展，重点景区、重点旅游线路、重点旅游产品精心打造，真正构建起具有北国风光特色的旅游产品开发体系。尽快将旅游产品由目前的一次性观光低端产品向多元化高端度假产品转变。调整产品结构由低端的观光型逐步向高端度假转型，不断开发扩大高端旅游市场。大力拓展旅游产品，进一步挖掘旅游资源。在围绕特色资源和产品开发的同时，大力挖掘工业、农业旅游潜力。调整结构，还应解决春秋旅游产品不足的问题，使黑龙江省旅游四季基本均衡发展。

1.5.4 推进旅游开发区建设，打造精品旅游项目

紧紧围绕北国风光特色旅游开发区规划，加快推进贸易旅游综合开发工程，培育黑龙江省旅游发展新亮点。通过加大招商引资力度，立足各地旅游资源特色，进一步整合资源进行项目开发、包装和宣传，推出一批发展前景好、市场潜力大的重点项目，引进国内外知名旅游企业和品牌，广泛吸纳国内外资金、管理、技术和人才参与黑龙江省旅游产业的发展，提高旅游业的市场化、国际化程度。一是通过开展旅游项目年活动，加快建设一批旅游资源深度开发、旅游产业转型升级和旅游新业态培育项目，深入实施旅游项目建设"351"工程，经过3~5年的努力，在全省建成一批成规模、水平高、效益好、有市场潜力的精品项

目。二是加快推进旅游项目开发。突出抓好冰城夏都、扎龙湿地等十大板块重点项目建设，围绕冰雪、生态、边境三大旅游产品体系，不断推出游客喜爱的充满体验性、娱乐性和休闲度假的精品项目。重点抓好旅游城镇建设。突出抓好北极村、镜泊湖、黑瞎子岛、连环湖、横头山等12个重点旅游名镇建设项目，完善基础设施，丰富服务功能，增强旅游市场竞争力和可持续发展力。努力使旅游城镇建设成为加快推进全省城乡一体化进程的重要引擎。围绕建设北国风光特色旅游开发区和加快重点旅游城镇建设，从而加大"北国风光，美在黑龙江"总体形象推介力度。

1.5.5 构建北国风光特色旅游产品体系

以整合优化、培育特色产品为切入点，使旅游产品开发力度不断加大。推出文化生态游、华夏东极游、神州北极游、林海泛舟游和火山边陲游、休闲旅游、冰雪旅游、边境旅游、乡村旅游、工业旅游、生态旅游、狩猎旅游、文化旅游、红色旅游、温泉旅游等精品旅游线路，加快建设北国风光特色旅游开发区。[6]重点塑造冰雪旅游产品、生态旅游产品和边境旅游产品三大特色旅游产品品牌，重点推出"冰雪天堂"梦幻之旅、"林海雪原"豪迈之旅、"追风逐雪"激情之旅、"戏冰娱雪"快乐之旅、"情系黑土地"个性之旅、"塞北江南"休闲之旅、"清爽龙江"养生之旅、神州北极探秘之旅等特色主题旅游产品。[7]同时，打造黑龙江"生态旅游大省"的形象，突出冰雪、森林、湖泊、湿地、火山等丰富的生态旅游资源，全面展示粗犷豪放的生态风光和原始纯净的生态环境。从而形成适应不同游客需求的旅游产品体系，推动传统观光型旅游向复合型旅游转变。

1.5.6 拓展旅游多点多季市场，实现四季均衡

冬到黑龙江滑雪、赏冰，夏到黑龙江避暑、养生，秋赏烂漫五花山色，春季登山、踏青、户外远足。黑龙江"世界冰雪旅游名都""国际滑雪旅游胜地""养生度假天堂"三大旅游目的地形象名扬海内外。因此，

应建设有特色、有魅力、有影响的四季旅游景点，开发四季黄金旅游线路，举办特色旅游活动，全面提升北国风光特色旅游影响力和竞争力，使黑龙江省旅游由冬夏两季热向四季旅游多季繁荣发展，由哈尔滨等中心城市一地热向全省各地多点繁荣发展，由单一产品热向多种类、系列化、特色化精品布局发展。2011年，黑龙江在打造四季旅游中，春季推出了6大主题旅游产品、15大春季看点、6条精品旅游线路，夏季推出20大养生度假名胜、14大养生度假主题游产品、10条精品旅游线路，秋季推出4大主题游、5大"五花山"风光长廊、40大"五花山"胜景、50个历史和文化看点、10大"北大仓"旅游胜地、4大狩猎旅游名苑，冬季推出40大冰雪旅游必游地、8大冰雪主题游和5大精品旅游线路，以期全力打造四季旅游。[8]

1.5.7 全力提升旅游产业素质

一方面，按照黑龙江省委、省政府确定的12个重点旅游名镇、重点旅游板块、重点景区等建设内容，要以旅游基础设施建设项目为载体，尽快提升旅游硬件的水平，发挥辐射带动作用。重点加强对旅游交通、宾馆饭店产品体系、旅游信息服务、旅行社行业、旅游商品开发、旅游餐饮业等方面的建设，建设项目、建设地点、建设等级等多项内容明确具体。继续重视和加强旅游通景区公路、旅游集散中心、旅游咨询服务中心、旅游厕所等公共服务设施建设。按照原省委书记吉炳轩提出的"围绕风景路、观光路，建设完善沿线观景平台、房车旅馆、风景栈道等旅游设施，给龙江大地提神增韵"的要求，完善游客服务中心、游客休息站等公共设施，提高旅游配套设施服务水平。另一方面，要加强旅游软件素质的全面提升。一是深化旅游诚信建设，加大质量兴游力度，坚持行政推动、标准引领、协会促进，抓好旅游服务质量提升"五大工程"，开展"旅游满意在龙江"活动。二是深入开展旅游标准化试点工作，推广应用已出台行业标准，以标准化创建促进规范化服务。三是加大旅游市场执法监督力度，开展"零负团费"、挂靠承包经营、强迫或变相强迫消费专项整治工作，提高旅游执法水平，维护旅游市场秩

第1章 北国风光特色旅游篇

序,保护消费者、守法经营者合法权益。四是加强行业精神文明建设,继续开展"诚信旅游示范单位"承诺、"窗口行业文明服务网上行"活动,构建诚信和谐的旅游环境。五是开展旅游在线服务,继续办好旅游数据中心、呼叫中心、12301旅游热线等公共服务平台,推进旅游产业信息化进程。六是要稳步推进协会改革,发挥好协会在人员培训、政策调研、信息服务、服务会员、沟通行业、维护权益等方面的作用。

1.5.8 整合旅游资源,打造东北旅游经济板块

创新旅游发展思路、整合区域旅游资源、促进区域旅游业的协调发展,是十二五期间黑龙江省旅游业面临的重要课题,也是旅游业可持续发展的关键。要对东北地区现有的旅游资源进行重新整合,谋求区域旅游大联合,将东部地区旅游产业做大、做强。以黑龙江省东部的镜泊湖、中国雪乡、凤凰山、唐渤海遗址、绥芬河对俄旅游等景区为集合和纽带,与吉林省东北部的长白山、松花湖、延边朝鲜族对朝旅游等景区联合,打造东北地区生态旅游"航空母舰",进而形成哈(哈尔滨、亚布力)—牡(牡丹江、镜泊湖)—长(长白山景区)跨省界生态旅游走廊。西北部地区以大兴安岭、漠河北极村、齐齐哈尔扎龙自然保护区、五大连池世界地质公园、黑河界江旅游等景区为平台,与内蒙古的东部呼盟大草原、蒙古族地区草原文化等景区联合,形成资源共享、市场共享、优势互补的西部旅游大型集合区域。只有这样,才能带动黑龙江省旅游业快速发展,以"东北特色旅游板块"知名品牌为招牌,促使"北国风光特色旅游开发区"旗舰早日诞生,为黑龙江旅游业和旅游经济振兴插上腾飞的翅膀。

1.5.9 大力开发东北部边境旅游布局,促进江上旅游业转型升级

发挥边境旅游得天独厚的区位和地缘优势,构筑全方位、多层次、多形式的边境旅游发展格局和网络,为北国风光特色旅游开发区建设提供有力的助推器。将沉睡的黑龙江、乌苏里江规划开发成集旅游、经

贸、沿边地区开发开放、文化交流、邮轮度假，全国独有、世界罕见的旅游度假黄金水道。根据不同特点规划开发不同的旅游产品和线路，如中、俄两国界江跨国风情游；黑龙江源头游；珍宝岛、虎头战争历史游；嘉荫龙骨山恐龙考古游；黑龙江小三峡风光游；东方第一哨晨光休闲度假游。充分利用和发挥黑瞎子岛江海连运枢纽港优势，以抚远三角洲（黑瞎子岛）为平台，经俄罗斯、太平洋，至日本、韩国、朝鲜，以及白令海峡至美国阿拉斯加等地，大力发展跨国、跨洲、跨境旅游等。建设配套的油轮码头，成立车船公司实行联动发展。

1.5.10 加大旅游市场营销的力度

旅游要争创口碑，创造名牌。把优美的旅游资源宣传出去，提升旅游知名度，需要大力加强市场营销的力度。一要设计特色鲜明的旅游总体形象和个性化的旅游宣传口号，加大"北国风光·美在黑龙江"总体形象推介力度；强化"梦幻冰雪世界，清凉养生天堂""冰雪欢乐世界，消夏休闲胜地"的旅游形象。二要积极开展行业促销，充分利用各类权威媒体、展会平台，开展主题产品营销活动，有效借助境内外各类媒体宣传黑龙江旅游整体形象，使黑龙江的旅游知名度、品牌影响力和市场覆盖率不断攀升。如在中央电视台《朝闻天下》栏目播出旅游形象广告，在北京、上海、哈尔滨等地设置黑龙江旅游形象广告牌、户外电子屏广告。三要积极尝试广告互换方式，做好境外重点客源市场宣传。不断加大区域合作的力度，加强对入境和两大三角、环渤海和东北地区市场的宣传促销，以形成区域联合、政企齐动、上下互动、整体联动的新型促销机制。四要开展"黑龙江100个最值得去的地方"评选活动，大力宣传北国风光特色旅游形象，进一步树立"世界冰雪旅游名都""国际滑雪旅游胜地""养生度假天堂"旅游目的地形象，增强黑龙江旅游的吸引力和竞争力。五要创意举办旅游节庆活动，提升特色品牌影响力。"黑龙江国际滑雪节""黑龙江国际养生度假旅游节""黑龙江森林生态旅游节""黑龙江漂流旅游节""黑龙江五花山观赏节"等百余个特色系列主题旅游活动的成功举办，让龙江旅游形象走向国际，使龙江旅游声名鹊起，来黑龙江旅游的人数年年攀升。六要积极整合省内旅游宣传资源，按照一定配比方式，与市地旅游局联合，指导各市地在航线开通地区开展高频度旅游宣传促销，鼓励和支持旅游企业开展包机业务。七要认真开展旅游商标（品牌）专项工作，力争中国驰名商标（品牌）和黑龙江省著名商标（品牌）认定取得重大突破；将旅游品牌具体落实到旅游线路、旅游产品的设计和推广上，把无形旅游品牌形象与具体产品、资源结合起来，不断生成旅游新亮点。

北国风光特色旅游开发区的规划和建设，为黑龙江省旅游业的快速发展及"十二五"期间经济社会的发展乃至东北老工业地区的振兴搭建一个平台。黑龙江省旅游业应紧紧抓住"十二五"规划的战略机遇，牢固树立和落实科学发展观，从省情出发，充分发挥黑龙江省独特的地理区位和市场品牌优势，乘势而上，加快把旅游业培育成国民经济的战略性支柱产业的进程，为全省经济社会又好又快发展做出更大贡献。

第2章 东北老工业基地发展旅游业的构想

中共中央提出了加快东北等老工业基地振兴的战略举措,并专门出台了《关于实施东北地区等老工业基地振兴战略的若干意见》,东北老工业基地迎来了快速发展的春天。黑龙江省作为东北地区最大的省份之一,紧紧把握振兴老工业基地这个核心,把大力发展旅游业作为其振兴东北老工业基地的应有之举,黑龙江省旅游业在东北老工业基地振兴中也必将会大有作为。

2.1 振兴东北老工业基地与发展黑龙江省旅游业的关系

黑龙江省同时具有东北老工业基地重点地区和中国北方旅游大省的双重身份,东北老工业基地的大振兴将给黑龙江省旅游业提供广阔的发展空间并创造良好的环境。

2.1.1 东北大振兴为黑龙江省旅游发展带来了新的机遇

(1)振兴东北老工业基地必然会进一步扩大对内对外开放,黑龙江省将有机会与东北地区以及日本、韩国、俄罗斯等东北亚国家开展更为广泛的合作与交流。届时,黑龙江省旅游业的市场化和国际化进程也必然加快提速,旅游业也同样会吸纳大量外来资金谋求更大的发展。

(2)经济发展水平的提高,将会促进城市建设、通信、电力、供水等基础设施的进一步完善,为旅游业的发展奠定更坚实的基础。

(3)这些国家和地区是黑龙江省旅游业的重要客源市场,国内外商务旅游和会展旅游的客源数量会大量增加,旅游收入也会相应大幅度增加。

2.1.2 东北大振兴对黑龙江省旅游发展提出了更高的要求

在振兴东北老工业基地的过程中,商务及会展旅游市场将不断扩大,这势必对旅游业的管理及服务提出更高的要求,如旅游饭店的设施设备要求更加符合商务办公的需要、服务水平和服务效率要求更高等。另一方面,由于旅游业具有辐射面广、关联度高、牵动力强等特点,因此,发展旅游业能够为工业、农业和第三产业中的其他产业提供更加优质的服务和保障,促进东北地区经济的全面发展。

2.1.3 旅游业的发展可以提高城市形象和改善投资环境

振兴东北老工业基地将大力推进黑龙江省及省会城市哈尔滨市的建设步伐。为此,发展旅游业要树立"旅游强省"的大旅游观念,要走"有特色、高品位、国际化、大客流、高创汇"的发展道路。旅游业的发展将促进黑龙江省各项基础设施的建设,使旅游基础设施不断完善并提升质量;促进精品旅游线路和旅游景区的深度开发;提升旅游饭店、旅行社的功能和档次;进一步提高城市形象,改善投资环境;吸引更多的外国、外地资本及民营资本的进入;吸引大量物流、信息流、人才流的输入,为东北老工业基地的大振兴创造更好的环境。

2.1.4 旅游业是东北大振兴的重要参与者

旅游业是振兴东北老工业基地战略格局中的重要棋子。其一,旅游业可提供大量的就业机会,可以吸纳产业结构调整中的下岗职工再就业,具有"富民"作用;其二,旅游业可以创造产值、增加附加值,从而增强城市的经济实力,具有"强市"的作用。可见,旅游业的发展将成为振兴东北老工业基地的直接且极其重要的参与者。

2.2 黑龙江省旅游业的优势和发展潜力

黑龙江省位于我国的东北边陲,北部和东部隔黑龙江、乌苏里江与俄罗斯相望，西部与内蒙古自治区相毗邻，南部与吉林省接壤。省内山环水绕，湖泊星罗棋布，气候冬长夏短，资源丰富，民族众多；素有"粮豆之仓""木材基地""动力之乡"等美誉。

2.2.1 旅游资源丰富而独具特色

黑龙江省独特的自然环境和社会发展历史造就了其丰富的自然和人文旅游资源。在这片神奇的土地上，有连绵起伏的大兴安岭、小兴安岭；有沃野千里的松嫩平原；有气势磅礴的黑龙江、乌苏里江、松花江、嫩江水域；有风景秀丽的镜泊湖、五大连池；还有绿草如茵的天然牧场，有绵延2800多千米的水界和200多千米的陆界中俄边界线。纵贯西部的大兴安岭与内蒙古自治区相邻，西南部与吉林省相互依傍。黑龙江省是北魏和辽、金、清朝的发祥地。黑龙江省丰富而独具特色的旅游资源可谓是：冰雪风光，驰名中外；火山山水，神奇壮观；野生动植物资源，丰富雄厚；民族风情，异彩分呈；天文景观，自然天成；沿江边贸旅游，得天独厚；中西合璧的历史文化，久负盛名。

2.2.2 旅游基础设施的建设比较完善

黑龙江省现已拥有较完善的交通、通信、供电、水力等旅游基础设施。在交通方面，已经形成了航空、铁路、公路并举的态势，拥有海、陆、空立体的交通网络，基本上达到了进出方便，境内来往自如，为游客的进入和旅游提供了便利的条件。仅省内公路沿线，就已开通了102、201、202、203、221、222、301等众多国道，实现了省内交通的四通八达，畅通无阻。目前，省会城市哈尔滨正在规划将充分利用发挥地下空间，减轻地面空间的负荷，开辟一个有效的地下空间环境，使哈尔滨实现地上、地面、地下空间三维式协调发展。此外，通信设施建设也得到了高速发展，程控电话、移动电话、传真设备已成网络。

2.2.3 旅游客源市场潜力巨大

一直以来，黑龙江省的境外客源呈现着以亚洲为主体、欧美为两翼的格局。日本经济发达，是亚太地区最大的旅游客源地；中国港澳台地区是亚洲经济发达地区，与大陆相连；欧美发达国家与我国的社会、经济、文化之间存在着巨大的差别，是当今世界最大的旅游客源地，欧美人有求新探异的旅游欲望；俄罗斯和韩国是黑龙江省旅游业的新兴客源市场，其一经产生便得到了高速发展。同时，黑龙江省的境内旅游市场持续蓬勃兴起，游客主要来自东北、京津、山东和东南沿海经济发达地区。

2.2.4 东北亚地区重要的对外贸易中心

　　黑龙江省地处东北亚经济区内，沿边3045千米的边境线上均匀分布着十几个开放口岸，发挥边境口岸的地缘优势，以龙江风光、经贸洽谈为龙头，将黑龙江省建成东北亚地区国家边贸旅游基地，既方便俄罗斯人、韩国人、日本人及东欧人到我国来，也是我国各地区与上述国家进行经贸往来的桥梁。

2.3 振兴东北老工业基地，黑龙江省旅游业发展的构想

　　黑龙江省应紧紧围绕东北工业基地振兴这个核心，用科学的发展观谋划和指导旅游产业，构筑黑龙江省旅游产业发展的广阔空间。

2.3.1 强化八大系列旅游产品，建设旅游大省、旅游强省，提高核心竞争力

　　抓住东北老工业基地振兴的有利契机，黑龙江省旅游业应打造八大方面的旅游产品，推进旅游产业化、经营市场化和管理一体化，尽快实现旅游强省的目标。

　　（1）强化会展旅游：做大做强"哈洽会""珠三角""房产会""香港活动周"等现有展会及招商活动，并形成品牌。一年一度的哈洽会由商务部、国务院振兴东北办、中国国际贸易促进会、黑龙江省政府等多方共同主办，以"提升中外经贸合作水平，促进东北亚地区经济合作"为

主题，突出体现了在中俄多领域合作中的窗口和平台作用。历届哈洽会展会的中俄经贸特色突出体现在俄罗斯参会参展的三个特点上：俄联邦经济发展与贸易部组团参会，由地方政府组团上升到俄联邦政府统一组团；设立全俄专馆，并在哈洽会上举办俄罗斯机电产品展；由中俄两国商务部门共同举办"俄罗斯商务日"。国家商务部的加盟，使这个昔日的区域性展会实实在在地升格为国家级展会。

（2）强化度假、疗养保健旅游：黑龙江省是我国著名的夏季避暑胜地，以五大连池、镜泊湖，久负盛名的太阳岛、亚布力、大小兴安岭、漠河等为依托，开发温泉、湖泊、森林度假区。五大连池矿泉水、矿泉泥因富含微量元素能医治多种疾病；许多动植物如熊胆、虎骨、鹿茸、刺五加等的医用价值更是无可替代；科学研究发现，森林中植物分泌出的一些微生物对改善人体压力具有重要价值，"森林浴"比被称为"三S"的阳光、海水、沙滩更具旅游开发前景，黑龙江省的森林旅游资源开发将成为本省旅游业发展的新的增长点。同时，开发不同档次的游乐健身、康体健身项目，如滑翔、攀岩、狩猎、垂钓、蹦极、跳马等自然野趣项目。

（3）强化红色之旅：在全国刚刚推出的30条红色旅游精品线路中，黑龙江省哈尔滨—阿城—尚志—海林—牡丹江线以独特的红色背景和特色的自然风光而榜上有名。这条红色旅游精品线路上的景点有：哈尔滨东北烈士纪念馆、东北抗联博物馆、哈尔滨烈士陵园、侵华日军第七三一部队罪证陈列馆、尚志市赵一曼被捕地，牡丹江市八女投江革命烈士陵园，海林市杨子荣烈士墓及剿匪遗址，宁安市马骏故居和纪念馆。根据中共中央办公厅、国务院办公厅2004年底印发的《2004—2010年全国红色旅游发展规划纲要》指示精神，黑龙江省应大力发展红色旅游产业，加大宣传力度，使其成为产品项目成熟、红色旅游与其他旅游项目密切结合、交通连接顺畅、选择性和适应性强、受广大游客普遍欢迎的热点游线。我们相信，红色旅游的产业化，将极大地带动黑龙江省经济的发展。

（4）强化工、农业旅游：以哈尔滨、长春、沈阳等省会城市为核心，结合黑龙江省产业结构调整，进一步加快黑龙江省工农业旅游项目的开发建设，拓展都市工业旅游、乡村农业旅游的范围，开发工大软件园、宝马汽车生产线等新的工业旅游线路；发挥北大仓粮食生产基地优势，建设一批田、林、路综合配套的公园式农业开发区，进一步开发"农家乐"、观光农业、采摘园等体验式旅游产品。

（5）强化文化旅游：对位于宁安县渤海镇的上京龙泉府遗址、阿城的上京会宁府、亚沟金代女真族石刻、依兰五国城遗址等文化旅游产品进行深度开发；发挥中西合璧的建筑艺术、深受西方影响的饮食文化和服饰文化的价值和功能；精心包装二人转、龙江剧，风格迥异的少数民族风情等传统文化品牌节目，丰富文化旅游的内涵。

（6）强化节庆旅游：培育主题鲜明、突出黑龙江省特色的节庆精品，展示"冰雪节""哈尔滨之夏音乐会""韩国周""清文化节"的品位，创办"旅游节""购物节""艺术节""电影节""美食节"等。

（7）强化购物旅游：充分利用哈尔滨商业发达、交通便利、区域优势的条件，发展购物旅游，创建若干各具特色的旅游购物街区，进一步完善哈尔滨的中央大街、中外民贸市场等的购物功能，发展一批集购物、娱乐、休闲、餐饮于一体的大商场或展示中心。

（8）强化美食旅游：完善有本地特色的餐饮品牌，扩大"东北地方菜"的认知度；发展多元化的餐饮文化，引进国内外餐饮名品名店，建设美食街、美食广场，创办国际美食节，用不同国家和地区的纯正风味吸引游客。

2.3.2 整合旅游资源，打造东北旅游经济板块和旅游品牌，谋求区域旅游大联合

整合区域旅游资源，充分体现其特色和内在联系，促进区域旅游业的协调发展，是21世纪中国旅游业面临的重要课题，也是旅游业可持续发展的关键，并已成为当代旅游竞争的根本性策略和有效手段。西部大开发和东北老工业基地振兴战略的实施，将为这两个地区的旅游业发展创造良好的外部环境，旅游业发展将得以加快。因此，黑龙江省旅游业

未来的发展要放在黑龙江省、东北地区乃至东北亚的大范围来审视，拓展旅游可持续发展的空间。当务之急，就是要对东北地区现有的旅游资源进行重新整合，联手东北地区的吉林省、辽宁省与黑龙江省共同打造中国东北首例跨省市无障碍旅游区。通过打破区域障碍、市场障碍、交通障碍、制度障碍、规划障碍，实现规划共绘、资源共享、信息共用、设施共建、市场共拓、节庆共办、产业共兴、环境共保，实现规划一体化、信息一体化、宣传一体化、交通一体化、产业一体化、市场一体化。目前，鹤城齐齐哈尔与黑河正在联手打造无障碍旅游，黑河市以五大连池火山游、爱辉历史古城游和中俄边境风情游三大亮点而著称，与齐齐哈尔市同为黑龙江省西部地区旅游强市。今后，两市将在加强资源共享、客源互换、信息互通，两地游客还将在交通、出境游、旅游费用等方面获得优惠和便利。打破地区垄断，打造跨省、市际的无障碍旅游区，发挥区域组合优势，共同做大市场蛋糕，带动本地区旅游业快速发展，以"东北旅游板块"的知名品牌为招牌，促使东北旅游旗舰早日诞生，为东北老工业基地的振兴插上腾飞的翅膀。

2.3.3 发展边境旅游，科学构筑对俄旅游网络，促进黑龙江省经济的发展

黑龙江省与俄罗斯的边境线长达3000多千米，沿边有25个口岸，发展对俄边境旅游有着得天独厚的区位和地缘优势。目前，黑龙江省已经形成了以哈尔滨、牡丹江、佳木斯等各大区域中心城市为依托、以沿边口岸黑河、绥芬河为通道的边境旅游发展格局，构筑起全方位、多层次、多形式的对俄边境旅游网络，成为国内备受瞩目的对俄边境旅游热点省份。发展中俄边境旅游将成为发展黑龙江经济有力的助推器。具体表现为：①黑龙江省旅游企业快速发展壮大，拥有边境旅游经营权的国际旅行社增加到71家，成为全国有边境旅游经营权旅行社最多的省份。②边境旅游的持续发展极大地促进了商品流通和市场繁荣，带动了中俄两国之间的物流和商品流，有力地促进地方经济发展。如一年一度的哈尔滨经济贸易洽谈会，参会的俄罗斯客商与成交额占整个大会的近

50%，5年来，旅游业累计招商引资超亿元，促进了地方经济的发展和繁荣。如2005年展会的中俄经贸特色突出体现在俄罗斯参会参展的三个"第一次"上：俄联邦经济发展与贸易部组团参会，第一次由地方政府组团上升到俄联邦政府统一组团；第一次设立全俄专馆，并在哈洽会上举办俄罗斯机电产品展；第一次由中俄两国商务部门共同举办"俄罗斯商务日"。③边境旅游的发展，拉动了相关产业的发展和口岸城市基础设施的建设，构筑了功能齐备的城市旅游要素，形成航空、公路、铁路、水运等多形式的旅游交通网络，为中外游客出行提供了多样化的交通服务。

2.3.4 发挥冰雪旅游优势，实施品牌战略，塑造黑龙江——"中国冰雪旅游胜地"形象

独特的地理区位优势，使黑龙江省变冷为宝，点冰成玉，化雪成金，可大力开发冰雪旅游产品。多年来，黑龙江省以"冰雪旅游"的知名品牌为招牌，在冰雪文化、冰雪艺术、冰雪旅游、冰雪体育、冰雪经贸等领域实现了全方位的发展。一方面，全力打造了以冰雪观光型为主的拳头产品，如哈尔滨冰雪大世界、冰灯游园会、雪雕博览会、牡丹江雪堡园等冰雪艺术胜景，在规模上、艺术品质上，都居世界前列；一年一度的哈尔滨国际冰雪节，增加了国际间的交往，提升了城市品位，使哈尔滨这个城市更具国际化。另一方面，近几年来，致力于大力发展滑雪旅游产业，打造滑雪节特色节庆，发挥黑龙江滑雪旅游资源最富集省份的优势。2000年，黑龙江省只有十几处雪场，短短几年，现在的黑龙江已建成70余处雪场，拥有相当规模的特色冰雪度假产品，吸引着大量来自中国港澳台、东南亚、日本、韩国、欧美等地区的游客，到黑龙江滑雪度假旅游，且在逐年增加，这对于扩大黑龙江省滑雪旅游在国内外的知名度，扩大滑雪旅游产品的市场覆盖面和占有率，进一步树立"黑龙江——中国滑雪旅游胜地"的形象，有效地促进黑龙江省旅游产业的发展有着深远的意义。

特别值得一提的是，2009年世界大学生冬季运动会的成功召开，为黑龙江省、哈尔滨市走向世界搭建了一个平台，社会经济发展得到全面

展示。承办世界大学生冬季运动会，充分展示了黑龙江省改革开放和现代化建设所取得的成就，进一步提高了黑龙江、哈尔滨的知名度和国际影响力，扩大国际经济交流与合作，加快经济社会的全面发展。

2.3.5 努力打造旅游支柱产业地位，扩大旅游领域的对外开放

从更高的战略角度谋划旅游产业的发展，从更宽领域激活旅游产业，从更多的层面推进旅游产品创新，这是黑龙江省旅游支柱产业发展的目标和定位，也是提高旅游中心省份及城市核心竞争力的基础和保障。扩大对外开放和经济交往，吸引更多的国际商务、观光游客，加强与日本、韩国、朝鲜和俄罗斯等东北亚国家的区域联合，积极培育东北亚5国游产品；[9]开发东南亚、中国港澳台地区深层市场，增加其市场份额；积极开发西欧、东欧、北美、澳洲和南亚市场，形成多元化市场发展格局。

黑龙江省旅游业的快速发展，将为我省乃至东北老工业地区的经济振兴搭建一个平台，同时，也给黑龙江省旅游业的发展提出更高的要求、带来强大的动力和新的发展机遇。黑龙江省旅游业应牢固树立和落实科学发展观，充分发挥独特的地理区位和市场品牌优势，乘势而上，加快迅速崛起的步伐，为黑龙江省经济的腾飞、为早日实现东北老工业基地的振兴做出应有的贡献。

第3章 知识经济环境下的黑龙江省旅游产业发展

旅游业是一项既具经济性又具文化性的综合性产业，深厚的文化内涵和雄厚的经济实力是其长盛不衰的根本，它的产生和发展紧随社会前进的步伐。21世纪，人类前进的步伐迈向全新的知识经济时代，知识经济正以迅猛的发展势头席卷世界，被称为"第四产业"，它的到来在给黑龙江省旅游业的发展提供了良好机遇与广阔前景的同时，也使其面临严峻的挑战。知识经济要求黑龙江省旅游业的发展要顺应新型经济时代的变化与需求，将旅游业推向新的层次与高度。

3.1 面对知识经济，黑龙江旅游业的机遇与挑战

全新迅猛的知识经济，使人们的生活方式发生了很大的变化，网络和信息极大地扩展着人们的视野。传统的旅游观念和旅游市场正发生着变化，以往的旅游经营模式与旅游资源的开发方式也面临着重大的转变。知识经济带给黑龙江省旅游业的既是严峻的挑战与冲击，同时更是良好的机遇和广阔的前景。[10]

3.1.1 人们的旅游需求渴望较高增长

知识经济时代，人们的旅游需求将在原有基础上实现较高增长。这种增长来自以下几个影响旅游需求的因素：

（1）人们的旅游支付能力增强。以高科技产业为主的知识产业成为知识经济的主体产业，并推动着世界经济持续增长。这带动了人们收入水平的不断提高，从而使更多的人具备旅游支付能力，也使原有游客的支付能力增强。

(2) 人们旅游所需的闲暇时间增多。科学技术的不断进步，生产和办公自动化的普及极大地提高了工作效率，工作组织的柔性加大。如美国的一些信息公司就允许技术人员每周只工作4天，而且工作时间自定。我国普通的公民每年享有的周末双休日、公共假日等闲暇时间就多达118天，加之"五一""十一"黄金周的推出，教师及公务员享有的带薪休假，使人们闲暇时间日渐增多，人们在计划旅游时，不再为时间所困，催化了人们的旅游行为。

(3) 人们的旅游兴趣提高。旅游是一项高档次的消费行为，游客一般具有良好的经济基础和文化素养。知识经济时代，人们更注重自身阅历与修养的丰富和提高。一方面，知识的普及与收入的增加显著提高了现代人的生活质量，人们越来越追求高层次的精神享受，休闲度假的要求增强；另一方面，科学技术的发展使旅游产品更加趋于新颖多样，融高知识、高技能、高信息含量于一体的生动形象的信息网页使人们对各种旅游产品有了更加直观的了解，从而激发了人们的旅游欲望。

(4) 人们的旅游活动更加便利。高科技的发展使通信和交通变得更加快捷，节省了人们旅途的时间，使游客的空间移动更舒适、轻松和安全。另外，旅游业信息化、网络化、知识化的经营管理，使产品的销售形成多渠道模式，在为游客提供快捷、有效、高质量的服务，促进了旅游服务质量提高的同时，也使旅游支付方式更加便利。这些都有利于消除游客的疑虑，刺激了旅游的需求。

3.1.2 旅游业经营管理方式发生重大变化

知识经济时代旅游业的经营管理方式将发生重大变化。这重要表现在三个方面：

(1) 网上销售成为普遍行为。通过遍及八方的信息高速公路，供应商可详尽及时地发布信息，而游客可直观充分地了解信息并参与购买。世界各地的旅游资源以高清晰化的数字照相、录音、录像甚至实时播放，声情并茂地通过网络展示给消费者，其便利和快捷的特点，使网上直销得到相当程度的发展，这意味着旅游产品销售方式的革命和潜在客源市场的扩大。

(2) 知识深入旅游管理之中。在良好的信息化和网络化的基础上，企业间知识共享，沟通与合作显著加强，传统的离散、个体、单项经营活动将向网络化、集团化和综合化演变，网络正在逐渐模糊旅游目的地国家、旅游城市、旅游企业之间的界限，不同国家、不同类型的企业集团将在网络经济成长的同时进行新一轮重组，寻求国际化优势，给旅游业的各行各业带来新的发展潮流。[11]同时，旅游企业更注重知识、技术的积累和创新，网络技术将从根本上促进管理革新的步伐。金融电子化带来的"多次消费一次结账"以及饭店、旅行社等内部运营管理网络，帮助旅游企业实施了运筹、控制等科学管理理论，减少了人工误差，优化了业务流程，保证24小时不间断的服务，正是网络技术推动了企业朝着网络化、集团化的方向发展迈进。此外，知识经济使得企业更加注重细分市场，有针对性地开发旅游产品，体现经营特色，以满足不同层次游客的需求。

(3) 传统的旅行社职能将被削弱。信息技术的飞速发展和因特网的普及，使游客可直接通过网络进行旅游活动的信息查询，不出家门就可获得关于旅游地的充分资料。这使自由设计旅游线路并预订相关车、船、机票、客房、餐饮等都成为简便易行的程序。[12]传统旅行社帮助游客设计线路、安排交通及住宿等职能在知识经济时代已非必需的职能，以至于部分旅游界人士认为旅行社将消失于因特网中。知识经济时代，传统的旅行社职能被削弱，使得旅行社不得不改变角色，加强与网络公司的融合，由代表供应商利益向代表消费者的利益而转变，这将成为旅游业发展过程中的一个新亮点。

3.1.3 旅游资源的创新开发和深度利用得到重视

在知识经济时代，旅游资源的开发和利用将跃上一个新的台阶。主要表现在：

(1) 创新作为知识经济的灵魂，其观念深入旅游业，各种新形式的旅游资源被不断开发挖掘出来，旅游资源进一步丰富，一些休闲游、文化艺术游、宗教圣地游、历史寻踪游、名山胜水游、少数民族风情游、体育探险游、自然生态游等特色专项旅游产品和新型旅游产品将得到应有的重视和开发。[13]

（2）知识经济是可持续发展的经济，可持续发展的观念同样深入旅游业。传统掠夺式的旅游资源开发模式将逐渐被摒弃。旅游业在旅游资源的开发和利用过程中，将自觉地把经济目标、社会目标和环境资源保护目标有机结合起来，在旅游发展目标上形成三者兼顾、和谐统一的可持续发展观念。

（3）旅游资源的开发和利用将从旅游部门的单一行为，上升为基于知识投入的综合性行为，被置于城市规划和社会整体发展中加以长远而全面的考虑。

3.2 知识经济挑战下的黑龙江省旅游业生存发展战略

全新迅猛的知识经济带给黑龙江省旅游业的既有严峻的挑战与冲击，同时更有良好的机遇和广阔的前景。顺应时代的变化与需求，提出新的战略观念与远见，黑龙江省旅游业才能持续生存和发展，才能全面提高竞争力，迎接21世纪蓬勃发展的大好时光。

3.2.1 运用现代信息技术，建立和健全旅游信息系统

目前，黑龙江省的旅游信息网络远不能满足需求，全省性的旅游信息网络尚未建立，各种地方性旅游信息不足、制造粗糙、披露不全，旅游企业报价混乱。因此，游客既难找到有关信息，又容易受虚假信息蒙骗。旅游业是跨地域、融多种要素为一体的综合性行业，但黑龙江省旅游服务信息系统的地方分割与部门分割局面与此不相称。[14]目前，旅游市场已向世界开放，如果不尽快提高旅游信息网络化水平，面对外国、外省旅游商的激烈竞争，黑龙江省旅游企业将处于不利地位。因此，黑龙江省旅游业当务之急就是要尽快建立一个全省性的、高质量的旅游服务信息网络系统，健全信息发布工作，以适应信息化、网络化的趋势，提高旅游业的竞争力。目前，互联网在中国的普及使信息共享成为现实，也在一定程

度上降低了建立这一信息网的难度。对这一信息网的总体要求是：确保获取相关、准确、及时的数据，以便管理部门能够监测旅游行业的运行情况；优先收集有关国际和国内市场的旅游流量、逗留时间、游客来源、支付水平及下一站前往的旅游区的资料；根据入住率、行业收入、就业情况，得出饭店住宿行业的经营情况等数据。而要实现这一目标，需要做到：各主要旅游区应派专人负责收集国内、国际游客流量的准确数据，并在网上实现信息共享；在全省范围内建立统一、合理的数据收集体系；由省旅游局和省统计局等相关部门对相关信息进行汇总，得出全省性的数据信息。

旅游业是一项综合性产业，构筑旅游信息网络应从整体出发，建立有机联结的网络调控系统，以发挥旅游业动态运作的优势。具体来说，可分步骤、多层次、全方位开展网络建设。

（1）分步骤，即从易到难，逐步开展。可先从目前已有的"旅游假日领导小组""旅游假日办公室""旅游信息预报预警"系统等组织开始，有计划、有组织地建设。

（2）多层次是指可根据国家、省市区、城市构筑多级不同层次的旅游信息网络，便于不同层次旅游活动的管理。

（3）全方位指的是可从旅游信息各要素出发，构筑不同的信息源。在现有基础上，黑龙江省的旅游服务信息系统要建成 DIS（目的地信息系统）、MPS（饭店管理系统）、CRS（计算机预订系统）、POS（销售现场信息系统）、BRS（银行结算系统）等各方面协作的网络系统。[15]可构筑"人数信息""交通信息""住宿信息""气象信息"等信息源；也可构筑不同地域、不同景点信息源；还可构筑国内和国外旅游信息源。这样，就能把原来各地分散的、不全的旅游信息集中起来，进行有序、有效的利用。

3.2.2 重视旅游产品的开发研究，实现粗放型向集约型的转变

有关专家曾指出："我国是旅游资源总量大国，人均小国，开发利用与管理上的弱国。"中国是一个有着悠久历史、璀璨文化的国家，拥有丰

富的自然旅游资源和积淀丰厚的文物古迹，旅游资源的魅力能否长存，在很大程度上靠的是丰厚文化底蕴的维系，没有文化赋予的旅游资源是没有生命力的。因此，旅游业是一项文化型的经济产业，文化是推动旅游业可持续发展的灵魂。然而，在这样一个良好的大环境下，长期以来，黑龙江省旅游资源的开发走的是一条高投入、高消耗、高污染的粗放型道路。各区域和部门追求自身利益和近期效益的最大化，景点重复建设多，产品单调陈旧，知识含量不高，缺乏独创性，人造景点多雷同粗糙，且缺乏新意。这种浅层次的开发不仅降低了对游客的吸引力，而且造成了资源和资金的巨大浪费。因此，在对旅游资源进行开发时应尊重历史、尊重现在、尊重未来，立足于经济条件、消费水平、民族特色、文化含量进行有序开发、重点开发，由"多"的数量型开发向"精"的质量型开发转变，确保旅游产品的高质量和永续利用，提高旅游资源利用的集约化水平和经济效率。因此，知识经济下旅游资源的开发应把创新观念深入人心，应以科技化为依托，立足创新与开发并举的理念，注重产品内涵，同时坚持可持续发展，在广度和深度上做文章。不注重旅游产品的知识内涵和科技含量，将日渐不能满足游客求新、求异、求知、求乐的多样化与个性化的需求。要合理规划、配套和建设旅游线路，积极开拓和更新旅游产品。具体可成立专门研究小组，建立专家网络，设立专门研究基金，从整体考虑，做长远规划，努力实现高质量、高效益的旅游产品开发。

3.2.3 调整旅游经营管理体系和模式，实现规模化、知识化、网络化经营，提高竞争力

（1）旅游企业集团化。企业集团化是顺应全球经济一体化格局的要求，是知识经济时代信息化革命向深层次推进的产物，而信息技术是实现集团企业管理无国界、树立企业形象的根本保障。黑龙江省旅游业要发展，实现旅游企业集团化，改变以前多、杂、散、乱现象是刻不容缓的。[16]集团化以后，才能有效适应知识经济冲击下的新一轮旅游企业国际"大搏杀"，才能适应知识经济时代企业良好形象的创意与完善，才能在信息手段高度先进发达的条件下实现资源共享、对外宣传、开发客源

第3章 知识经济环境下的黑龙江省旅游产业发展

市场和组织接待。

（2）组织结构扁平化。在旅游企业的经营管理中，要提高经营的组织化程度。知识经济时代，由于网络技术的冲击，使企业中人员紧凑、富有弹性、灵活高效等特点的扁平化趋势日益凸显，对旅游企业组织机构进行精简以达到组织结构扁平化已成为一种潮流。因此，现有旅行社可通过合并、兼并或其他方式与同行或其他旅游组织（如旅游饭店）进行组合，形成具有一定规模和人、财、物一体化的紧密型旅游集团。这既有利于发挥集团在采购、预订、营销、资金、人才等方面的优势，获得规模效益，也有利于提高自身和整个行业产品开发与市场开拓的能力，建立畅通及时的信息网络，避免分散的重复劳动和无序竞争，为游客提供快捷服务，并引导和稳定市场，为旅行社的角色转换打下坚实的基础。

（3）营销手段网络化。目前国内旅游企业多采用传统的面销方式，各旅行社存在小、散、弱、差的状况。这种局面要得到切实转变，必须调整旅游经营管理体系。旅游企业只有转变传统的营销观念，积极触网，开展旅游电子商务，建立自己内部的业务处理和管理信息系统，并和互联网高度融合，建设面向代理商的电子分销系统和面向游客的在线销售系统，创建、巩固和发展自己的品牌，才能实现规模化、网络化经营。传统旅游企业与新兴的旅游网站之间的整合与战略联盟是大势所趋，是黑龙江省传统旅游企业与旅游网站的共同出路与新的增长点。针对不同规模的旅游网站和企业，应有不同的选择：中小旅游企业可以采取"入主市场"的方式，利用旅游代理商的知名度和资源优势开拓国内及国际市场；大型的旅游企业可采用"网社合一"的方式，把旅游网站作为一种新渠道，投入资金和人力完善网上的各种服务，建立国际知名的品牌形象。可见，只有借助电子商务平台等先进的科学手段，旅游企业才能适应网络化发展的趋势，扩大销售渠道，增强在旅游市场上的竞争力。

（4）经营管理虚拟化。在知识经济时代，以计算机网络通信为基础的全新运作方式——虚拟化管理是将不属于企业的人、设备和其他资源组合起来，通过电子连接共同工作，对所提供的服务和产品做出协同反映，以实现某些精心确定的目标的组织形式。虚拟化管理，就是从事信息加工、传递，从差价盈利转为信息盈利的管理。网络旅游对传统旅游并非一种颠覆，而是网络与旅游的融合，旅行社是旅游业的中间商，它以熟练的业务技能介入网络，以网络平台为办公室，进行"虚拟经营"。虚拟化管理使旅游企业将现有的知识和信息融入管理过程中，加速了旅游经营管理的知识化、高智能化，提供了一种全新的商业组织模式，体现了高效率和注重核心价值的经营理念，它使企业能以最快的速度满足游客的需要，同时为企业自身创造最大的效益。

21世纪，知识经济时代已初见端倪。黑龙江省旅游业虽然面临着严峻的挑战，但同时也面临着极好的发展机遇。只要我们抓住机遇，选择好发展战略和经营管理策略，综合运用知识经济时代赋予人类的以高科技信息为主的知识体系，找准旅游业发展的切入点，以开放、创新、竞争的崭新姿态，全面应对挑战，知识经济时代的黑龙江省旅游业，必将全面拓展国际化的发展空间，产生历史性的飞跃。

第4章 黑龙江省旅游产业发展能力分析

4.1 黑龙江省旅游产业核心竞争力分析

4.1.1 旅游产业核心竞争力的内涵

1990年普拉哈拉德和哈默尔在《哈佛商业评论》上发表《公司的核心竞争力》一文，提出"核心竞争力"的概念。核心竞争力可理解为某一经济单位所独有的，且不易被他人模仿的具有价值的能够促使其在市场竞争中取得优势的能力。对于产业而言，某一产业的核心竞争力即指产业中所有行业相互作用，形成合力后具有的核心竞争能力。它体现在产业横向比较中的竞争优势。

从狭义上讲，旅游产业由景观业、旅行社业、旅游交通业、旅游餐饮宾馆业、旅游商品业、旅游娱乐与服务业等几大行业构成，这几大行业相互作用，形成网络状合力。从旅游产业中各行业的特点可以看出，旅游产业核心竞争力很难体现在旅游交通业、旅游餐饮宾馆业。第一，这些行业进入壁垒较低，市场化运作能力较强，其提供服务的数量与质量与旅游市场关联度大，可调节性强，在区域间差别不大，因此，对旅游产业区域间比较优势的影响不大；第二，提高这些行业的服务质量以提升旅游产业的竞争能力难度较大，因实施上的困难导致不会被视为核心竞争力；第三，提高其服务质量只会使得人们没有不满意，而不会增加满意度，因而也不会被看作核心竞争力。

而景区所承载的旅游资源由于具有垄断性与独特性，因此其经开发后所形成的旅游产品是可以成为核心竞争力的主要部门。同样，旅行社行业是通过组织旅游产业中各项资源，设计旅游线路、组织游客购买旅游产品的部门，其中涉及因旅行社提供的服务与管理而增加的旅游产品附加值，而且其会因旅行社管理水平差异而给游客带来经历与感受上很大差异。商品与娱乐项目集中体现了地方文化特色，可以起到提升本地知名度、增加游客满意度与经济效益的目的。因此，旅游产业核心竞争力主要体现在旅行社、景区、商品与娱乐业三大行业中，应深度挖掘三大行业竞争力。

4.1.2 黑龙江省旅游产业核心竞争力现状分析

4.1.2.1 旅游产品竞争力分析

黑龙江省以其独特的地理环境、气候条件和历史渊源为基础开发了一大批地域特色强、资源丰富的旅游产品，主要包括四大类，即生态旅游产品、民俗旅游产品、边境旅游产品和红色旅游产品。生态旅游产品是黑龙江省推出的重点旅游产品，是游客观光、漂流、滑雪、狩猎、钓鱼等休闲娱乐的首选，目前已形成一批发展成熟、知名度高的景区，如五大连池自然保护区、镜泊湖风景名胜区、扎龙自然保护区、北极村风景名胜区、五营森林国家公园、兴凯湖旅游度假区等。但这些景区大多缺乏文化底蕴，产品质量不高。值得一提的是黑龙江今年大打冰雪旅游之牌，以哈尔滨冰雪大世界为代表的冰雪观赏游乐景区档次高，在全国颇具影响力与竞争力。滑雪健身娱乐景区除亚布力、平山、乌吉密等一大批大型滑雪场在国内具有一定垄断性外，大量小型滑雪场由于受到华北地区滑雪场竞争的威胁及供求关系的影响已出现大打价格战的恶性竞争局面。黑龙江省是多民族杂居的省份，共有48个少数民族，这些少数民族因其长期游牧、渔猎生活方式较为古朴，其民俗、民风已新兴为旅游热点，但由于这些民族景区分布散、规模小，在旅游市场竞争中还很弱。黑龙江省已开发多条至俄罗斯边境城市的旅游线路，经济效益较好，以绥芬河地区发展最快。黑龙江省现存许多抗日战争史料、遗物、遗址，这些红色资源具有传播性，国际影响力强。但由于资源分散、年久失修，没有被开发成具有竞争力的旅游产品。因此，黑龙江省旅游资

源独特且丰富，目前已形成一批有一定竞争力的旅游产品，吸引俄、日、韩等入境游客及境内京、津、沪、粤等经济发达地区游客。但也应看到还存在产品质量不高、不能连线路、管理部门不重视、没有深度开发等问题，严重制约了旅游产品的竞争力。

4.1.2.2 旅游商品竞争力分析

旅游商品因其需求弹性大、附加值高而成为旅游行业中投资见效快、收益大的重要组成部分，不仅可以增加游客对旅游产品的满意度，而且可以促进旅游产品发展，带动相关产业发展。黑龙江省因其独特的地理位置及文化历史，现已形成了较为丰富的旅游商品体系。有具有俄罗斯风味的大列巴、香肠；黑龙江特产大马哈鱼、大马哈鱼子酱；草原特产奶酪；鄂伦春特产鱼皮衣、鱼皮鞋；五大连池火山泉矿泉水、阿城体现金源文化的版画；森林特产木耳、松子、蘑菇；冰雪吉祥物；等等。这些商品已广为人知。部分商品也已具有较高的品牌知名度。这些旅游商品在满足游客馈赠亲友的需求的同时，每年也为黑龙江省创造了大量的经济效益。但对于每个景区来说，能让游客回忆起此次旅游经历的旅游商品较少，而在调查中发现，游客为回忆旅游经历所产生购买行为的冬季最大，占所有购买动机的70%，而且大部分游客会选择在旅游商品专卖店和景区销售点购买。旅游商品收入占旅游总收入的比重为5%左右，与全国平均水平20%的差距还较大。究其原因主要是旅游商品营销能力较差。黑龙江省具有景区特色的旅游商品多为手工制作，销售量小，生产规模也就小，而且没有形成跨区域的生产经营一条龙体系，因此导致整体旅游商品品牌不响，质量不高，出现制约旅游商品发展的瓶颈，难以发展壮大。

4.1.2.3 旅行社竞争力分析

黑龙江省旅行社的数量虽低于全国平均水平，但整体盈利状况要高于全国平均水平。黑龙江省国际旅行社的盈利能力、运营效率要远远高于全国平均水平，而且表现出较强的资本积累能力和发展态势。与国际旅行社形成鲜明对比的是，黑龙江省国内旅行社的盈利状况低于我国国内旅行社的平均水平，这主要是由于其成本费用较高，资产周转速度较慢，业务增长与资本积累的速度慢。黑龙江省的大部分旅行社是在过去省内国有大型旅行社，如中旅、国旅、青旅、教育、康辉旅行社等基础之上通过转让、承包、重组等方式形成个体经营旅行社或股份制旅行社。值得注意的是，这些过去大型国有旅行社的总社与其在各省、市的分支旅行社虽表面上具有部分相同的名称，但他们之间并没有任何业务联系及组织关系，仅有相互股份持有关系，同级各分支旅行社之间无任何联系。任何人只要一次性交几万元所谓的承包费即可获得这些知名国有旅行社的命名权，部分旅行社根本不对外挂牌，业务一方面靠个人关系获得，一方面靠在报纸上打小广告获得。旅行社的这种"以包代管"的管理模式使得很多旅行社虽然名称相同，但实际上各自为政，经营规模很小。旅行社只顾眼前经济利益，盲目地为争夺游客而疯狂降价，甚至出现了"零团费""负团费"的状况。不仅导致旅行社推出的产品缺乏差异性，提供的观光产品还处于初级开发水平，参与性、娱乐性、知识性和享受性不强；而度假旅游产品、商务旅游产品等其他旅游产品开发的水平同国外相比也存在着较大的差距。更导致了旅游产品质量低，如购物时间长、景点不具有代表性、服务标准低的现象。

4.1.3 提升黑龙江省旅游产业核心竞争力的几点建议

促进黑龙江省旅游产业的发展关键是要提升其核心竞争力，而不能泛泛地没有重点地抓发展，因为全面地抓看似很周全，实则等于什么都没做。旅游产业的核心竞争力主要体现在旅游产品、旅游商品及旅行社三个部分，三部分是吸引游客、产生品牌效应、增加美誉度、产生经济效益的关键。而其他相关产业会由市场机制本身的联动作用自主提高竞争力。因此建议做好以下几点：

4.1.3.1 建立两权分离的景区管理体制

现代企业制度要求企业实行所有权与经营权分离的经营体制，景区作为盈利性的企业更应如此。当然，在景区向企业化经营转化的同时应避免盲目性，要在对旅游资源进行认真清查与研究的基础上，对不同的旅游资源和景区进行具体的分类与规范，对经营者资格要认真评估，区别对待。可采取招标转让经营权、招商引资、合作经营等多种形式的旅游资源产权制度。

4.1.3.2 创新旅游商品生产模式与营销理念

针对目前市场上旅游商品生产企业仍较为弱小的情况，旅行社行政管理部门可积极引导、培育有条件的企业形成跨区域的大型旅游商品生产企业，大型旅游商品生产企业可以批量生产具有黑龙江省特色的旅游商品，又可以为不同景区定做差异性不大的旅游商品，以充分发挥规模效应带来的优势。同时旅游商品企业还可以在个别地区发展前店后厂式的手工艺商品生产加工点。规模生产的一体化模式可以享受从设计、生产到销售整体运作优势，市场竞争力更强。

4.1.3.3 改革旅行社行业内分工格局

提高旅行社的竞争力关键是要进行制度改革，通过政府引导与市场运作，逐步实现大旅行社集团化、中型旅行社专业化、小旅行社网络化。即大型旅行社可依据自愿、平等、互利互惠、鼓励竞争和稳定联合相结合的一般原则，以及符合国家产业政策、坚持公平竞争、禁止行业垄断和地区封锁的总体要求，采取市场力量为主，通过合并、兼并或其他方式重新组合，形成一定数量以资本为纽带的紧密型旅行社集团。旅行社集团的构架可承袭现行一些大社采用的总社和各热点地区分支社的形式，采用集团企业的管理方式。大旅行社在实现集团化时，其业务重点可放在产品开发、市场开拓和旅游接待三个方面，而销售业务可外包出去，以使得旅行社集团能够集中精力打造核心竞争力，产生规模经济效应，避免分散的重复劳动和相应的不规模竞争而减少资源消耗。中型旅行社应调整其经营方向，在充分认识自身情况和对市场进行细分的基础之上，避开其在经营标准化产品方面的相对劣势，实现某些产品的深度开发，开展特色产品和优质服务，实现专业化经营。中型旅行社实行的专业化经营在行业内起到了承上启下的作用，既是旅游批发商进行产品专项分销的终点,又是旅行社门市部按照市场需求进行个性化采购的起点。小旅行社可借鉴欧美国家小旅行社的发展经验,通过内部改造或增设的方式,改制为代理社,在省内实现各家旅行社紧密联系的网络化经营。代理社不从事产品开发,也基本不拥有太多的接待设施,其业务是专门从事旅游产品的代理销售。代理社凭借其地域优势和优质的服务,代理包括航空、饭店、汽车租赁及旅游经营商的产品,从被代理商那里获得销售佣金。

"大型旅行社集团化、中型旅行社专业化、小型旅行社网络化"的金字塔形的批发、零售、代理的三级旅行社行业结构将是黑龙江省旅行社业应对未来竞争的发展趋势,这种垂直分工的体系也将使旅行社的管理水平得到大幅度的提高。

4.2 黑龙江省县域旅游产业的可持续发展能力分析

2010年黑龙江省实现旅游总收入883.37亿元,同比增长35.93%,占到全省GDP的8.63%,旅游业作为支柱性产业的地位日渐突出。县域旅游产业的可持续发展至关重要,一方面是由于县域旅游资源丰富,国家重点景区大多分布在县域,同时古文化遗址在县域保存也较完整,县域具有发展旅游业的天然基础;另一方面,县域经济通常不发达,往往是全省经济发展的"短板"。县域旅游产业的发展关键是要走出一条可持续发展之路,使之成为县域经济发展持久带动力。

4.2.1 黑龙江省县域旅游产业可持续发展方面的强势能力

4.2.1.1 国际区位优势显著

黑龙江省地处我国最北部,就国内旅游而言可进入性差,但在发展国际旅游方面地缘优势显著。黑龙江省位于东北亚中心地带,是中、俄、日、蒙、韩六国经济、文化交流与融合的桥梁和纽带,具有发展旅游业得天独厚的地缘优势。全省拥有25个国家一类口岸,9个中俄互市贸易区,对外以扇面之势吸引着远东地区的游客,三条界江交汇,可经俄庙街港出海直达日本、朝鲜，成为江海联运的黄金水道。滨州铁路与俄罗斯、西伯利亚大铁路相连，直达欧洲，同时省内铁路、公路也是四通八达。黑龙江省县域旅游多以公路为主。近年来，省内县级公路、高速公路建设等级高、可进入性强。

独特的地域优势、便捷的交通使得俄、日、韩成为全省国际旅游的主要客源地，国际旅游市场增长速度明显快于国内旅游市场，为旅游产业可持续发展提供了保障条件。

4.2.1.2 旅游资源独特且丰富

黑龙江省的风景名胜资源相对富集，总体情况处于国内各省的中上游水平。很多县及地区都拥有具有一定影响力的旅游资源，无论是草原、冰雪、堰塞湖、药泉、温泉、火山熔岩、地下森林等自然旅游资源还是金、辽遗迹、民俗民居、抗战遗址等人文旅游资源都应有尽有，且具有较高的生态价值、科学文化价值和美学观赏价值。

另外，黑龙江省县域的旅游资源主题鲜明，主要表现为：第一，冰雪旅游资源得天独厚。雪期长达五个月，且雪盖稳定，雪质较好。黑龙江省县域具有深厚的冰雪文化内涵，冰雪饮食、冰雪活动、冰雪习俗都是其他省份所没有的。第二，自然旅游资源尽显北方特色。黑龙江省因其独特的地理位置而形成的气候特点及自然资源是经济发达省市所不具备的，也使得黑龙江省在自然旅游资源方面具有明显的比较优势。黑龙江省森林资源丰富，在伊春、宁安等地拥有一批国家级原始森林；松嫩平原和三江平原区域内有全国最大的湿地，占全国总湿地面积的16%；境内有中国最大的火山地貌景观——五大连池火山群；黑龙江、乌苏里江、嫩江、牡丹江、兴凯湖、镜泊湖、五大连池、莲花湖、扎龙等江河湖泊网络密布，纵横交织。第三，文化旅游资源尽显俄罗斯风情及民族特色。黑龙江省曾经是犹太人、俄罗斯人、朝鲜族人民聚居的远东文化的中心，也是我国满族、蒙古族、朝鲜族、赫哲族、鄂伦春族、达斡尔族等少数民族生活集中的地区，很多县都保留着浓郁的民族文化，如：我国第一个俄罗斯民族村——黑龙江逊克县，同江街津口赫哲族村，杜尔伯特蒙古族自治县等，这些民俗文化旅游资源具有一定的独占性，构成了旅游吸引力。京、津、沪、江、浙等与黑龙江省的旅游资源各异的地区是黑龙江省国内旅游的主要客源地。独具特色的旅游资源成为黑龙江省县域旅游产业可持续发展的有利条件。

4.2.2 黑龙江省县域旅游产业可持续发展方面的弱势因素

4.2.2.1 景区旅游资源质量不高

黑龙江省地广人稀，县域内多以自然旅游资源为主，而且自然旅游资源的地域广阔，资源种类单一，多以一个景区的某种自然景观为主，自然旅游资源缺乏丰富性与层次性，也没有与人文旅游资源较好的融合，这种旅游资源的客观存在形式容易导致游客心理厌倦，滞留时间短。另外，由于黑龙江省开发历史较短，除近、现代留有较少的遗迹外，总体人文旅游资源缺乏，因此，县域旅游缺乏浓厚的文化底蕴，这是黑龙江省未来旅游产业可持续发展在资源基础方面必须面对的一个薄弱环节。除了客观存在的景区内旅游资源不足问题外，黑龙江省在旅游资源的开发方面也存在很多问题。首先，黑龙江省在旅游资源开发方面的投资不足，还未形成完善的资金筹集体制，因此，黑龙江省的县域景区规模不大、档次不高、设施不完备，缺乏科学、细致的旅游规划。其次，旅游景区开发缺乏深度，自然景观与人文景观的开发没有形成系统，景观的安排不紧凑，景区内的景点朴素而缺乏人工的开发与修缮，景区内的旅游资源吸引力不强，致使其经济效益差，对旅游产业的经济辐射力弱，严重影响旅游产业的可持续发展。

4.2.2.2 旅游资源管理体制差，管理不完善

县域旅游资源按照资源类型分属各个部门管辖，同时旅游工作一定程度上又受到旅游局指导，存在多头管理，易产生诸多矛盾，不利于资源开发。对于景区的管理，目前各景区已纷纷成立了景区管理委员会，但管委会仍是两权合一，经营能力差。一些风景名胜区还存在着严重的管理问题，如：完整的景区被肢解，地方和一些部门在景区内抢占地

盘，分割景区，自行开发，自行收费，总体规划无法实施；多方面、多层次介入，造成景区管理混乱。景区管理与地方管理和行政管理"两层皮"，条块交叉严重，各执其法，各行其是。一些景区的城市化、人工化、商业化痕迹日渐突出，自然优势和生态优势正在减弱。

4.2.2.3 旅游商品市场营销能力差

旅游商品是一种附加值较高的产品，旅游目的地作好旅游商品的开发与经营，一方面可以为旅游业发展提供经济上的支持，带动地区就业，带动相关产业的发展；另一方面，旅游商品具有品牌宣传功能，能提升游客对旅游目的地的认识。黑龙江省的旅游商品，尤其是县域旅游商品基本还处于空白状态。虽然黑龙江省县域的土特产品、工艺品很丰富，价值也较高，但其中开发成旅游商品的很少，而且已开发的旅游商品多数属于初级产品，附加值不高，缺少包装策略，缺乏品牌知名度。此外，旅游商店数量少，只有较少的县以上规模的旅游商品一条街。

近年来，黑龙江省县域的旅游商品在种类上、数量上也有了较大发展，如五大连池火山矿泉泥化妆品、伊春的木制品、阿城的版画、海伦的剪纸等都有着鲜明的地方特色及较高的附加值。但这些有特色的旅游纪念品，市场上却很难看到，还不广为游客所知。黑龙江省县域旅游产业的市场开发能力弱，主要是旅游市场营销缺乏科学的理念与策划技术。黑龙江省的很多县都没有进行系统的旅游规划，市场营销还停留在低层次的促销阶段，对于旅游资源内涵的挖掘不够，在旅游产品的品牌设计、包装、宣传方面没有突出个性。很多县在没有进行旅游市场调查研究的情况下，就盲目地进行市场宣传，造成大量的浪费，没有收到好的效果。

4.2.3 黑龙江省县域旅游产业可持续发展能力的总体评价

研究县域旅游产业可持续发展状况要在县域范围内从旅游产业的组成部分，即旅行社、饭店与住宿业、交通运输业、景区、旅游商品等方面来评价可持续发展。旅游产业的可持续发展是指旅游业能够在满足当代人的旅游需求的同时，又能不损害人类后代人为满足其旅游需求而进行旅游开发的可能性。旅游可持续发展涉及可持续经济、可持续生态和可持续社会三个方面。经济可持续发展要求旅游业不仅重视经济增长的数量，更追求经济发展的质量。要实施清洁生产和文明消费，以提高经济活动中的效益、节约资源和减少废物。在生态可持续发展方面，要求旅游产业在发展的同时必须保护和改善地球生态环境，保证以可持续的方式使用自然资源和控制环境成本。在社会可持续发展方面，要求旅游产业能够不造成客源地居民与当地居民的冲突，能够改善人类的生活质量，提高人类的健康水平，创造一个保障人们平等、自由、幸福的社会环境。

为了对黑龙江省县域旅游产业的可持续发展情况更加客观地进行总体评价，本书从全省大型风景名胜区所在县及县级市中选取了地处东南西北旅游资源各异的同江市、宁安市、五大连池市、杜尔伯特市四个县级市为样本，提取数据，应用王良健（2001）在《旅游可持续发展评价指标体系及评价方法研究》一文对旅游产业可持续发展的评价指标体系进行定量分析，见表4-1及表4-2。

表4-1 黑龙江省县域旅游产业可持续发展的总体情况

因素	因子	权重	标准值	杜尔伯特	五大连池	宁安	同江	权重
旅游资源及环境保障力	景区森林覆盖率（%）	0.36	90	7.8	30.8	70	60	0.4
	城市人均绿地面积（平方米）	0.31	20	10	7.25	0.7	8	
	城市绿化覆盖率（%）	0.33	40	20	25	20	30	
经济拉动力	旅游收入占GDP比重（%）	0.34	15	0.22	6.8	1.8	4.2	0.35
	旅游商品收入占旅游收入比重（%）	0.31	20	1.5	3.5	0.8	1.14	
	旅游就业人员比例（%）	0.35	10.8	0.004	0.044	0.008	1.17	

续表

因素	因子	权重	标准值	杜尔伯特	五大连池	宁安	同江	权重
社会支持力	星级宾馆数量（家）	0.35	30	1	4	2	2	0.25
	旅行社数量（家）	0.33	15	3	19	1	6	
	床位规模（张）	0.32	20000	400	5716	2500	1000	
总分				45.44%	38.88%	22.16%	33.92%	

注：1. 该表选取了具有代表性、数据易收集的一些指标作为因子。
2. 指标权重采用层次分析法（AHP法）确定。
3. 环境保障力指标的评价标准采用国家一级环境质量标准。社会支持力评价指标采用全国该类景区的最大值为标准。经济拉动力和旅游市场开拓力评价指标的标准采用专家评定法。
4. 数据来源于《中国旅游统计年鉴（2008）》。

表4-2 旅游可持续发展评判标准

综合评价值	<50%	50%~70%	70%~85%	>85%
评判标准	可持续发展准备阶段	初步可持续发展阶段	基本可持续发展阶段	可持续发展阶段

可见以四个样本为代表的黑龙江省的县域基本处于可持续发展阶段的准备阶段，其可持续发展状况不尽如人意，整体处于较低的水平。

总体而言，一方面黑龙江省县域旅游产业的自然条件及基础较好，也就是说地理位置、气候、环境等方面与国家一级指标相差不大，旅游资源也较为丰富，独具特色，这些都为县域旅游产业未来实现可持续发展提供有效保障作用，这也是使得旅游产业能够实现可持续发展的关键。有了这些保障条件，黑龙江省县域旅游产业发展就有了后劲。另一方面，由于黑龙江省，尤其是省内县域经济不发达，使得饭店、宾馆、旅行社、交通等行业的服务能力及质量都不高，没能成为旅游产业可持续发展的有效支持力。由于旅游产业的核心组成部分——景区的吸引力不强，旅游商品的营销能力差，导致旅游产业整体经济效益也较差，没能起到对县域经济的带动作用。目前，对于经济处于我国中等发达水平的黑龙江省，其县域旅游的可持续发展的能力还很弱，但其可持续发展的基础条件较好，未来可持续发展的空间较大。

第5章 黑龙江省旅游产业发展的核心
——旅行社管理

5.1 提升黑龙江省旅行社管理水平的重要意义

随着市场经济的发展和人民生活水平的提高,中国旅游业快速发展。国家统计局发布2012年国民经济和社会发展统计公报,报告称,全年国内出游人数29.6亿人次,比上年增长12.1%;国内旅游收入22706亿元,增长17.6%。入境旅游人数13241万人次,下降2.2%。旅游业作为朝阳产业,以其关联性、综合性、带动性和先导性在促进国民经济发展中发挥了重要作用。各省都在充分挖掘自身旅游资源优势的基础上,把旅游业放在地方支柱产业的战略地位上加以重点扶持。发展旅游业已成为各省促进产业结构升级和增加国民收入的一项重要工作。

近年来,黑龙江省以振兴东北老工业基地为契机,着力打造旅游经济强省,取得了较好的成绩。"十五"期间,黑龙江省旅游总收入达34亿元,年均增长15.4%,旅游总收入在全省国民生产总值中的份额由不到3%提升到5.2%。在黑龙江省第九次党代会上,黑龙江省明确提出了"加快旅游资源、旅游产品和旅游市场开发,提高第三产业增加值"的战略部署。旅游业发展的良好势头和政策支持为黑龙江省旅游业的高速发展奠定了坚实的基础。

然而,与黑龙江省旅游业迅速发展形成鲜明对比的是,黑龙江省旅行社业暴露出来的问题日益成为制约旅游业发展的严重障碍。黑龙江省旅行社行业普遍存在着"散、小、乱、差"的局面,管理上存在的问题很多,旅行社在企业制度建设、人力资源管理、市场营销、财务管理、危机管理等方面与科学管理的要求还相差甚远。然而,旅行社的管理问题尚未在行业内得到充分认识和有效解决，因此，深入、系统地研究黑龙江省旅行社的现状及存在的管理问题，找出问题的原因，提出解决的对策，将为黑龙江省旅行社向现代企业方向发展提供可借鉴的理论支持。

黑龙江省旅行社正面临着WTO带来的重大机遇与挑战。据世界旅游组织预测，2020年，我国将成为世界最大的旅游目的地国家，接待旅游人次将达1.37亿，同时也将成为世界十大旅游客源国之一，出游人次达1亿。这对于地处边境的黑龙江省旅行社来说无疑是个重大的机遇。按照WTO的有关准则，国外旅行社已于2005年正式进入中国，2010年可设立独资旅行社。有着100多年历史的国外旅行社在经营管理上已相当成熟，势必对黑龙江省旅行社造成一定的冲击。因此，黑龙江省旅行社必须提升经营管理水平，建立现代企业制度，才能在国内外旅行社行业竞争中立于不败之地。

5.2 旅行社管理的理论基础

5.2.1 公司管理理论

5.2.1.1 企业制度理论

企业制度包括业主制、合伙制和公司制三种基本形态，由产权制度、组织制度和管理制度组成。产权制度是企业制度的核心。企业的产权由剩余控制权和剩余索取权组成，剩余索取权是指相对于合同收益权而言的对企业收入在扣除所有固定的合同支出后的余额的要求权；剩余控制权是指在契约中没有特别规定的活动的决策权，使企业达到价值最大化。[17]

业主制企业只有一个产权所有者，企业的所有权与经营权都归业主本人所有，业主对企业债务承担无限责任；合伙制企业是由两个或多个出资人联合作为企业的共同所有者，共同经营，对企业债务承担完全责任；公司制企业是所有权与经营权分离的、自主经营、自负盈亏的独立企业法人，以全部的企业法人资产对公司的债务负责。

20世纪初，学术界掀起了关于企业制度理论的大讨论，产生了一些颇具代表性的理论。勃利和米恩斯在1932年的《现代公司与私有财产》一书中首先提出了公司所有权与经营权分离的问题；科斯（Coase）在1937年发表的《企业的性质》中指出，企业是市场的替代物，企业与市场一样都存在着交易成本，因此，企业没有明显的边界；阿尔钦和德姆塞茨在1972年发表的《生产、信息费用与经济组织》一文中指出，企业实际上是不同要素所有者的契约，两权合一的古典企业制度无法克服偷懒和搭便车现象，而公司制是最优的企业制度。

威廉姆森提出了有效率的企业组织结构的原则，即资产专用性原则、外部性原则和等级分解原则，并提出最优层级理论，即认为企业应该通过一个层级结构来组织生产和分工，层级种类的选择则取决于层级管理的效率或成本大小。

5.2.1.2 客户关系管理理论

客户关系管理（Customer Relationship Management，CRM）这个概念最初是由Gartner Group提出来的。他认为客户关系管理就是为企业提供全方位的管理视角，赋予企业更完善的客户交流能力，最大化客户的收益率的一项工作。随着客户关系管理的发展和完善，客户关系管理已成为一种企业的管理理念、管理模式和应用软件系统。它是企业通过收集客户信息，分析客户行为，开展关系营销，以增加客户价值的管理过程。

客户关系管理通常需要从三个方面来理解：首先，客户关系管理是一种经营理念，是一种以客户为中心、以提高客户满意度为目标、重视客户价值、积极创建企业与客户良好关系的经营思想。其次，客户关系管理是一种管理模式，它要靠组织体系、业务流程、经营体制等管理制度保障与客户关系的建立。客户关系管理的重点在于将"以人为本"的思想落实到企业经营管理过程中，尤其是市场营销、销售实现、客户服务和决策分析四大领域。最后，客户关系管理是一种信息技术系统，它作为一种解决方案，需要将其管理理念通过信息技术的手段（包括互联网与电子商务、多媒体技术、数据库与数据挖掘、专家智能等）集成在软件上，得以使企业高效运行。

总之，客户关系管理需要以关系营销理论为指导，以现代信息技术为支撑，以企业内部的资源及管理制度为依托，系统完整地收集、分析客户信息，深入研究客户心理行为特征，通过为客户提供个性化、人性化、情感化的产品或服务，不断提高客户的满意度、忠诚度和贡献度，培养与客户持久、牢固的伙伴关系，最终达到客户价值、企业价值和员工价值三者的高度统一和良性循环。

5.2.1.3 人力资源管理理论

人力资源管理理论的基础是人力资本理论。1776年，亚当·斯密在著名的《国富论》中最先提出了初步的人力资本思想，认为人的能力也应被视为资本的一部分。随后，约翰·穆勒也强调人的能力应当同工具、机器一样被视为国民财富的一部分。阿弗里德·马歇尔将人的能力分为通用能力和特殊能力，强调人力资本投资的长期性和家族、政府对人力资本投资的作用。美国著名经济学家西奥多·W.舒尔茨从20世纪50年代开始对人力资本理论进行研究，于1960年发表了《论人力资本投资》一文，认为人力资本与物质资本一样，是体现在劳动者身上，通过对人的投资形成的并由劳动者的健康、体力、知识、经验和技能所构成的资本存量，是促进经济增长的第一位因素。[18]这标志着人力资本理论的诞生。舒尔茨被视为"现代人力资本理论之父""现代人力资源管理的主要奠基人和开创者"。对人力资本理论产生重大贡献的另一位经济学家是诺贝尔奖获得者——贝克尔。贝克尔的人力资本理论研究成果集中反映在他在1960年后发表的一系列著作中，其中最有代表性的是《生育率的经济分析》（1960）、《人力资本》（1964）和《家庭论》（1981）。贝克尔对人力资源理论的贡献，突出表现在对人力资源的微观经济分析上，强调教育与培训对形成人力资本的重要作用。

20世纪90年代，我国理论界展开了一场关于"劳动雇用资本"还是"资本雇用劳动"的人力资本产权的讨论，至今没有结论。新制度经济学通过引入交易费用理论，认为人力资本的价值和使用价值具有专用性，企业所有权的分配形式取决于人力资本和非人力资本所有者之间的谈判，谈判能力的大小与他们的资产专用性程度及在企业的相对重要性变化有关，企业家才能是进入企业合约的独立可交易的要素。

5.2.1.4 财务管理理论

王化成教授认为企业的财务管理主要包括筹资管理、投资管理、运营资金管理和分配管理等四部分基本内容。由于企业运营资金管理重在操作，理论内容不多，因此，财务管理通用业务理论主要包括筹资管理理论、投资管理理论和分配管理理论。筹资管理理论主要研究的是企业的资本结构，它的经典理论就是"MM资本结构理论"。

从1958年到1963年，莫迪格制安尼（Modgliani）和默顿·米勒在《美国经济评论》上先后发表了三篇文章，以严格、科学的方法研究资本结构与企业价值的关系，形成了著名的"MM资本结构理论"。

1958年，莫迪格制安尼和默顿·米勒首次提出了资本结构无关系论，认为：①无论是负债经营还是无负债经营，任何企业的价值等于其预期息税前利润除以适用于其风险等级的资本成本率。②负债企业的股本成本等于同一风险等级无负债企业的股本成本加上风险溢酬。由于市场套利机制的作用，随着企业负债增加，股本成本也增加。因此，在无赋税的条件下，企业的资本结构不会影响企业的价值和资本成本。

1963年，他们将公司税引入企业价值中，提出负债会因利息是可减税支出而增加企业价值，主要包括：①负债企业的价值等于相同风险等级的无负债企业的价值加上赋税节余的价值，后者等于公司税率乘以负债额。当引入公司税后，负债企业的价值会超过无负债企业的价值。负债越多，这个差异越大。②负债企业的股本成本等于相同风险等级的无负债企业价值加上无负债企业的股本和负债成本之差以及负债额和公司税率决定的风险报酬率。MM资本结构理论标志着现代财务管理理论的诞生，它不仅科学地探讨了资本结构与企业价值之间的关系，而且实现了财务管理理论研究在方法方面的突破，彻底改变了私人企业制定投资和财务决策的模式。

5.2.2 旅游管理理论

5.2.2.1 旅游质量管理理论

旅游质量管理是指在旅游领域运用科学的质量管理理念和方法，依据一定的质量管理原则和程序，制定适合旅游企业的质量管理方针和目标，建立符合市场需求与企业生产能力的产品质量体系。由于旅游产品具有无形性，因此，其产品质量表现为旅游产品与游客互动过程中留给游客的心理感受，旅游质量要从旅游产品设计、旅游服务和旅游售后服务三个方面来衡量与管理。吴必虎认为旅游质量管理还应考虑到服务传递的过程，即客源地服务系统、目的地服务系统和出行系统间的服务质量。

旅游质量管理要从旅游企业内外部两个方面实施：一是旅游行业管理部门通过制定法规实行质量监管，社会通过引导理性消费促使服务质量持续改进；二是在企业内部开展宣传教育活动，引进质量标准，遵循质量程序要求，进行质量评估，改进质量，形成一个质量管理良性运转系统。

旅游质量管理过程中需要解决的一个重要技术难题就是旅游质量的评估。当前，有代表性旅游质量评估方法有感受期望评估模型、EP 模型和 NQ 模型。感受期望评估模型是在美国营销专家柏拉所拉门的差异理论基础上产生的，它通过问卷调查测定顾客期望的服务质量和实际接待过程中感知的服务质量，然后在一定问卷样本量的基础上打分，评价顾客期望值与实际值的差异。用式（5-1）表示为

$$SQ = \sum (P_i - E_i) \tag{5-1}$$

式中：SQ 为客户感知的总服务质量；P_i 为问卷调查中顾客体验的第 i 个问题的得分；E_i 为期望的第 i 个问题的得分。EP 模型和 NQ 模型都是在感受期望评估模型基础上，通过赋予权重加以完善的旅游质量评估模型。

5.2.2.2 旅游危机管理理论

旅游危机是指由于影响旅游发展的内部、外部因素变量的积累，导致其内部矛盾的激化，进而引起的一种突发性的极端冲突状态。旅游业

第5章 黑龙江省旅游产业发展的核心——旅行社管理

是一个脆弱性的行业,在其发展过程中容易受到来自各方面的影响和威胁,突发事件一旦发生,旅游业往往会由于资源、信息、时间极度缺乏而陷入危机。为此,旅游危机得到了国内外学者的极度关注,旅游危机管理的理论日益成熟。

1974年,在旅游业遭到世界范围内的能源危机重击的背景下,世界旅游研究协会开始关注危机。该协会的年度会议把主题定为"旅游研究在危机年代中的贡献"。旅游研究者们在这次会议上讨论了旅游在灾难和危机时刻的脆弱性,旅游危机管理更得到了世界各国学者的关注。目前,国内外旅游业危机管理的研究主要包括两方面内容:一是对特定危机事件的反应与管理案例分析;一是对旅游危机管理的基础理论的研究。

Sonmez,Apostolopoulos 和 Tarlow 对饭店的危机类型进行了分类,见表5-1。指出组织要有一套精心计划和组织的危机管理策略,以在饭店经营过程中处理各种类型的危机。Peter E.Tarlow阐述了如何预防和应急旅游活动中的不安全因素。Chuck Gee系统介绍了国际旅游企业应对风险的方案及其"应急计划"。Linda Richter专门研究了国际旅游与全球公共健康关系,对全球旅游导致的公共健康危机进行了探讨。他认为人口增长、森林采伐、放松管制、分权化、私有化和权利破坏等应对公共健康危机的紧迫性进一步加强。由于国际交往的增加,加强管制和合作越来越重要。

表5-1 旅游危机类型

主要因素	具体环境	危机类型	危机实例
外部因素	自然环境	自然灾害	地震给饭店造成损失,火山爆发吓跑旅游者
		科技危机	石油泄露给海滨度假地造成污染
	社会环境	对立	饭店工会组织罢工破坏正常营业
		恶意	预定系统遭到病毒攻击
内部因素	管理疏失	扭曲的价值观	油轮向海洋排放废油
		欺骗	饭店把被污染的食物提供给顾客
		行为不当	公司挪用公款、接受贿赂

谷惠敏与张伟对危机管理及旅游危机管理的现有研究成果进行了较为全面的检索，对危机的定义、危机的特征、危机的类型、危机的影响做了全面的概括，指出了目前危机管理理论有危机管理阶段论、系统循环理论、危机管理动态模型等，基本上反映了这一领域的理论前沿思想。

韩玉灵等选择美国9·11事件及伊拉克战争后英国、美国、日本、新加坡、中国香港等国家和地区所采取的应对措施，做分析比较研究，总结了各政府和协会应对突发事件的主要措施，指出政府在应对危机问题上，在信息披露机制、突发事件预警机制、公共卫生的应急机制、干部责问与纠错机制、财政资源的动员机制、国际沟通与协作机制、法律强制机制方面有很大的改正空间，提出我国政府在近期应为旅游企业延长优惠政策、宣传形象、提供培训，从长远看应建立信用机制、完善法规、建立风险基金、完善休假机制。而且她还指出了中外协会应对危机的相同点和不同点，即国外的行业协会更突出为企业经营管理服务的功能，中国的行业协会则偏向于政府主管部门服务。

本章针对旅行社在管理过程中可能用到的基本理论，首先从公司管理的角度出发，对企业制度、客户关系管理、人力资源管理和财务管理进行理论研究；其次，从旅游管理的角度出发，对旅游质量管理和旅游危机管理进行理论研究。本章有关管理理论的系统研究，将为本书深入展开管理问题研究提供理论支持。

5.3 国内外旅行社的发展与管理现状

5.3.1 我国旅行社的发展与管理现状

5.3.1.1 我国旅行社的发展现状

1. 我国旅行社的规模

我国旅行社起步较晚，旅行社业的形成与发展始于改革开放的1978年，当时我国旅行社数量非常少，仅有1245家，主要是接待国外游客的事业单位性质的国际旅行社。进入20世纪90年代后，由于国内居民收入水平显著提高，国内旅游需求迅速放大。旅游需求的拉动，加之国家政策的扶持以及行业壁垒的降低，旅行社数量一直处于快速增长之势。

截至2011年年底（按填报2011年度第4季度组织接待数据的旅行社数量计算），全国旅行社的总数为23690家，同比增长3.98%。有25个省（区、市）的旅行社都有不同程度的增长。东中部10个省的旅行社数量均超过1000家，江苏和山东均超过1800家，西藏、宁夏自治区的旅行社数量增幅最大，超过24%；少于500家的有11个省（区、市），其中宁夏、西藏和新疆生产建设兵团不足100家；有7个省（区、市）旅行社数量减少，其中四川减少13.84%。近几年，我国旅行社的数量变化情况如图5-1所示。可见，我国旅行社整体数量较多，并呈现出稳步增加态势。

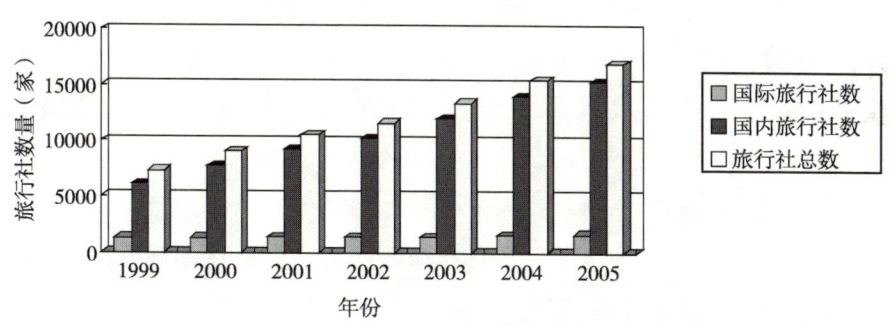

图5-1　1999—2005年中国旅行社数量变化情况

2011年度全国旅行社营业收入2871.77亿元，同比增长8.41%；营业成本2661.27亿元，同比增长11.18%；营业利润22.11亿元，同比下降31.63%；利润总额21.55亿元，同比下降36.39%；营业税金及附加13.06亿元，同比增长2.25%；所得税7.63亿元，同比增长10.08%；旅游业务营业收入2626.54亿元，同比增长11.45%；旅游业务利润132.60亿元，同比增长5.70%；旅游业务毛利率5.05%，同比下降0.27%。

2011年度全国国内旅游业务营业收入1671.91亿元，同比增长12.56%，占全国旅行社旅游业务营业收入总量的63.65%；国内旅游业务利润79.28亿元，同比增长4.28%，占全国旅行社旅游业务利润总额的59.79%，毛利率4.74%。2011年度全国入境旅游业务营业收入286.54亿元，同比减少1.05%，占全国旅行社旅游业务营业收入总量的10.91%；

入境旅游业务利润17.36，同比减少9.55%，占全国旅行社旅游业务利润总额的13.09%，毛利率6.06%。2011年度全国出境旅游业务营业收入668.10亿元，同比增长14.84%，占全国旅行社旅游业务营业收入总量的25.44%；出境旅游业务利润35.96亿元，同比增长18.94%，占全国旅行社旅游业务利润总额的27.12%，毛利率5.38%。由此可见，我国旅行社的总体盈利能力还是比较可观的，但随着竞争的加剧，行业的整体规模也会逐年缩减，国际旅行社的盈利能力要普遍高于国内旅行社。

我国旅行社的规模与国外相比差距还很大。美国旅行社业在2012年仍继续保持稳定增长的速度。其中，American Express、Expedia Inc、Carlson Wagonlit Travel三家旅行社继续保持行业前三的地位，后七家旅行社的排名位次稍有变化。整体而言，美国旅行社行业集中度仍然较高，几家大型旅行社在营业收入、销售额、交易量等方面占据美国旅行社业半壁江山，其中在线旅游代理商发展势头强劲，前十强中在线旅行社占30%。但互联网的兴起促使旅行社业以家庭为基础的初创企业不断增多，根据《Travel Weekly》调查显示，2012年45%的旅行社是以家庭为基础的零售商（以家庭为基础的旅游零售商主要是指其办公场所在家里，由家庭成员组成的零售商），同比去年增长6%。我国旅行社的业务能力无论是与发达国家相比，还是与市场需求相比都较差。

我国全国旅行社直接从业人员299755人，同比增长8.11%，其中大专以上学历200305人，同比增长17.23%。1999—2003年，我国旅行社从业人员从108830人增加到229147人，4年间增加了1倍，单位旅行社的人员规模略有扩大。我国旅行社直接从业人员为24.89万人，其中，导游人员9.39万人、领队人员2.05万人、会计人员2.86万人、经理人员6.95万人、其他人员6.25万人。截至2003年年末，全国取得导游员登记证书的有2.5万人，取得旅行社经理资格证书的有2.5万人，取得出境旅游领队证书的有4000人左右。

我国旅行社的规模一般都比较小，2002年营业收入排名第一的中国国际旅行社总社的营业收入为4.7亿美元，仅为美国运通公司的2%。数量占全国旅行社总量88.31%的国内旅行社，平均每家的从业人员只有

13.6人，年营业额不足250万元，利润率接近零。由此可见，我国旅行社无论在整体规模上还是在单体规模上都与发达国家的旅行社存在着较大的差距。

2. 我国旅行社的结构

1）旅行社区域结构

我国旅行社集中分布在沿海经济发达地区及中心城市，2005年，旅行社数量排在前十位的省（自治区、直辖市）如图5-2所示，十省市旅行社总数占全国旅行社总数的56.19%。到2011年，这十省市旅行社的数量仍然是最多的，只是江苏代替山东，排名第一；广东超过辽宁，北京超过上海。2012年各省旅行社数量具体分布如下：江苏（1891）、山东（1865）、浙江（1760）、广东（1376）、河北（1156）、辽宁（1116）、河南（1098）、北京（1032）、上海（1010）、湖北（1000），上述地区的旅行社总量占全国旅行社总量的56.16%。

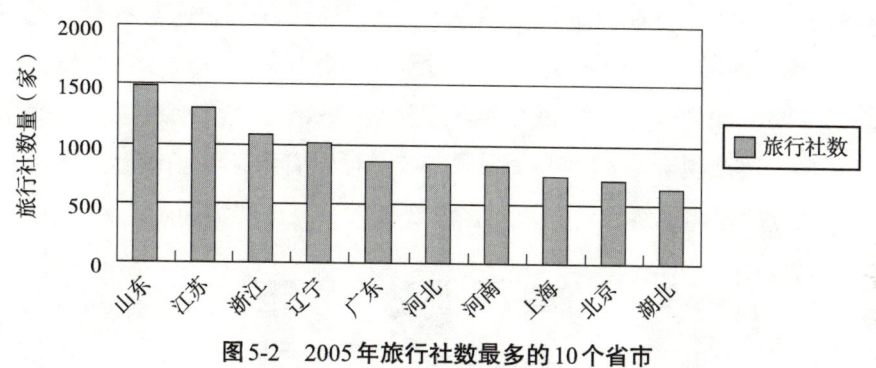

图5-2　2005年旅行社数最多的10个省市

2012年度全国百强国内旅行社排行榜显示，上海有全国百强旅行社44家，广东有31家，北京有22家，上海、广东、北京三地占200家双百强旅行社的近半，而黑龙江省仅有黑龙江天马国际旅行社一家进入全国百强国际旅行社名单，排名第33。上海、广东、北京三地旅行社的实力位居前三位，属于旅行社业发达地区。说明我国旅行社发展水平有着很强的区域差异，经济发展水平与旅行社业的发达程度有着很强的正相关关系，这点也可从表5-2看出。

表5-2　2012年全国百强旅行社前10名名单

次序	国内旅行社	国际旅行社
1	上海春秋国际旅行社有限公司	中国国际旅行社总社
2	中青旅控股股份有限公司	中青旅控股股份有限公司
3	广东省中国旅行社股份有限公司	中国康辉旅行社集团有限责任公司
4	北京众信国际旅行社股份有限公司	上海锦江国际旅游股份有限公司
5	广州广之旅国际旅行社股份有限公司	中国旅行社总社
6	中国国际旅行社总社有限公司	中信旅游总公司
7	浙旅控股股份有限公司	重庆海外旅业（旅行社）集团有限公司
8	湖南省亲和力旅游国际旅行社有限公司	广东省中国旅行社股份有限公司
9	湖北新航线国际旅行社有限责任公司	上海国旅国际旅行社有限公司
10	重庆海外旅业（旅行社）集团有限公司	上海航空国际旅游有限公司

2）旅行社类别结构

我国于1996年将旅行社按照经营范围划分为国际旅行社和国内旅行社两类。国际旅行社数量占全国旅行社总数的9.44%，人员占全国总量的35.68%，资产占全国总量的65.79%，旅游业务营业收入占全国总量的62.44%，旅游业务毛利润占全国总量的63.06%，全年促销费占总量的67.87%，实缴税金占67.09%。从图5-3中可以看出，我国国际旅行社与国内旅行社相比虽然数量少，但整体规模大、经济实力强。

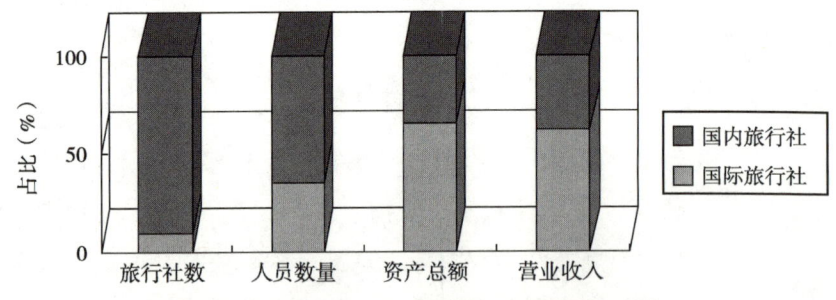

图5-3　2005年国内、国际旅行社经营状况比较

另外，我国国际旅行社还按业务不同粗略划分为入境地接社和出境游组团社两类，其中出境游组团社与国际旅行社和国内旅行社相比的经营情况见表5-3。

表5-3 国内出境组团社的经营情况

项目	数量	营业收入	毛利润	实缴税金
占国际旅行社的比例	42.20%	84.68%	84.49%	87.34%
占全国旅行社的比例	3.98%	52.87%	53.28%	58.62%

可见，我国的出境组团社在国际旅行社和全国旅行社中处于重要地位，它的数量虽少，但经济实力强。

我国旅行社按照投资主体不同分为外资旅行社和内资旅行社，其中外商投资的国际旅行社共21家（包括外商独资旅行社7家、外商控股合资旅行社5家、中方控股合资旅行社9家），占国际社总数的1.32%；外商投资旅行社旅游业务营业收入占国际旅行社总量的2.08%，旅游业务毛利润占2.80%，入境外联人天占2.49%，入境接待人天占1.67%，实缴税金占1.99%，外汇结汇占8.06%。可见，外资国际旅行社的数量还很少，经济效益较好。

3）旅行社所有制结构

我国旅行社已基本完成所有制的改革与改造，公司制在行业内已基本确立，国内与国际旅行社中的国有成分均有所减少。旅行社中所有制结构情况见表5-4。

表5-4 各类旅行社所有制结构情况

旅行社类型	国有独资	股份制	其他类型
全国旅行社	18.47%	73.65%	7.88%
国际旅行社	32.50%	65.53%	1.97%
国内旅行社	16.98%	74.51%	8.51%

由此可见，我国的国内旅行社已基本完成了"国退民进"的所有制改革，国有独资旅行社所占的比例已很小，但国际旅行社中的国有成分还较高。

4）旅行社业务结构

我国旅行社的业务主要集中在国内居民的国内游，而入境旅游和出境旅游业务量较少，如图5-4所示。这一方面是由于国内旅游市场规模要远远大于国际旅游市场，另一方面是由于国家对经营国内旅游业务的旅行社的资质要求不高，而对国际旅行社，尤其是对开展出境旅游业务的国际旅行社有严格的限制与审批要求。

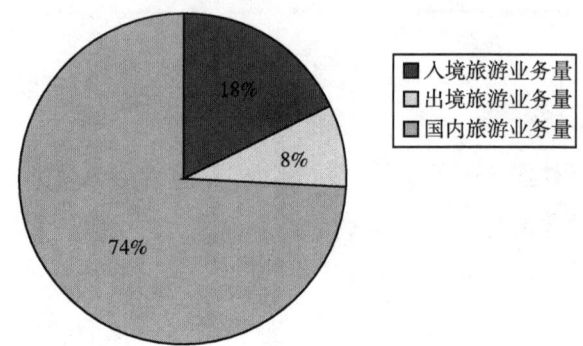

图5-4 我国旅行社业务量分布情况

3. 我国旅行社的行业分工

我国旅行社业的分工体系无论是1985年实行的三分法，还是1996年实行的二分法，都属于政府行业管理干预下的水平分工体系。我国旅行社的现有分类制度是1996年按照经营业务的范围将旅行社分为国内旅行社和国际旅行社两种类型，众多的小型旅行社具有"小而全"的建制特点，除因国家特许经营权的分配和地理分布的原因而导致的部分旅行社的市场差异外，不同规模的旅行社之间基本上没有明显的专业分工，资源迥异的旅行社都以相似的方式参与市场竞争，所有的旅行社面对着不同的市场操作着同样的业务，属于典型的水平分工。这种分工体系是由行业政策法规、传统经济体制和现行市场机制共同决定的。这种分工体系导致了现在不同规模的旅行社经营着同样的业务，大旅行社难以发挥规模优势，中小型旅行社定位不清，市场竞争混乱，资源缺乏整合和互补。

4. 我国旅行社的经济效益

以2005年我国旅行社的主要财务指标为例，对我国旅行社的经济效益进行分析，发现我国旅行社由于企业的特点，主营业务的获利能力不高，但在全国旅游市场平稳增长的形势下，整体赢利能力稳定增长，国际旅行社整体赢利能力和发展能力均优于国内旅行社。

从表5-5中可以看出,旅行社中国际旅行社各类财务效益状况指标高于国内旅行社,说明国际旅行社赢利能力强。这一方面得益于国际旅行社较高的主营业务利润;另一方面得益于成本费用的控制。

表5-5 财务效益状况主要指标　　　　　　　　　　（单位：%）

项目	全国旅行社	国内旅行社	国际旅行社
平均净资产收益率	1.2	−0.4	2.5
总资产报酬率	1.4	0.7	1.8
平均主营业务收入利润率	5.3	5.3	5.3

从表5-6中可以看出,我国旅行社资金流动性较强,资产的利用效率较高,国内旅行社与国际旅行社在资产营运状况方面相差无几,均表现出较强的营运能力。

表5-6 资产营运状况主要指标　　　　　　　　　　（单位：%）

项目	全国旅行社	国内旅行社	国际旅行社
总资产周转率	3.24	3.46	3.12
流动资产周转率	5.22	5.11	5.3
应收账款周转率	16.2	16.0	16.4

另外,我国旅行社平均资产负债率为60%,旅行社平均流动资金比率为1.12,平均速动比率为1.11,平均长期资产适合率为101.2%,反映出国内旅行社偿债能力略高于国际旅行社。我国旅行社平均销售增长率为11.3%,高于旅游业平均销售增长率的8.2%;平均资本积累率为1.2%,国际旅行社略高于国内旅行社;平均总资产增长率为6.8%,国内旅行社高于国际旅行社,说明旅行社正保持着稳定的增长,其中国内旅行社增长速度较快。

5.3.1.2 我国旅行社的管理现状

1. 我国旅行社现行体制状况

我国旅行社最早的主要工作是接待外宾,旅行社完全是政府主导下的事业单位。后来由于国内旅游业的兴起，旅行社进行了体制转变，当时国家有关法规规定，第一、二类旅行社必须是国有企业，第三类旅行社必须是国有企业或集体企业，旅行社的所有制形式单一。1996年后，国务院发布《旅行社管理条例》，取消了各类旅行社的所有制性质限制，鼓励多种所有制形式的存在。这样，社会资本纷纷进入旅行社行业，形成了国有（独资、控股）旅行社、集体旅行社、股份制旅行社、公司制（股份有限公司、有限责任公司）旅行社、股份合作制旅行社、联营旅行社、私营旅行社等多种企业形式。2002年，按所有制不同划分的国内内资旅行社的数量构成如图5-5所示。

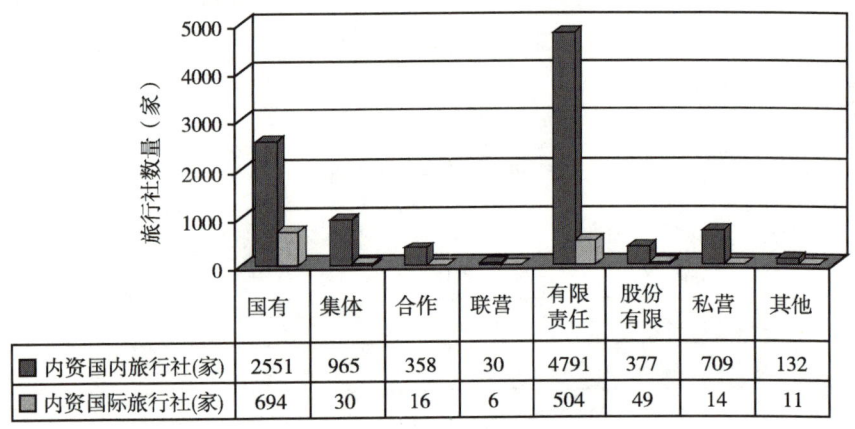

图5-5　2002年我国内资旅行社所有制情况一览

我国旅行社业的这些所有制形式从产权角度看又大致可以分成三类：一是国有旅行社；二是民营旅行社；三是股份制上市公司。国有旅行社主要包括未进行公司化改造的国有旅行社、国有独资旅行社、国有控股旅行社公司。它们或是由原来承担外事接待任务的机关和事业单位转化而来，如中国国际旅行社、中国旅行社；或是由各级政府机关、事业单位、社会团体、大型国有企业集团为促进国家旅游业的发展、增加部门利益而设立的国有旅行社，如共青团主办的中国青年旅行社、中国残疾人福利基金会主办的中国康辉国际旅行社有限公司、招商集团投资的中国招商国际旅行社等。国有旅行社中无论是尚未改制的，还是已经

改制的，政府都仍在旅行社中发挥着主导作用，政企不分的现象仍十分严重，国有旅行社还没有完全走出政府的保护伞。旅行社的上级主管部门掌握着旅行社的人事权，旅行社内的高管与政府联系十分紧密。国有股"一股独大"，公司内部治理机制不健全，以及所有者缺位常导致国有旅行社的内部人控制现象严重，公司治理不完善。

这里的民营旅行社主要指非国有经济成分的旅行社，包括非国有控股旅行社、股份合作旅行社、集体旅行社、私营旅行社和个体旅行社等非国有旅行社。目前，我国民营旅行社占旅行社总数的比例已经达到了50%以上，民营旅行社已显示出巨大的体制性活力。民营旅行社产权明晰，激励与约束机制较好。民营旅行社的公司治理体系虽已建立，但由于民营旅行社多来源于个体、私营经济，控股股东与旅行社之间的公司治理关系并不十分清楚，存在着控股股东直接参与公司日常经营、董事会虚设、公司治理机制不健全等问题。

股份制上市公司的旅行社主要是指由大型国有旅行社发展而来的中青旅控股和国旅联合两家旅行社集团，它们按照上市公司的要求已建立起较为完善的现代企业制度。但由于历史原因，这些上市公司普遍存在着"一股独大"的问题，公司仍受到政府的严重影响。而且股票的流通性差，国有股与法人股股东占绝对控股地位，完全掌握公司的决策权。

因此，我国旅行社的整体体制状况是旅行社已改变过去单一国有所有制的状况，呈现出多种所有制并存的局面，民营旅行社居于主体地位。我国旅行社的现代企业制度已基本建立起来，但还普遍存在着公司治理机制不完善等问题。旅行社行业还存在着产权不明晰、明公暗私的所有制状况。例如，在国有旅行社内部实行非法承包，股份合作制不规范，将国有企业的经营许可证转让给个人等，导致企业的责权利得不到有效统一，政府行政干预多，企业经营行为短期化。

2. 我国旅行社的人力资源管理状况

我国大部分旅行社的人力资源管理意识较为淡薄，占旅行社绝大多数的中小型旅行社一般都不设置人力资源部，人事事务仅由某一办公室人员代为处理。旅行社管理者普遍认为旅行社从业人员既不需要任何技术，也不需要多么强的能力，旅行社的员工所需要提供的只是简单的脑力劳动，任何人都能够胜任。因此，大多数旅行社根本不重视企业的人力资源，将人视为企业经营的成本，而不是资源，更舍不得在人力资源管理方面投入精力与资金，人力资源管理近乎一片空白，管理水平低，管理较为混乱。

作为服务型企业，旅行社的服务质量如何，更多的是体现在人的因素上。然而，由于旅行社从业人员工作的灵活性、高流动性，增加了旅行社人力资源管理的难度，因此，旅行社更加需要一套科学规范的人力资源管理制度。但我国旅行社人力资源管理的现状是：旅行社人力资源管理的制度不健全，人事管理工作程序不规范，对人的管理不是靠制度，而是凭主观感觉；人力资源管理仅仅停留在员工招聘、简单培训、薪金发放及签订劳动合同等基本功能方面，很少涉及职业生涯规划、系统培训、有效激励等更深层次的人力资源管理内容。

由于我国旅行社业才刚刚兴起，低水平的人力资源管理工作导致业内专业人才十分缺乏，从业人员的素质及学历偏低。从知识结构看，我国旅行社从业人员的学历水平偏低，这一问题在导游人员中表现尤为明显。导游队伍中高中、中职、中专学历者占41.7%，大专学历者占39.4%，本科以上学历者仅占18.9%。外语类导游人员的学历比中文类导游稍高一些，但大专及以下学历仍占52%。国家规定导游人员上岗必须持有资格证，但在导游队伍中持资格证和初级证者为96.3%，持中级、高级和特级证者所占比例极低，仅为3.7%。

3. 我国旅行社的营销状况

近年来，我国旅行社业已进入快速发展阶段，旅行社如雨后春笋般兴起，市场营销已成为旅行社的一项重要工作，各家旅行社纷纷加大宣传力度，极力吸引游客，形成了激烈的旅游市场营销竞争。但是，由于中国的旅游市场正处于转型阶段，我国旅行社的市场营销普遍还停留在传统的推销阶段，市场营销还很不成熟，主要表现在以下几个方面：

一是旅游产品推出的雷同现象严重。我国旅行社规模较小，分散经营，企业内一般不设置产品开发部，旅行社的营销工作仅限于线路的推销，不注重产品的开发与创新，也不进行旅游市场细分，缺乏对现代旅游需求个性化的认识与把握，只通过不断推出新线路吸引客户，而不在挖掘旅游文化内涵、提高服务质量上下功夫。推出的产品几乎都是团体包价观光旅游，旅游线路也仅局限于一些热点城市和景区，除选择的宾馆、交通工具有所差异外，其他服务内容、服务水平基本一样。产品的高度同质化引发旅行社业内恶性价格竞争。

二是旅行社不重视打造品牌。从20世纪90年代中后期开始，我国一些有实力旅行社开始有意识地把品牌建设纳入企业战略管理的范畴。他们依靠自身的实力和良好的市场形象，积极探索品牌经营之道，导入CI，通过特许经营、设立非法人分社、资产并购，在实现企业规模扩张的同时，也向外输出了品牌，提升了品牌的价值。像中旅、中青旅、国旅、康辉、广之旅、春秋旅行社等大型旅行社企业集团的品牌已家喻户晓。但广大的中小旅行社普遍存在着为低价拉拢顾客、违反承诺、降低服务质量、没有售后服务等短视行为。有的旅行社甚至采用为游客提供虚假的旅游服务信息，以贿赂手段拉拢顾客、诋毁其他旅游企业的声誉、冒用其他旅游企业的品牌等非法手段。这些行为严重损害了旅行社的品牌形象。

三是营销手段落后。目前，我国旅行社的市场营销主要采取的手段就是进行广告宣传，尤其是以报纸、杂志等平面广告为主，重点宣传的是旅游线路及价格，未将产品的特性凸显出来，产品的宣传形式和内容缺乏吸引力。我国旅行社已开始实施网络化营销，很多旅行社拥有自己的网站。但除个别大型旅行社外，多数旅行社在产品的宣传与推广、客户信息管理、电子商务、网上办公等方面还很不完善，还流于形式，实质作用不大。

4. 我国旅行社的财务管理状况

我国大部分中小旅行社的财务管理水平不高，旅行社一般不重视财务管理，也使得许多财务制度过于简单，缺乏财务预算与控制制度，财务工作受个别领导干预现象严重。也有一些旅行社为了偷税漏税设置账外账、弄虚作假、会计账目不清，为旅行社提高财务管理水平设置了障碍。另一方面，一些旅行社的财务人员素质不高，缺乏财务知识，不能建账。

我国旅行社业还普遍存在拖欠团费的现象，尤其是个别省份的旅行社，造成旅行社应收账款大量存在，呆账、坏账时有发生。同时，旅行社缺乏资金支持，资本运作能力差，由于财务管理方面的不足也导致旅行社难以壮大。

5.3.2 国外旅行社的发展与管理现状

5.3.2.1 国外旅行社的发展现状

19世纪中期，英国出现了世界上最早的旅行社——托马斯·库克旅行社，此后，旅行社业在世界各国得到了发展，到20世纪初，世界旅行社业已出现了英国托马斯·库克旅行社、美国运通公司和比利时铁路卧车公司三大旅行社巨头。现在，全球旅行社总数达70万家左右，其中80%以上分布在欧美等经济发达国家。

1. 国外旅行社的规模

世界旅行社从第二次世界大战后到20世纪90年代初，经历了一个数量上的快速增长阶段，尤以美国最为显著。20世纪50年代，美国航空运输协会（ATC）承认的旅行社为1949家；到1960年，发展到3939家；1973年底，旅行社激增至10002家；从1973年起，每年以10%~11%的速度增长，1982年达到20000家；到20世纪80年代末，突破30000家，美国近50年旅行社数量的变化情况如图5-6所示。

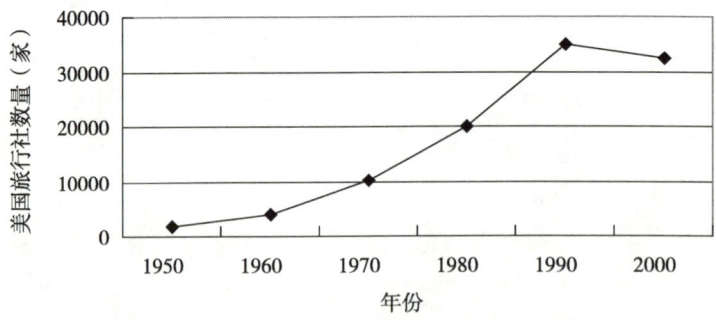

图5-6　过去50年间美国旅行社数量变化情况

可见，以美国为代表的世界发达国家的旅行社业在高速发展之后，面对着市场竞争的日趋加剧，到20纪90年代以后，旅行社的数量呈现出了下降趋势。

在旅行社整体数量下降的十年间，美国旅行社的单体规模也发生了趋势性变化。其中年营业额在100万美元以下的旅行社数量下降的幅度最大，从1995年的10078家下降到1997年的6502家，减少了35.5%，其占旅行社的比例也从30%下降到19%；营业收入在200万美元以上的旅行社有所增长，其比例由41%上升为51%，特别是其中营业额在500万美元以上的大型旅行社数量增长很快，十年间其数量增长了一倍，它们在旅行社营业收入总额中达54%。各种规模旅行社数量所占总体旅行社比例如图5-7所示。

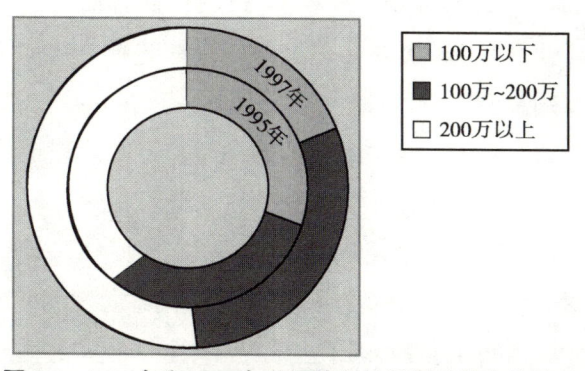

图5-7　1995年和1997年美国旅行社数量结构变化情况

这说明，以美国为代表的发达国家旅行社业已基本完成了规模性扩张，旅行社数量已基本稳定，旅行社业的发展已从粗放式数量增长的外延发展阶段进入到了集约式质量增长的内涵发展阶段。

1999年，美国共有旅行社32238家，日本共有11061家，韩国有5722家。平均下来，欧洲每1万人拥有1家旅行社，美国则每5000人就有1家旅行社，韩国每2万人拥有1家旅行社，而中国平均每10万人才能拥有1家旅行社。可见，中国与世界发达国家相比，旅行社业市场空间还很大，旅行社业竞争还不激烈，旅行社尚未进入行业整合与实力提升阶段。

2. 国外大旅行社的发展状况

随着发达国家旅行社业发展的日益成熟，旅行社开始了业内不断整合，形成了一些规模大、实力雄厚的超级旅行社集团。例如：美国的运通（American Express）、卡尔森-瓦根利特（Carlson Wagonlit Travel）；日本的交通（Japan Tourist Bureau）、近几、日本旅行、东急观光；英国的托马斯·库克（Thomas Cook）、航空（Air）、航空旅行（Air Travel）；欧洲的普鲁赛格（Preussag）、法国雅高（Accor）等。这些大旅行社以其所拥有的资源在旅游产品开发、旅游服务采购、旅游市场拓展、旅游接待以及资金、信息、人才和抵御风险等方面具有的垄断优势，在经营中处于有利地位。

从20世纪80年代末到现在，美国大旅行社的数量在行业中所占的比重不断增加。从1989年到1999年，在旅行社总量趋于稳定的大环境下，美国年营业额在500万美元以上的旅行社的数量增加了一倍多，在行业中所占比例急剧上升。此外，大旅行社营业额的增长幅度要大于数量的增长，例如，1997年美国年营业额在500万美元以上旅行社的总营业额为680亿美元，占行业总收入的54%，到了1999年，这两个数字分别是828亿美元和58%。两年间，收入比重增加了4%，而数量比重只增加了0.9%。这说明国外的旅行社正朝着规模化方向发展，而且，大型旅行社在实现规模化的同时也实现了规模经济效益，值得我国旅行社借鉴。

欧洲国家也呈现出类似美国越来越垄断集中的情形。如目前英国旅行社业已形成航空、航空旅行及托马斯三大旅行经营商垄断80%市场份额的局面。美国第二大旅行社卡尔森-瓦根利特旅行公司在全球拥有3000家办事处；日本最大的旅行社JTB在全球拥有超过2500家销售店；世界上最大的旅游观光和服务集团法国雅高在全世界140多个国家约有13万个合作伙伴。德国1/1000的旅行社占领了市场52%的份额，英国1/1000的大型旅行社则占领了80%的市场。美国最大的旅行社——运通公司2000年财务年度的总营业额是236.75亿美元，其中旅游公司的营业额是146亿美元，从事旅游业的雇员为1.56万人，在全球设有1700多个旅游办事处；欧洲最大的旅游服务集团普鲁赛格2000年财务年度的总营业额是219亿欧元（约合201亿美元），其中旅游业的营业额是105.6亿欧元（约合96.9亿美元），从事旅游业的雇员为4.61万人；日本最大的旅行社JTB集团2000年的资本金为2170.5万美元，营业额为1400亿日元（约合116.5亿美元），雇员人数为1.24万人。由此可见，世界发达国家均已形成具有垄断地位的旅行社集团，充分发挥了旅行社网络化、规模化的经营优势。

3. 国外旅行社的结构

美国是世界上旅行社业最发达的国家之一，本书以美国为例研究旅行社的结构。从美国旅行社的区域分布情况来看，东部地区共有旅行社9474家，占全美旅行社总数的29%；西部地区8633家，占27%；南部地区7690家，占24%；中西部6619家，占20%，如图5-8所示。

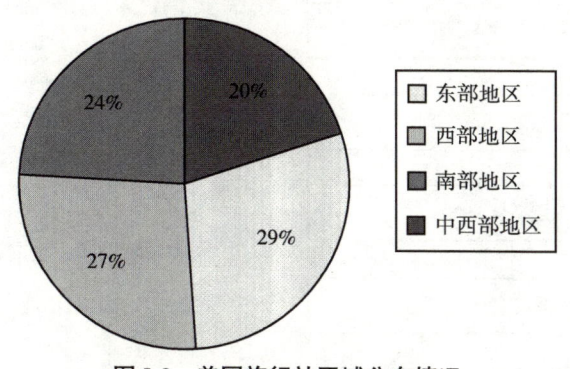

图5-8 美国旅行社区域分布情况

就总体数量而言，美国旅行社的区域分布是比较均匀的。当然，如果将各地区的面积因素考虑在内，则东部地区旅行社的密度明显高于其他三个地区，这也和经济发展状况及人口集中情况相符。另外，有关美国旅行社城乡分布状况的资料表明，美国的旅行社主要集中在中心城市，总数达16498家，占全美旅行社总数的51%；其次为城市郊区，总数为12923家，占40%；旅行社最少的地区是城镇和农村，共有旅行社3025家，占总数的9%。旅行社分布的城乡差异较为严重。

4. 国外旅行社的行业分工

欧美国家旅行社的分工体系主要是市场经济条件下自生的自然或称

垂直分工的体系。美国旅游组织一般包括旅游经营商、批发商和代理商，旅游经营商既做批发又直接零售。旅游经营商又分四类：①旅游批发商，主要经营国际旅游；②汽车旅游经营商，经营北美的乘坐大型旅游车的旅行；③大型航空公司，以航空、陆地全包价旅游团来增加市场，为销售机票的零售商提供规格化的地面端批发业务；④一些非营利组织。旅游批发商是以经营定期旅游产品批发业务为目标的旅行社，它以专业的产品设计为零售商（代理商）提供旅游线路、交通、宾馆、餐饮安排；旅游零售商主要面向游客代售旅游服务。德国的旅游组织分为批发商和代理商，批发商是较大的组织机构，批发商将涉及的旅游产品卖给旅行社，再由旅行社向旅客销售；代理商大都是中心旅行社，旅行社的销售点遍及全国，直接面对游客，为批发商提供客源。欧美国家的垂直分工型的旅行社服务体系的典型模式如图5-9所示。

亚洲国家的旅行社行业分工体系与中国类似，多以水平分工为主。日本的旅游组织分为一般旅游商、国内旅游商和旅游代办商。一般旅游商的规模较大，是经营日本本国游客或外国游客的国内、国外旅游业务的旅行社；国内旅游商只经营外国人和日本人在日本国内旅游的业务，经营规模较小；代办商主要是代理以上两种旅行社的旅游业务。韩国的旅行社分为三类：综合旅行社、海外旅行社和国内旅行社。综合旅行社主要经营出国、入境和国内游；海外旅行社只经营出国旅游业务；国内旅行社只限于经营当地汽车旅游团业务。

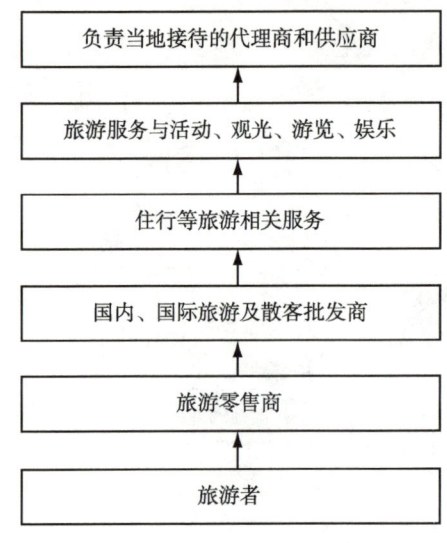

图5-9 旅行社行业垂直分工体系

由此可见，国外旅行社存在两种不同的主流分工体系，即以欧美国家为代表的垂直分工体系和以亚洲国家为代表的水平分工体系。

5.3.2.2 国外旅行社的管理现状

1. 国外旅行社的发展战略情况

世界旅游市场的全球化发展趋势使得世界上各大旅行社竞相采取了兼并联合的集团化发展战略。2000年5月，欧洲最大的旅游公司普鲁赛格集团在收购战中击败对手德国第二大旅游公司C&N旅行社（C&N Touristic AG），以18亿英镑收购英国汤姆逊（Thom-son）旅游集团，同时普鲁赛格在英国第三大旅行社托马斯·库克（Thomas Cook）中占有50.1%的股份。此外，普鲁赛格还持有法国最大的综合性旅游公司拉伏那斯·伏朗瑞斯公司（Nouvelles Frontieres）34.4%的股票，以及意大利最大的旅游公司阿尔卑斯旅游公司（Alpitour）10%的股份，并由此在法国和意大利旅游市场上与这两家公司成功地进行了战略性合作。美国运通公司近年来先后收购了巴西、瑞典、德国、澳大利亚的几家较大的旅游企业。美国卡尔森旅游集团与法国瓦根利特旅行公司（Wagon-lit Travel）合资购买了德国有27家分支机构的布鲁恩·瑞斯布罗旅游公司（Brune Reiseburo）。德国国际旅游联盟收购了西班牙特别快车旅行公司75%的股份。日本第二大旅行社近几日本国际旅行社、第三大旅行社日本旅行公司和TIS旅行社已于2003年合并，新公司的总营业额达到13200亿日元（约合109.8亿美元），以便与日本最大的旅行社JTB相抗衡。

同时，国际大型旅行社集团也积极在全球范围开拓市场，推行全球化发展战略。以中国市场为例，按照我国加入WTO的承诺，2003年年底之前，只准许设立合资旅行社。截至2003年底，已有日本JBT、日本西航旅行株式会社、法国高雅、美国运通、美国罗森布鲁斯、新加坡中美、香港永安、香港康泰等多家大型旅行社在中国建立了合资旅行社，以便进一步占领中国旅游市场。

2. 国外旅行社电子商务发展情况

国外发达国家旅行社电子商务的发展已较为成熟，互联网已在旅行社业得到广泛应用。几乎所有的美国和欧盟旅行社都已使用了全球分销系统（Global Distribution System，GDS）。早在1993年，美国旅行社网络预定系统的普及率就已经达到了96%，这一比率德国为100%、法国为99%、西班牙为80%、丹麦为75%、英国为60%，网络为旅游业进行业务联系提供了极大便利。

美国旅游协会（TIA）的调查结果显示：2000年，美国共有5900万人利用网络查询旅游目的地、价格及日程，其中约有一半的人已经利用电子方式购买了旅游产品或服务。到2003年，这两部分群体均增加了4倍。也有调查显示，日本2000年有近3000万人通过互联网收集旅游信息，其中650万人通过互联网预订旅游产品，后一个数字比上一年增加了一倍。2000年，美国旅游在线销售130亿美元，欧洲是29亿美元。目前，美国旅游产品的在线销售额已经占到总销售额的10%以上，估计在3年内将达到25%。旅行社电子商务的发展非常迅速。

3. 国外旅行社的营销状况

在旅游发达国家，游客对于严重束缚其个性发展的标准化旅游产品的需求日趋减弱，游客的信息渠道和消费意识发生了深刻的变化。旅行社已能够根据游客需求的差异，将旅游市场划分为若干大小不一的细分市场，更好地满足了消费者个性化、复杂化的需求。为适应旅游需求日趋个性化和差异化发展趋势，旅行社逐步调整其市场营销战略，通过对市场进行细分甚至超细分来提供多样化的旅游产品，以满足日趋复杂多变的旅游需求。大众营销战略逐步为区隔营销战略、适位营销战略和一对一战略所取代。旅行社的营销已较为成熟。

本章分别就我国国内旅行社的发展与管理现状、国外旅行社的发展与管理现状进行了较为系统的研究，从国内外旅行社发展的规模、结构和行业分工的对比来看，我国旅行社仍处于"散、小、乱、差"的局面，整体发展状况还处于初级阶段，与发达国家旅行社的发展状况相比差距还很大；从国内外旅行社管理现状的对比来看，我国旅行社受管理体制制约，内部管理水平不高，缺乏战略管理，电子商务和市场营销发展还很不完善。

5.4 黑龙江省旅行社的发展现状及管理问题

5.4.1 黑龙江省旅行社的发展现状

5.4.1.1 黑龙江省旅行社的规模

近年来，黑龙江省旅行社的数量一直处于稳步上升的趋势，截至到2005年底，黑龙江省共有旅行社406家，其中国内旅行社331家，占81%；国际旅行社75家，占19%。省内旅行社数量略低于全国各省481家的平均水平。近几年黑龙江省旅行社的数量变化情况如图5-10所示。

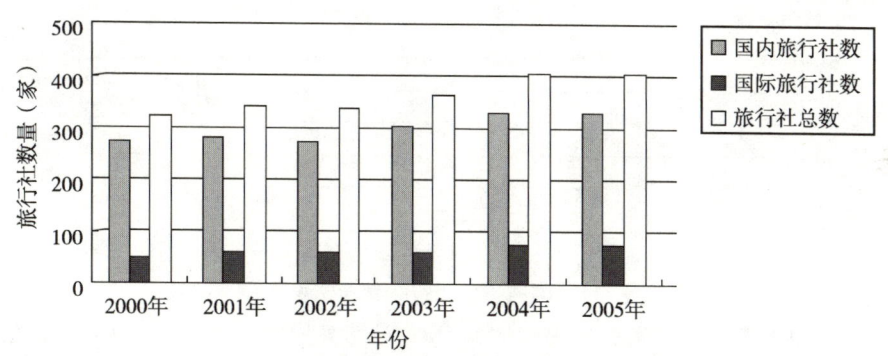

图5-10　黑龙江省旅行社近年数量变化情况

黑龙江省旅行社的总数量每年正以不到10%的速度在增长，十年间，黑龙江省旅行社的数量增加了2.3倍，增长速度仍略低于全国旅行社2.5倍的发展速度。其中，国内旅行社的数量增长较为明显。这些都说明黑龙江省旅行社正处于发展中，即使存在一些问题，也是发展带来的问题。

另外，由于旅游资源分布有以县域为主的特点，开展专线地接业务的旅行社也多分布于县域，因此，县域旅行社的发展状况具有一定的行业代表性。本书随机选取发达省市和不发达省市中具有国家4A级景区的县域作为样本，与黑龙江省的情况进行比较，发现黑龙江省县域旅行社的数量处于图的最下端，旅行社的数量无论与发达省市相比，还是与不发达省市相比都较少（见图5-11）。

2011年，黑龙江省旅行社共有从业人员4687人，其中，国内旅行社

2429人，国际旅行社2258人，在全国31个省市中排名第20。到2012年，黑龙江省旅行社从业人员增长到4714人。从全国范围来看，黑龙江省旅行社的从业人员数量尚达不到全国平均水平，也从一个侧面反映了黑龙江省旅行社规模普遍还较小的问题。

2012年黑龙江省共接待国内游客25173.94万人次，较2011年增长了24.4%；实现国内旅游收入1247.52亿元，较2011年增长了20.9%。2012年，黑龙江省旅行社营业收入共计90663.59万元，资产总额58486.54万元，均在全国31个省市中排名中下等，与旅行社数量在全国排名居中相比，黑龙江省旅行社在资产规模、经济实力方面表现出与发达省市明显的差距。

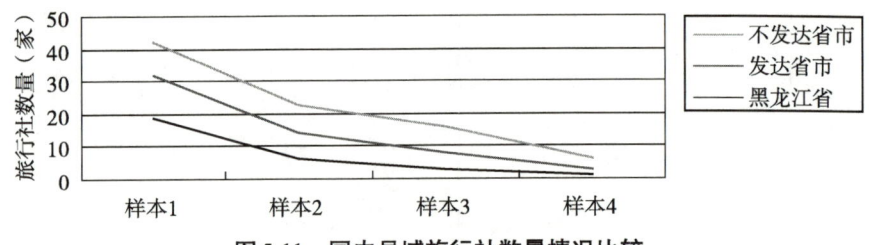

图5-11　国内县域旅行社数量情况比较

注：发达省市样本分别是山东省青州市、浙江省德清县、广东省仁化县、福建省泰宁县；不发达省市样本分别是贵州省兴义市、甘肃省平凉市、云南省建水县、内蒙古自治区扎兰屯市；黑龙江省样本是杜尔伯特县、五大连池市、宁安市、同江市。

5.4.1.2 黑龙江省旅行社的结构

黑龙江省旅行社的区域分布较合理，呈现出明显的旅行社东、南热的局面，见表5-7。

表5-7　黑龙江省旅行社区域结构一览表　　　　（单位：家）

旅行社类别	东部地区	南部地区	西部地区	北部地区
国际旅行社	16	32	8	19
国内旅行社	79	151	54	47

注：东部地区包括牡丹江、鸡西、绥芬河、东宁等；南部地区包括哈尔滨、绥化等；西部地区包括齐齐哈尔、大庆等；北部地区包括佳木斯、铁力、伊春、双鸭山、黑河、五大连池等。

第5章 黑龙江省旅游产业发展的核心——旅行社管理

黑龙江省旅行社主要集中在以哈尔滨为中心的南部地区，哈尔滨、绥化两地的旅行社数量达到了全省旅行社总数的45%；以牡丹江为主的东部地区的旅行社数量也较多。黑龙江省旅行社的分布与经济发展程度及旅游资源的分布存在着高度的正相关关系，因此，旅行社的发展符合市场的需求。

5.4.1.3 黑龙江省旅行社的业务情况

从表5-8可以看出，黑龙江省旅行社的整体盈利状况要高于全国平均水平，但单从黑龙江省国内旅行社来看，其盈利状况低于我国国内旅行社的平均水平，这主要是由于其成本费用较高，资产周转速度较慢，业务增长与资本积累的速度慢。与国内旅行社经营不景气形成鲜明对比的是，黑龙江省国际旅行社的盈利能力、运营效率要远远高于全国平均水平，而且表现出较强的资本积累能力和发展态势。

表5-8 2012年黑龙江省旅行社与全国旅行社经济效益比照表   （单位：%）

	本省	全国	本省（国内）	全国（国内）	本省（国际）	全国（国际）
净资产收益率	5.8	1.2	-5.1	-0.4	14.9	2.5
总资产负债率	4.2	1.4	-2.4	0.7	10.5	1.8
主营业务利润率	7.5	5.3	11.2	5.3	6.7	5.3
成本费用利润率	1.0	0.4	-2.9	0.0	1.8	0.5
总资产周转率	282.1	324.1	84.4	345.7	471.0	311.5
流动资产周转率	443.3	522.3	123.0	511.4	799.1	529.6
应收账款周转率	20.5	16.2	6.1	16.0	29.8	16.4
资产负债率	57.5	60	50.1	52.7	43.1	64.6
流动比率	125	112.3	141.2	142.7	143.6	98.9
速动比率	124	111.2	140.0	140.6	142.9	98.2
销售增长率	-6.2	11.3	-15.8	9.7	26.0	12.3
资本积累率	-15.0	1.2	-6.9	-0.2	9.7	2.3
总资产增长率	-5.1	6.8	4.4	8.7	7.3	5.7

资料来源：《2013中国旅游财务信息年鉴》，中华人民共和国国家旅游局。

黑龙江省凭借其独特的旅游资源和边境地理条件，在入境旅游方面开展得较好，入境旅游业务量位居全国前列。2012年，黑龙江省旅行社外联入境游客147652人，在全国排名第14；接待入境游客207568人，在全国排名第10。接待的外国游客主要来自俄罗斯、日本和韩国。

黑龙江省旅行社的国内旅游业务量却处于全国中等水平，组团业务量要高于地接业务量。2012年，黑龙江省组团境内游客932839人，在全国排名第17；接待境内游客475589人，在全国排名第25。

5.4.1.4 黑龙江省旅行社行业管理情况

黑龙江省旅行社的行业管理工作主要靠黑龙江省旅游局和黑龙省旅游协会来完成。黑龙江省旅游局行业管理处在对旅行社业的管理上充分运用市场竞争机制活跃旅行社市场，主要采取市场化辅以政策扶持的方针进行行业管理。

近年来，省旅游局进一步完善了旅行社准入和"优胜劣汰"机制，2012年，全省新批边境旅游组团社12家，国内社34家。对304家国内社、62家国际社进行了业务年检，不予通过7家。同时，继续开展导游培训、管理工作。在全省推行导游承诺制，实行导游（领队）派遣单制度，进一步规范导游中介服务机构，建立和完善旅行社经理人员和导游人员的信誉档案制度和公平合理的导游报酬机制。黑龙江省旅游协会作为一个社会团体，负责全省旅行社自律管理，向全省旅行社发出诚信倡议书，倡导省内旅行社在经营过程中保持健康有序、公平竞争的市场环境。

5.4.2 黑龙江省旅行社管理存在的问题

5.4.2.1 旅行社在规范经营方面存在的问题

黑龙江省的一些旅行社存在着只顾眼前经济利益、"当一天和尚撞一天钟"，不考虑企业未来发展问题的现象。旅行社每天的工作就是开门招揽游客，对外联络，看别人家有什么好的线路就拿过来等等。旅行社需要下大力气来获得微薄的行业平均利润，为了在行业竞争中生存，迫切

第5章 黑龙江省旅游产业发展的核心——旅行社管理

为了蝇头小利与竞争者在同一线路、同一客户群、同样的服务上瓜分市场，而不管用什么手段、什么方法获利。

旅行社追求短期经济利益的一个最好的体现就是以削价竞争为主的旅行社之间的恶性价格竞争。大多数旅行社盲目地为争夺游客而疯狂降价，甚至出现了"零团费""负团费"的状况。旅行社的降价导致了各项服务标准降低，导游按30%的行规收取导购回扣，旅行社通过拆分价格的"策略"将签证费等必要的费用排除在团费报价之外，最终导致游客与旅行社的关系紧张，不但不会刺激产品质量的改进，反而使服务质量被忽视，无法保证质量或无力保证质量，使旅行社卷入另一种形式的恶性循环。黑龙江省旅游局曾联合工商、税务等部门出台了关于海南旅游最低限价政策，但效果不佳，滥价竞争现象仍普遍存在。

在旅行社追求短期经济利益的同时，出现了很多违法违规的现象，主要表现在：

（1）违规广告、虚假广告层出不穷。一些旅行社在刊登旅游广告时，手段翻新，一心想钻法律的空子。有的旅行社门市部在媒体上随意做广告，有的旅行社刊登违规广告、散发违规宣传品。有的利用中介公司以商务考察名义做我国没有开放的旅游目的国家和地区的广告，有的国内社、国际社同组团社联合一起做出境游广告，还有的国内社冒充国际社打广告等。旅行社间在作虚假广告方面相互效仿，愈演愈烈，严重忽视了对企业内部的管理。

（2）旅行社制定不公平契约。有的旅行社在旅游合同中注有"在香港、澳门旅游必须参加人民币一百五十元的自费项目""出现单男单女需补房差""公司保留对上述行程的最终解释权"等霸王条款。这些条款属于旅行社违反合同法单方面修改合同，降低游客的旅游标准，把经营风险转加到消费者的身上。事实上，合同的最终解释权应属于法律部门，旅行社并没有最终解释权。还有很多旅行社在组团、退团、收费、违约责任等环节制定不公平、不合理的约定，并在行程、航班等条款中设置合同陷阱。

5.4.2.2 旅行社在经营模式方面存在的问题

黑龙江省旅行社的市场准入已完全放开，申请设立旅行社的门槛很低。旅行社已由过去国有旅行社占主体变为民营旅行社占主体。黑龙江省旅行社中的大部分旅行社是在过去省内国有大型旅行社，如中旅、国旅、青旅、教育、康辉旅行社等基础之上通过转让、承包、重组等方式形成的个体经营旅行社或股份制旅行社。值得注意的是，这些过去大型国有旅行社的总社与其在各省、市的分支旅行社虽表面上具有部分相同的名称，但他们之间并没有任何业务联系及组织关系，仅有相互股份持有关系，同级各分支旅行社之间无任何联系。任何人只要一次性交几万元所谓的承包费即可获得这些知名国有旅行社的命名权，他们通常不对外挂牌，业务一方面靠个人关系获得，一方面靠在报纸上打小广告获得。具有政府背景的旅行社，也很少对外挂牌，很少经营散客旅游业务，主要靠承办相关部门的各种会议或靠业主个人关系拉拢团体客户获得业务量。旅行社的这种"以包代管"的管理模式使得很多旅行社虽然名称相同，但实际上各自为政，经营规模很小，没能实现规模经济。

旅行社承包导致的问题十分严重。一方面承包方使用发包方的名称、公章，对外独立开展旅行社的所有业务，免除了注册资本、质量保证金及旅行社责任保险费等，也很容易逃避旅游行政管理部门的监管和税赋，扰乱了旅行社行业管理秩序。另一方面由于承包者的责任风险没有任何保障，一旦消费者的合法权益遭到侵害，其结果是发包方与承包方相互推诿，不仅严重影响了发包方的声誉，消费者的权益也无法得到很好的保障。

5.4.2.3 旅行社在产品生产方面存在的问题

黑龙江省旅行社普遍不重视市场营销，从产品设计到销售及售后服务各个环节均不够完善，具体表现在：

（1）产品雷同，差异性小。目前旅行社向游客提供的旅行社产品几乎全部集中于"团体、包价、观光、标准"的产品，即散客游产品比例很小；包价旅游产品以全包价为主，灵活包价和单项服务的比例很小；

消费档次上以标准等为主,豪华等和经济等比例很小;旅游以观光为主,其他形式的旅游所占比例很少,旅游产品结构比较单一。除了产品类别单一外,各社推出的线路、服务内容更是雷同。

(2)产品初级化,质量不高。黑龙江省旅行社提供的观光产品还处于初级开发水平,观光旅游产品尚缺乏参与性、娱乐性、知识性和享受性;而度假旅游产品、商务旅游产品等其他旅游产品开发的水平同国外相比也存在着较大的差距。旅行社恶性价格竞争更导致了旅游产品质量低,如购物时间长、景点不具有代表性、服务标准低等现象。

(3)品牌意识淡漠,营销手段简单。黑龙江省的旅行社普遍不重视品牌企业、品牌产品的创立,整个旅行社行业,品牌企业所占的比例很小,一些知名旅行社也是沿用过去国有大旅行社的品牌,现时品牌创新能力差。产品以通用的标准线路命名,品牌缺少特色;品牌的图案设计、广告传播力度等方面缺乏视觉的冲击和心灵的震撼;品牌形象定位不准确、形象口号不鲜明。

5.4.2.4 旅行社在危机处理方面存在的问题

旅行社在日常管理过程当中经常会遇到来自各方面的压力及突发事件,面对这些情况,黑龙江省旅行社普遍表现出无奈和处理方式的不成熟。旅行社的危机来自内外两方面,内部危机主要来自旅行社在产品质量管理、人事管理、财务管理方面的漏洞。旅行社最经常遇到的问题就是游客对于旅游产品及服务的投诉,对此,旅行社一般的处理方式是推托责任、敷衍游客,很少有旅行社认真地查找问题的责任,从管理上、制度上杜绝问题的再次发生,给旅行社的声誉及内部管理氛围带来了损害;旅行社竞争的关键是人才,人才的争夺在旅行社表现得异常激烈,因此,人才流失一直是各家旅行社亟待解决的问题。人才流失导致旅行社人才重置成本高、旅行社商业技术和客户资源流失及团队的整体士气受挫。而面对人才的高流动性,旅行社大都是束手无策。在这方面,黑龙江天马国际旅行社做的较好,公司运用股票期权等薪金管理方式不但留住了人才,而且起到了良好的激励效果。旅行社还会面临着一个致命的危机——财务危机。事实上，旅行社只是资金流通的中间环节，资金在旅行社财务的流转中非常频繁，旅行社内部资金使用产权不分、责任不明，应收账款不能适时收回，旅行社无力支付到期债务或基本费用，旅行社陷入资金短缺的财务风险之中。财务危机成为一个无法回避的重要问题。

旅行社外部危机主要是指由于不可抗拒的自然灾害（如地震、水灾、火灾、公共卫生安全等）和不可控人为事故（如人身伤害、行程变更、刑事案件、疾病及财产损失、交通事故等）引起的突发事件给旅行社的经营管理带来的不便。这些危机具有突发性、紧迫性、威胁性的特点，不及时处理或处理方法不当，或在危机面前惊慌失措对旅行社来说都是危险的。

5.4.3 黑龙江省旅行社管理存在问题的分析

5.4.3.1 企业制度缺乏创新

黑龙江省旅行社的企业制度建设与其他生产性行业相似，以个体独资、股份制、有限责任的企业形式出现，然而，有些企业制度形式并没有体现出服务型行业的特点，并非都适用于旅行社行业，反而给旅行社带来了一些问题。

黑龙江省的很多小旅行社或旅行社分部都是个体独资型旅行社。个体所有的独资旅行社往往采取的是所有权与经营权统一的传统企业制度形式，这种企业制度可以保证企业逐利动机的最大化，但企业的发展可能会受到所有者经营能力的限制。企业在聘请少量的业务人员和管理人员的情况下，所有者对经营者的监督成本不大，因为业主可以负责任地选择自己所熟悉的经理人和业务员。但随着企业规模的扩大，所需要的业务人员和经理人不断增加，业主与业务人员、经理人逐渐分离，业主的选择就很难局限于其所熟悉的人员范围，监督经理人和业务人员的成本、难度相应迅速增加。

黑龙江省的很多有实力的旅行社都属于股份制旅行社。股份制旅行社在一定程度上是企业制度的进步，为旅行社扩大规模、进行科学管理提供了制度保障。例如：黑龙江省天马国际旅行社就是黑龙江省内最大的民营股份制旅行社。黑龙江省的股份制旅行社中也有一部分是由政府的某部门、社会团体或某企业集团投资组建，如黑龙江省和平国际旅行社、黑龙江省招商国际旅行社等，经常会出现由于股东对旅行社行业不熟悉，易导致股东对旅行社经营者的监督难度大、成本高的问题。

5.4.3.2 集团化、垂直分工体系尚未形成

欧美国家的旅行社业的垂直分工体系已经很成熟，即旅行社在价值链中垂直地、明确地扮演着批发商或零售商的角色；而我国旅行社则基本沿用计划经济时期的水平分工体系，旅行社业分为国际旅行社和国内旅行社，旅行社的专业化分工不明显。目前，我国发达省市已经开始有一些旅行社尝试做旅游批发商，但黑龙江省只有一些有实力的旅行社在以零售业务为主的同时，兼做个别产品的批发业务，并没有一家真正的旅游批发商。

旅行社现行的水平分工模式造成各家旅行社都要进行从产品设计开发、销售到旅游接待等一系列的经营活动，加上旅行社大多经营规模较小，使企业每一个环节的经营深度都不够。这种模式的最大弊端是造成了大型旅行社没有实现规模经济，其规模优势得不到发挥；中小旅行社缺乏明确的市场定位，发展举步维艰；旅行社面对同一市场竞争十分激烈，市场秩序混乱。

由于黑龙江省旅行社规模小、集团化发展不成熟，这导致旅行社业务难以按照规定的程序、规范运转，联团、组团、送团、接团，计划、调度、付费、结算等都难以实现程序化、规范化，因此，其业务量增加也受到限制；单体旅行社也容易造成作业中的不协调、计划不周甚至偏差和失误的发生，工作效率低。另外，分散独立的小旅行社间除了无法进行业务联系外，更无资产利益联系，旅行社在树立企业形象、制定发展战略、抵抗危机、提高管理水平等方面也显得力不从心。

黑龙江省的实际情况是旅行社集团不是没有，只是没有发挥集团的

作用。如黑龙江省大型国有独资旅游集团——黑龙江旅游集团有限公司，下属黑龙江省国际旅行社、黑龙江省海外旅游总公司、哈尔滨华侨饭店、省旅游汽车公司、哈尔滨岁宝天鹅饭店等多家服务型企业，但这些下属企业之间只是单纯地以资本为纽带，并没有紧密的业务联系，形成不了集团内的整体合力，没有发挥旅行社集团的作用。这种靠行政命令式组建的旅游集团在其他省市早以失败告终。

5.4.3.3 人力资源管理体制不健全

旅行社是人才密集和劳动密集型的服务性企业，人才对于旅行社的发展起到了关键性的作用。黑龙江省旅行社管理存在的很多问题都在于没有解决好人才管理问题，具体表现为：

1. 激励与约束机制存在漏洞

旅行社导游私拿回扣、超时间导购的情况频频发生，这是因为旅行社的薪酬管理制度不科学。导游的收入一般由基本工资、出团补助和隐性收入组成。而目前大部分旅行社只给导游发很少的基本工资，有的甚至根本不给导游发工资，好的旅行社给导游付少量的出团补助，大部分旅行社不付导游底薪，有的还将应由旅行社负担的高速公路通行费、停车费转嫁给导游，有的要求导游人员垫付团费，甚至向导游收"人头费"等。旅行社导游员的薪酬没有体现在服务和业绩上，而体现在非法获得收入的手段上了。这种薪酬制度看似降低了旅行社的成本和风险，但实际上扭曲了员工的价值取向。没有物质保障，何谈服务。

另外，旅行社的一些员工在长期工作中积累了丰富的工作经验，拥有稳定的客户群。然而，薪水低，自身价值得不到回报，在没有有效约束的情况下，旅行社业务骨干跳槽，甚至业务骨干集体跳槽现象时有发生。如果旅行社有足够的财力和精神激励办法去激励人，有好的约束机制管好人，人才缺乏的问题就会迎刃而解。

2. 考核、培训体系不完善

旅行社通常没有专门负责考核员工工作质量的考核体系，也就意味着薪酬制度没有与考核评级挂钩，导游人力资源管理尚停留在"无客人投诉即万事相安"的状态,导游员缺乏明确的提高服务质量的奋斗目标和动力。按照马斯洛需求层次理论,人都有追求尊重和自我实现的需求,如果没有考核体系,员工也就无法实现更高层次的需求,因此员工将会更加追求生理等低层次需求的满足。另外,黑龙江省旅游淡旺季相对明显,加之旅行社地方保护使得黑龙江旅行社不能像江苏旅行社那样可以在华东几省任意地接,只能在本省开展业务,因此,旅行社平时只雇用很少的专职导游,旺季到来时再雇兼职导游,旅行社几乎不做任何培训。黑龙江省旅游局会经常举办一些导游资格培训,但旅行社本身只重视使用人,而不重视培养人。考核与培训体系不完善,导致旅行社人力资源素质难以提高。

3. 缺乏职业经理人

黑龙江省旅行社的经理人都严格按照《旅行社条例》要求持有国家旅游局颁发的"旅行社经理任职资格证书",说明黑龙江省旅行社经理人具有从业资格,但从业资格并不等同于职业素质。黑龙江省旅行社业并不缺乏经理,缺乏的是高素质的职业经理人。

职业经理人是企业的"领头羊",职业经理人的素质直接关系到企业的发展。然而,从外部看,黑龙江省没有旅游经理人的认证机制,也没有专业化的职业经理人流动市场;从内部看,黑龙江省旅行社的人才机制并非完全市场化,无法形成人才的合理流动和优化配置,这都制约着黑龙江省旅行社经理人阶层的出现。

黑龙江省旅行社的经理人主要是来自政府机关和国有企业,他们由政府下派到朝阳产业的旅行社业,将过去的关系网络转化为旅行社的资源,发挥经理人的作用。还有一些旅行社的经理人来自其他民营企业或个体经营者,只有一少部分经理人通过旅行社内部晋升产生。由此可见,黑龙江省旅行社还没有形成专业的旅行社职业经理人市场,旅行社经理人队伍的职业化程度和素质并不高。

5.4.3.4 市场营销水平低

黑龙江省旅行社大量存在着如产品雷同、质量差、缺乏品牌等问题的根本原因还在于旅行社的市场营销滞后。现代市场营销强调"以客户为中心",营销工作贯穿于产前、产中、产后各阶段,以"目标市场、整体营销、顾客满意和盈利率"为支柱。相比之下,黑龙江省旅行社还处于传统的推销阶段,主要表现为:

(1) 不进行市场调查和市场细分。黑龙江省旅行社普遍认为,旅行社是直接与客户打交道的服务型企业,旅行社完全可以凭借员工个人对市场的观察及经验对市场进行预测与分析,而根本无需做市场调查、市场细分和目标市场选择。这样,忽视产前营销直接导致旅行社提供的产品单一,不能满足游客个性化的需求。

(2) 不重视客户关系管理。黑龙江省旅行社虽然也注重服务质量,注重维系与客户的关系,但"以客户为中心"的营销观念还仅仅停留在员工的思想意识当中,而没有相应的管理制度、服务程序、信息系统来保障客户核心利益和企业价值的最大化。结果导致对客户缺乏深度分析,提供的服务水平因人而异。

(3) 缺乏树立品牌的有效手段。黑龙江省旅行社中有一些知名的企业品牌,但除了天马旅行社外,大多数是承袭历史垄断时期国有旅行社的品牌效应,找不到树立和宣传品牌形象的有效手段,因此与消费者的沟通只能停留在传播简单信息的低水平的层面。而且,旅行社产品在品牌树立、包装、宣传方面也几乎是一片空白。旅行社品牌的缺失直接导致了旅行社恶性降价的发生。

(4) 缺少售后服务环节。旅行社的管理者普遍认为,旅游产品是游客的一项体验和经历,随着旅游活动的终止,旅行社的服务也就应该终止。结果可能导致客户意见没有反馈回旅行社,旅行社失去对市场动态的了解,没有培养起忠诚客户。要知道,旅游活动有终点,但服务没有终点,旅行社需要进行售后服务。

5.4.3.5 财务管理能力差

黑龙江省旅行社经营规模小,业务扩展难,其中的一个重要原因就是旅行社的财务管理能力差导致的资金不足。黑龙江省旅行社内部的财

务管理更多体现的是会计的功能,而很少体现管理的功能。旅行社在财务管理方面的不足主要体现在成本管理和资金融通两个方面。

在成本管理方面,黑龙江省旅行社关注能否采购到低成本的产品,而对营业成本的控制几乎不屑一顾。而且,旅行社一般采取的是事后核算的成本管理方法,是在旅游团结束后,根据旅游团的实际支出进行成本费用核算。虽然一般旅行社为控制成本采取的是单团核算的方法,以每一个旅游团为对象进行盈亏的核算,但几乎不进行单团利润预算,而且导游和陪同与旅游团的经济效益并不挂钩,造成旅行社成本难以控制。

黑龙江省旅行社普遍处于微利竞争的状态,对于行业利润微薄的旅行社业来说,旅行社的财务管理能力如何直接关系到企业的生存。旅行社属于服务型行业,旅行社需要将大量的流动资金用于团费的垫付,这就形成了流动资产比例较高的行业状况。但在"先接待,后收费"的行业潜规则影响下,部分旅行社之间相互拖欠团费,尤其是国外旅行社拖欠团费的现象十分严重,拖欠团费的期限一般为3~6个月。黑龙江省新世纪国际旅行社、哈尔滨海外国际旅行社等都由于受到日本旅行社拖欠团费的影响而曾一度面临财务危机。旅行社应收账款长期拖欠导致旅行社时刻面临着资金紧张的局面。

旅行社想要做大做强,除了要有控制成本的能力,重要的是还需要有融通资金的能力。黑龙江省由于中小企业信用评级制度还不成熟,金融市场还不发达,旅行社只有依靠自有资金和资金积累来维持经营。这种单纯依靠内部融资的资金融通模式使旅行社不能充分发挥财务杠杆的作用,其规模扩大也相应受到限制。没有强大的融资能力的旅行社就像是无米之炊,难以维系。

本章首先从旅行社的整体规模、结构、业务及行业管理等方面对黑龙江省旅行社的发展现状进行了全面的调查与研究。研究发现,黑龙江省旅行社的整体发展状况处于全国中等水平,但国际旅行社的发展状况较好。在深入认识黑龙江省旅行社的发展状况的基础之上,本章进一步深入探讨了黑龙江省旅行社在管理方面存在的共性问题,结果发现,旅行社在规范经营、经营模式、产品生产和危机处理等方面存在着严重的问题，究其原因可以归结为五点，即企业制度缺乏创新、集团化垂直分工体系尚未形成、人力资源管理体制不健全、市场营销水平低和财务管理能力差等。

5.5 黑龙江省旅行社管理的对策与建议

5.5.1 旅行社行业管理建议

5.5.1.1 完善旅行社行业管理制度

目前，我国尚无一部针对旅行社的法律，行政法规也只有3部，对旅行社的管理主要就是靠地方行政管理部门。某些行政管理部门对旅行社的行业管理采取的是放任自流的态度，也是造成旅行社行业"散、小、乱、差"局面的一个主要原因。因此，加强旅行社行业管理、规范旅行社行业秩序、引导旅行社健康发展显得十分必要。

1. 制定行业技术标准、评定等级

旅行社业的产品是服务，而服务的质量很难像有形产品那样获得检验，因此，旅行社管理机构可以通过制定业务技术标准进行事前检验。可以从旅行社的资质、业务人员执业技术规范、操作规范、产品标准等方面制定详细的技术标准，在全行业中推广。

为了提高旅行社行业的整体素质，促进旅行社良性竞争，黑龙江省旅行社行业管理部门可建立旅行社等级评定制度，按照综合素质、服务能力和质量、商业信誉等对全省旅行社进行分类定级，颁发牌照。

在全省范围内积极推行《导游员职业等级标准》的评定工作，使导游员的登记真正能够真实客观地反映导游人员的水平。各级导游员应配戴不同能级的胸卡上岗，将等级制度落到实处，切实调动导游人员的参评积极性。

2. 加强对旅行社经营行为的监督力度

旅游行政管理部门和工商管理部门应对旅行社"零团费""负团费"的价格营销以"低于成本的反不正当竞争行为"进行严厉查处。旅游行政管理部门对违规旅行社经理要严惩不贷，在媒体及国家旅游局的行政办公网上公布损害旅游消费者利益等违规旅行社及其经理人员的名单。对于违法进行承包经营和不对外挂牌的黑旅行社一经发现要严厉处罚。

3. 进一步做好信息公开工作

黑龙江省旅游局的政务信息网站做得还很不完善，网站只是行政管理部门用来发布政务信息的窗口，而关于旅游各行业的动态信息几乎没有。因此，旅游行政管理机关应将提供旅游消费信息作为一项工作，逐步构筑本地区各景点的消费水平、各种通达交通费与各档次饭店住宿花费的信息平台，通过互联网公布于众。倡导"优质优价""质价相符"的消费观念，引导消费者理性消费。

5.5.1.2 促进大旅行社集团化，中小旅行社专业化

旅行社业未来的行业结构发展趋势是旅行社根据自身的规模、实力、内部结构、市场需求及竞争状况，通过专业分工、规模经营、协作与联合等途径最大限度地发挥资源优化配置功能，形成专业化分工体系。

1. 大旅行社转变为旅行社集团、旅游批发商

大型旅行社可依据自愿、平等、互利互惠、鼓励竞争和稳定联合相结合的一般原则，以及符合国家产业政策、坚持公平竞争、禁止行业垄断和地区封锁的总体要求，采取以市场力量为主，通过合并、兼并或其他方式重新组合，形成一定数量以资本为纽带的紧密型旅行社集团。旅行社集团的构架可承袭现行一些大社采用的总社和各热点地区分支社的形式，采用集团企业的管理方式。大旅行社在实现集团化时，其业务重点可放在产品开发、市场开拓和旅游接待三个方面，而销售业务可外包出去，以使旅行社集团能够集中精力打造核心竞争力，产生规模经济效应，避免分散的重复劳动和相应的不规模竞争而减少资源消耗。

2. 中型旅行社专业化经营

中型旅行社应调整其经营方向，在充分认识自身情况和对市场进行细分的基础之上，避开其在经营标准化产品方面的相对劣势，实现某些产品的深度开发，开展特色产品和优质服务，实现专业化经营。中型旅

行社实行的专业化经营在行业内起到了承上启下的作用，既是旅游批发商进行产品专项分销的终点，又是旅行社门市部按照市场需求进行个性化采购的起点。

3. 小旅行社通过代理实现网络化

小旅行社可借鉴欧美国家小旅行社的发展经验，通过内部改造或增设的方式，改制为代理社，在省内实现各家旅行社紧密联系的网络化经营。代理社不从事产品开发，也基本不拥有太多的接待设施，其业务是专门从事旅游产品的代理销售。代理社凭借其地域优势和优质的服务，代理包括航空、饭店、汽车租赁及旅游经营商的产品，从被代理商那里获得销售佣金。

"大型旅行社集团化、中型旅行社专业化、小型旅行社网络化"的金字塔形的批发、零售、代理的三级旅行社行业结构将是黑龙江省旅行社业应对未来竞争的发展趋势，这种垂直分工的体系也将使旅行社的管理水平得到大幅度的提高。

5.5.2 旅行社内部管理建议

5.5.2.1 建立现代企业制度和公司治理机制

旅行社内部管理中很多问题的解决都可以依赖于旅行社企业制度的建设和公司治理机制的完善。现代企业制度讲究企业所有权与经营权的分离，两权分离的股份制企业制度更适合规模较大的旅行社，因为股份公司具有更强大的筹资与规模扩张的能力，为将来公司上市打下基础。高度分散化的公司股权结构已成为发达国家现代旅行社的重要特征。在完善的公司治理机制的保证下，股份制旅行社能够保证企业利润最大化目标的实现。

旅行社是以人为本的企业，人力资本在旅行社中占有重要地位。因此，旅行社企业制度的设计和公司治理结构的搭建都要突出人力资本的价值，而合伙人制度就充分地体现了人力资本大于资金资本的行业要求。因为，合伙人制可以保证企业的所有权和控制权合二为一，合伙人会尽力经营，但当企业规模太大，合伙人数量过多时，企业的重大决策必须经过所有合伙人同意，交易费用高。所以，合伙人制成为中小旅行社的最佳选择。旅行社可将业绩卓越的员工提升为合伙人，其权益分享也由各合伙人按照各自的能力及贡献度来确定，并非仅仅以出资额衡量。采取合伙人制的旅行社内部要设立合伙人会议作为最高权力机构，讨论并通过企业的重大决策问题，并设立合伙人会议主席，全面负责会议安排，监督执行会议决策结果。为了更好地发挥合伙人会议制度的作用，避免造成合伙人之间的误解和决策失误，执行明确的、程序化的"合伙人会议提案制度"是十分必要的。合伙人认为有必要经会议讨论时，可事先向合伙人会议提交议案，写明提案目的、内容、个人意见和解决方案。

5.5.2.2 完善人力资源管理体制

黑龙江省旅行社的当务之急就是要改革薪酬制度，构建激励与约束相结合的激励机制，把员工的利益与企业的发展联系在一起，调动员工的积极性，并通过开展培训提高员工素质，形成有利于旅行社发展的人力资源管理模式。旅行社薪酬体系的设计要兼顾短期利益和长期激励，因此，建议黑龙江省旅行社在现有薪酬制度基础之上逐步采取分成制和员工持股制（ESOPs）。

经济学家费雪认为，人们通常会选择收入折现后财富最高的职业，对于吃青春饭的旅行社员工来说，早期收入较高的分成制是较好的选择，这使员工有机会获得更多的薪酬。同时，分成制也能够减少雇佣双方的交易费用，有利于员工绩效与薪酬挂钩，使员工的收入透明化。因此，分成制应作为一项有效的薪酬制度在黑龙江省旅行社中推广。

旅行社分成制是指旅行社将所有收入按事先约定的比例及规则，根据员工绩效分给员工，不允许员工直接获得来自旅行社之外其他方的报酬。旅行社全体员工共同创造的佣金收入直接由旅游供应商转到旅行社账户上，既增加了旅行社的收入又从根本上堵住了导游人员私拿回扣的路子。对于导游员的薪酬制度也可参考国外的经验，在分成制的基础之上实施小费制度，导游服务的报酬直接由游客以小费的形式付给导游人员，从而避免现行报酬机制中导游服务得不到报酬的情况。

在解决了员工短期物质利益的问题之后，旅行社还应考虑对员工进行长期激励，采取员工持股计划。员工持股计划就是要求旅行社成立一个专门的员工持股信托基金会，基金会由旅行社全面担保，贷款认购旅行社的股票。旅行社每年按一定比例提取出工资总额的一部分，投入到员工持股信托基金会，以偿还贷款。当贷款还清后，该基金会根据员工相应的工资水平或劳动贡献大小，股票分配到每个员工的"员工持股计划账户"上。员工离开旅行社可退股，也可将股票卖给员工持股信托基金会。员工持股计划的实施即可以有效解决人才流失问题，还可以使员工得到退休保障，使员工与旅行社达到利益目标一致。

另外，黑龙江省旅行社的人力资源管理不能只注重对普通员工的管理，更要注重依靠制度管理好职业经理人。为此，黑龙江省旅行社业职业经理人队伍的培养需要旅行社内外部的共同努力。目前，黑龙江省人事制度改革已初见成效，国有旅行社的经理人已取消行政级别，实行岗位聘用制和年薪制，将经理人推向市场，同时，通过给予完善的社会保障制度解决经理人的后顾之忧。除了户籍制度尚制约着经理人的流动外，建立职业经理人市场的体制性障碍已基本消除。但培育一个成熟的黑龙江省旅行社业职业经理人市场还需要做到以下几点：

（1）政府引导、支持人力资源培训公司等中介组织进行经理人的知识和能力的培养，建立完善的经理人培训体系，促进经理人队伍的壮大。搞好经理人的培训一定要聘请国内外资深的企业家，开展形式多样、内容贴近实际、注重与国际接轨的互动式的培训，保证培训的质量。

（2）鼓励社会中介机构构建人才评价体系，依据职业经理人的经营业绩、道德水平、敬业精神，结合经理人自身的知识背景、工作经验、个人特长对经理人作出全面的评价，作为衡量经理人价值的重要依据，为经理人在市场中的流动提供依据。

（3）为促进经理人市场信息沟通顺畅，黑龙江省急需不同于普通人才市场运作机制的、适合高层次经理人的"猎头公司"，保障经理人市场信息对称、快速地传递。

(4) 旅行社内部要继续完善激励与约束机制，建立有利于人才发展的良好环境，形成一系列人才测评、人才流动、信息流动、市场约束机制，使旅行社变成一定意义上的职业经理人的摇篮。

5.5.2.3 实施客户关系管理

黑龙江省旅行社要实现产品差异化、服务质量、品牌声誉的跨越式提高，就要从现在开始注重市场营销，树立现代市场营销观念，实施客户关系管理，从思想、制度、技术等方面保障旅行社市场营销的开展。为此，建议黑龙江省旅行社从以下几方面来做好市场营销：

1. 通过宣传教育和激励约束，培养现代市场营销观念

市场营销首先应从观念抓起，旅行社应在日常培训中注重对员工进行市场营销知识的传授、组织交流营销经验与教训，使员工能够在思想上充分认识到营销的重要性以及该如何营销。除了运用教育手段外，旅行社还应通过建立正反两方面的激励和约束机制，从制度上保障市场营销积极展开。

2. 通过实施客户关系管理，建设旅行社现代市场营销运作体制

客户关系管理（即CRM）是一个以客户为中心，视客户为资源，通过建立客户信息收集系统、客户关系分析系统和业务处理系统，利用现代信息技术，将客户信息转化为积极的客户关系的复杂的管理过程。由于理想的客户关系管理建立在组织、人才、技术、资金等诸多条件满足的基础之上，而黑龙江省旅行社在这些方面的条件还不具备，不能进行严格意义上的客户关系管理，但可以朝着客户关系管理的方向努力。

黑龙江省旅行社可以从现在开始进行业务流程重组和组织结构再造，建立客户信息系统和客户关系管理运营系统，实现以客户为中心的软硬件保障机制。旅行社还要广泛收集和分析客户信息，对客户进行价值评估，在此基础上进行市场细分，设计差异化的旅游产品，制定个性化的营销计划，选择销售渠道，并在营销过程中不断加强与客户的沟通，建立企业与客户的良好关系，修改客户方案，监控营销效果。最终，客户关系管理将从经营方式上给旅行社的市场营销带来全新的变革。

3. 加强旅游品牌建设，打造名牌产品、名牌旅行社

黑龙江省不乏拥有优势产品的旅行社，但这些旅行社中的大部分并没有将这些优势产品打造成名牌产品。相比之下，黑龙江省却打造了一批知名旅行社。原因就在于旅行社只重视企业品牌建设，而不重视产品品牌建设。实际上，旅行社的品牌建设应该从产品品牌建设入手。黑龙江省旅行社产品的名称多采用通用的旅游线路和旅游活动名称，缺少特色和标识。因此，黑龙江省旅行社应该抓住产品质量建设和产品品牌经营这关键的两部分，打造特色、名牌产品。旅行社品牌的建设需要旅行社多年名牌产品的经营积淀和企业形象的塑造，是一个漫长而扎实的过程。

5.5.2.4 建立危机管理机制

旅行社在日常经营中经常会遇到来自旅行社内部及外部不稳定因素的影响，这些不稳定因素在旅行社没有做好危机管理的情况下将会给旅行社带来致命的打击。因此，对于旅行社来说，危机无时无处不在，关键是如何做好危机管理。

旅行社危机管理要从危机预防、危机处理和危机总结三个方面来进行。

1. 危机预防

平时，旅行社要做好危机预防工作，做到防患于未然，使得旅行社能够在危机来临时应对自如。首先，旅行社应注重在日常培训中培养员工的危机意识，介绍本社应对危机的机制，传授应对危机的程序、基本措施、常用策略和经验教训，既有利于员工提高警惕、迅速进入危机当中的角色，又有利于员工利用知识顺利处理好危机。其次，组建危机应急小组，在危机发生时紧急启动危机管理小组，全权负责危机事件的处理。危机管理小组应由公关部、决策部和事故处理部组成，公关部负责收集、处理、发布信息及一切对外关系的维护；决策部负责有关旅行社危机事件中关键问题的解决方案的商讨，为危机管理负责人决策提供参考；事故处理部负责调用资源处理、解决危机。一个运转良好的危机处理机构是解决危机的重要保障。最后，旅行社要建立危机预警指标体系和预警机制，对旅行社运营情况进行动态监测，并针对危机的级别制定各种危机预案,采取应对措施,以有效地避免危机的发生或尽量使危机的损失减少到最小。

2. 危机处理

当危机真正发生时,旅行社首要的工作就是迅速启动危机管理小组应对危机。危机管理小组首先要收集有关危机信息,弄清事实真相,在此基础上,制定危机处理计划。公关部要第一时间联系利益相关者,表明公司的立场和诚意及处理危机的信心,以稳定利益相关者的情绪。同时,及时发布有关危机处理的进展情况,做到沟通顺畅,并善于利用对旅行社有利信息,尽量将危机的负面影响控制在最小范围内。决策部要及时掌握危机的发展态势,考虑到各种可能情况,运用好危机处理策略,制定出若干备选方案,做出正确的决策。事故处理部严格按照决策部的要求和与危机有关的各方面取得联系,调配资源,有效处理好事故。

3. 危机总结

旅行社危机的消除并不意味着危机管理的终止,旅行社还要对危机的处理效果进行意见反馈,以便彻底消除危机的负面影响,树立良好的企业形象,为旅行社完善危机管理提供信息。另外,旅行社还要对危机事件的成因进行调查和分析,查找旅行社内部管理存在的不足,及时落实改进措施。同时,总结此次危机管理的经验和教训,完善危机管理机制。

由此可见,危机管理是一项分阶段、有组织、讲策略的复杂的工作,危机管理做得好,旅行社不但会化险为夷,而且还可以在公众中树立起良好的形象。对于黑龙江省旅行社这样一个弱质性行业来说,有效的危机管理是十分必要的。

5.5.2.5 加强财务管理

1. 加强财务预算与核算

对于旅行社来说,旅行社的成本主要是经营成本,因此控制旅行社在接待各旅游团过程中发生的房费、交通费、门票费、专项活动费、陪同费等是旅行社成本管理的重要内容。旅行社应注重在产品销售前进行成本预算,即考虑到各种可能的费用支出,明确目标利润,编制利润计划；在产品销售过程中要进行成本控制，即健全管理制度，及时反馈信息，落实好目标责任制；在产品销售后进行成本核算，找出问题，计入会计账，这就保证了成本的全程控制。

2. 保证应收账款回收

开展地接业务的旅行社经常会受到拖欠团费的困扰，旅行社普遍存在着大量的应收账款。应收账款虽然属于企业的资产，但旅行社运营需要的是大量的现金，而不是账面的资产，因此，只有保障应收账款的快速回收，旅行社的日常经营才能顺利进行。旅行社首先要做到对应收账款的额度进行预算，并对应收账款的风险进行测度。旅行社还要加强对应收账款的催收，与信誉良好的合作伙伴建立稳定的业务联系，并通过行业规范和法律等手段有计划地将应收账款控制在合理的范围之内。

3. 发挥财务杠杆作用

资金紧张是旅行社普遍面临的一个难题，解决此问题不仅要加强旅行社的成本管理，还要广开旅行社的融资渠道，获得广泛的金融支持。目前，旅行社主要靠自有资金经营，几乎不进行任何形式的外部融资，没有发挥财务杠杆的作用。这使旅行社难以扩大规模，甚至维持经营都很难。

旅行社可以通过外部融资即贷款和发行企业债券的方式来发挥财务杠杆的作用，增加旅行社的资金流量。旅行社要扩大外部融资，重要的是要有一套完善的金融支持体系作保障。首先，黑龙江省旅行社要建立起良好的信用记录，主动申请得到黑龙江省信用评级公司的信用评级，以获得银行贷款。其次，旅行社行业应建立起信贷担保机构，为旅行社贷款提供担保。最后，在市场机制的作用下建立起为旅行社提供信贷服务的金融机构，促进旅行社外部融资的顺利进行。有了金融制度的支持，旅行社的外部融资将变得可行而有效。

5.5.2.6 加紧开展电子商务

1. 建设旅行社网络平台

黑龙江省大部分旅行社还没有自己的网站，即使有个别大型旅行社

有网站，其信息更新也不及时，网站仅是企业的宣传工具，并不能开展电子商务。在信息化、数字化高度发达的今天，旅行社业首当冲在信息时代前列，应用互联网建设网络化平台。大旅行社要建立自己的网站，建立相互之间的链接，与旅游专业网站结成战略联盟。中小旅行社作为大旅行社的代理商，可以通过账户、密码进入大旅行社网站，成为其网站的加盟商。黑龙江省旅行社首先要做到的就是建设网络平台，为实现旅行社规模化、网络化经营提供硬件保障。

2. 开展B2B和B2C模式电子商务

黑龙江省旅行社首先应充分应用网络平台与住宿业、交通业、旅游目的地等建立B2B模式、与游客建立B2C模式的电子订购、电子支付、物流配送的电子分销系统。旅行社要注重建设形式美观、使用简便、内容丰富、信息及时、富有特色的网络平台，开展互动营销，增加定制化服务，采用多种视听信息传递手段，提高旅行社与供应商、客户间交易的效率和交易的质量。

3. 建设内部信息管理系统

旅行社电子商务的另一重要组成部分就是旅行社内部的信息管理系统。黑龙江省旅行社可以自行研发或购买企业内部企业管理系统软件，使信息收集、线路整合、团费支付、工资管理、客户管理等内部事务处理更加快速而准确。旅行社电子商务的开展将促使黑龙江省旅行社业务量大幅度增加，管理水平大幅度提高。

本章在前文关于黑龙江省旅行社的发展状况、管理上存在的问题及其原因分析研究的基础之上，综合运用公司管理和旅游管理的经典理论，从行业管理角度和内部管理角度分别提出了解决黑龙江省旅行社行业管理问题的一些对策与建议，希望黑龙江省旅行社行业管理机构能够进一步加强行业管理，借鉴欧美国家经验，推行旅行社集团和垂直分工体系。解决旅行社管理问题除了要靠外部条件与环境，关键还要靠旅行社自身，旅行社需要从"制度、人、财、客户"几方面入手加强内部管理。

第6章 黑龙江冰雪旅游产业篇
——以"冰城"哈尔滨为例

冰雪旅游是世界旅游热点项目之一,在我国是极具鲜明北方特色的旅游产品。它将观光、度假、购物、商务、运动、娱乐融为一体,越来越受到游客的青睐。黑龙江省地处中国的最北端,是中国冰雪文化的发祥地和冰雪旅游胜地,其得天独厚的冰雪自然资源和别具特色的人文环境,使之成为国内冰雪旅游发展最早和最快的省份,形成了极具鲜明特色的冰雪旅游市场,在近几年的发展中取得了骄人的业绩和发展态势。2011年春节黄金周期间,作为全国开展冰雪旅游最早、知名度最高的省份,黑龙江省共接待境内游客1120.72万人次,同比增长43.2%;实现境内旅游收入73.43亿元,同比增长40.8%。冰雪旅游带动黑龙江旅游业主要指标快速增长的同时,更成为全省经济增长的一个新亮点。

近年来,做为中国冰雪旅游产业的龙头,冰雪旅游已成为黑龙江发展速度最快、关联带动作用较强、最具发展潜力的产业,成为新的经济增长点。冰雪旅游市场规模发展迅速,旅游收入稳步增长,呈现出快速、持续发展的良好势头,旅游人数、旅游收入均呈现出逐年稳步递增的趋势。冰雪旅游产业正在为21世纪黑龙江旅游业的大发展、最终建成世界冰雪旅游名城奠定良好的基础。[19]

黑龙江省冰雪旅游的开展培育了潜在的客源市场。2011年春节黄金周期间,黑龙江省接待境内游客中31%来自其他省市,并以辽宁、吉林、山东、北京、上海等经济较发达地区为主,如图6-1所示。

第6章 黑龙江冰雪旅游产业篇——以"冰城"哈尔滨为例

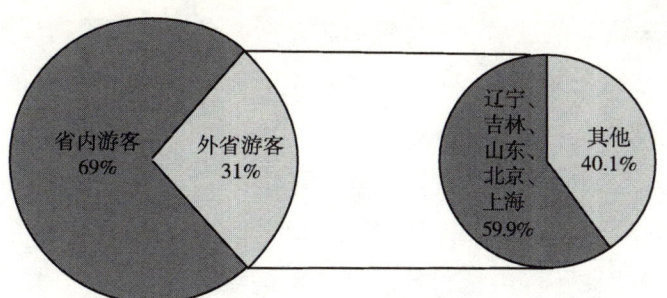

图6-1 2011年黑龙江省春节黄金周境内游客来源比例

从近五年春节黄金周黑龙江省接待旅游人数统计来看，境内冰雪旅游人数增势明显，五年增幅达140%，如图6-2所示。而入境游客数量相对较少，没能保持住2009年大冬会带来的境外游客增幅优势，如图6-3所示。

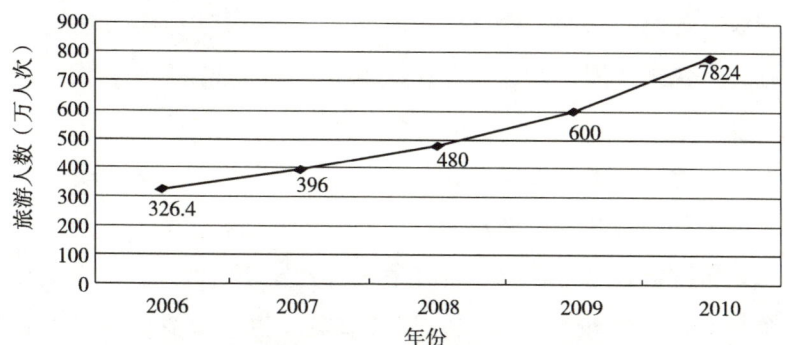

图6-2 黑龙江省春节黄金周境内旅游人数统计

资料来源：根据2006—2010年黑龙江省的统计年鉴整理。

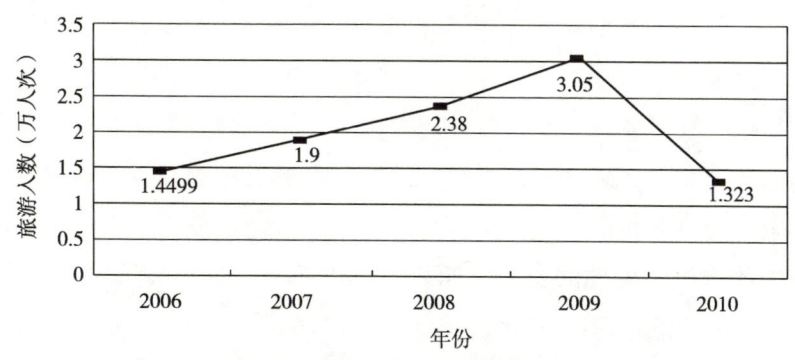

图6-3 黑龙江省春节黄金周入境旅游人数统计

资料来源：根据2006—2010年黑龙江省的统计年鉴整理。

总体来说，通过承办亚冬会、大冬会、冬运会等国内外重要赛事，黑龙江省已经在国内外树立了"国际滑雪旅游胜地""世界冰雪旅游名都"的品牌形象，成为近几年全国冬季旅游最"热"的地区之一。

然而，随着近年来冰雪旅游市场前景被广泛认同，有条件的地区纷纷打出"冰雪牌"来抢占冬季旅游客源市场，国内已有10余个省份、30多个城市举办了不同类型和名目的冰雪节庆活动，黑龙江冰雪旅游市场面临着前所未有的激烈竞争和严峻挑战。一方面，随着冰雪旅游的急剧升温，远到广东、四川、新疆，近到吉林、沈阳，都意识到冰雪旅游对于地方经济的拉动作用，纷纷投入巨资加以开发利用，冰雪旅游市场竞争日趋激烈；另一方面，黑龙江在冰雪旅游资源深度开发、冰雪旅游市场规模与质量、冰雪旅游产业经营管理等方面也存在着自身的不足与问题。因此，如何通过黑龙江冰雪旅游的发展，更好地促进黑龙江社会经济更好、更快地发展，已成为黑龙江冰雪旅游产业发展亟待解决的重要问题。

为科学地制定黑龙江冰雪旅游的发展战略，正确认识和分析黑龙江冰雪旅游市场的现状及未来发展的态势，更好地将黑龙江各种现实和潜在的冰雪旅游资源进行科学、合理地组合开发和有效保护，使其能被持久永续地利用，实现经济效益、社会效益和生态效益协调发展。基于此，本研究将运用市场需求定性分析与定量预测的原理与方法，对以省会城市"冰城"哈尔滨为代表的黑龙江冰雪旅游市场的需求进行全面深入探讨，并预测推估未来几年黑龙江冰雪旅游市场的发展规模和发展趋势，进而对黑龙江冰雪旅游产业市场的开发和完善提供一些有益的设想，以期实现黑龙江省委、省政府提出从旅游资源大省向旅游强省发展的跨越式战略目标，大力发展以冰雪为重点的具有国际性、地域性和市场竞争力的冰雪旅游产业，努力把黑龙江逐步建设成为中国最大、世界知名的冰雪旅游胜地的宏伟目标。因此，本研究具有很强的现实意义、较强的应用价值及理论前瞻性。

受搜集数据资料的制约，本篇关于黑龙江冰雪旅游产业发展趋势的研究，以省会城市冰城哈尔滨为例，对其进行定量分析和深入研究。

第6章 黑龙江冰雪旅游产业篇——以"冰城"哈尔滨为例

6.1 冰雪旅游研究概述

6.1.1 国内外冰雪旅游概述

6.1.1.1 国外冰雪旅游的兴起与发展

在国外，冰雪旅游是随着冰雪运动的发展而产生的。最早的冰雪运动是以滑冰及滑雪为主，参与者多为运动员等专业人士。进入20世纪中叶以后，在冰雪运动发展的推动下，冰雪旅游逐步发展起来。进入20世纪80年代以后更以崭新的姿态，以势不可挡之势席卷着寒冷地区。例如：以"雪都"著称的加拿大北部的古城魁北克，每年2月上旬都要举行为期10天的狂欢节，雪雕及冰雪运动、游乐是狂欢节的主体内容；日本北海道地区各地均举行各种形式的冰雪庆典活动，其中以北海道首府札幌市的"雪节"最为著名、最有代表性；加拿大的首府渥太华为欢迎冬季的来临，于1978年开始在每年的2月上旬，举办为期10天的庆祝活动，取名为"冬令节"，冰雕及冰雪体育活动是冬令节的重要活动内容。[20]

目前，全世界有6000多个滑雪场，主要集中在欧洲和北美，世界每年滑雪人数达到4亿人次，冰雪旅游收入达到700亿美元。在欧洲和美洲的一些冰雪旅游资源大国，冰雪产业已经具有相当的规模。美国、奥地利、澳大利亚、韩国、瑞士、法国、日本等发达国家的冰雪旅游已形成完善的产业体系。日本的札幌雪节、加拿大的冰雕、俄罗斯的冰球、瑞士的滑雪场、奥地利的雪具工业生产等，是冰雪产业发展比较成熟的典范，[21]其产业与相关产业所创造的价值已成为国民收入的一项重要组成部分。它的吸引力正借着人们以休闲体育消费为大趋势的生活方式愈加强大。21世纪消费的环境，即休闲占主打地位，冰雪产品是参与性和重复性很强的休闲消费品。因此，在大环境的培育下，冰雪产品所蕴含的价值是巨大的。我国的冰雪产业落后于世界冰雪产业的发展，这也表明着我国冰雪产业具有很大的发展空间。

6.1.1.2 国内冰雪旅游的兴起与发展

中国冰雪旅游的兴起与国外相似，也是随着冰雪运动的发展而产生的。我国的冰雪旅游最早在黑龙江省开展，哈尔滨作为我国纬度最高的中心城市，具有得天独厚的冰雪自然资源和开展冰雪活动的人文传统，已初步形成了一定的产业规模，不仅是我国冰雪文化的发源地，而且是享誉中外的冰雪艺术之乡。国家旅游局的统计表明，哈尔滨已成为冬季最热的旅游目的地之一。长期以来，哈尔滨人民以自己的聪明才智，赋予冰雪资源以艺术生命，创造了灿烂的冰雪文化。从1963年起创办的冰灯游园会，到1985年起举办的首届冰雪节，并于2001年把它上升为国际性旅游项目，形成"冰雪搭台、文艺唱戏、旅游开花、经贸结果"的良好局面。冰雪旅游客源市场也由原来的省内及周边省份向横纵两个方向不断扩展，东南亚和俄罗斯、日本、韩国及中国港澳台地区的客人，约占滑雪游客总人数的20%，北京、广东和一些沿海省市以及内陆省市的游客，占总人数的45%，省内哈尔滨、大庆和牡丹江等地游客，占总人数的35%。经过几十年来的开发建设，哈尔滨冰雪旅游事业得到了长足发展，实现了质的飞跃，从一个地方的群众性冰雪文化活动，发展成为由国家旅游局和黑龙江省政府、哈尔滨市政府共同举办的国际性冰雪盛会。到目前已经形成了以松花江冰雪大世界为龙头，以兆麟公园冰灯艺术博览会、太阳岛公园雪雕艺术博览会、欧亚之窗雪上风情游园会、亚布力国际滑雪节等系列精品旅游活动为支撑，以丰富多彩的冰雪文体活动和经贸活动为内容，以政府引导、市场化运作、社会力量兴办为机制的冰雪旅游大格局。[22]独具特色的哈尔滨冰雪旅游已经蜚声中外、闻名遐迩，是国家旅游局向国内外重点推介的"中国十大精品旅游项目"之一。中国哈尔滨冰雪节与加拿大魁北克雪节、日本札幌雪节、挪威滑雪节齐名为"世界四大冰雪节"。[23]

20世纪90年代，许多城市看到冰雪旅游带来的巨大效益，纷纷投入资金进行冰雪旅游资源的开发，在这块"大蛋糕"上分享"快乐"。上海、广州等地也相继建成大型室内滑雪场，分流客源。目前，长春冰雪节、沈阳冰雪节、北京延庆冰雪节、内蒙古阿勒山冰雪节、新疆阿勒泰冰雪节、四川玉龙冰雪节等纷纷出世，众多的竞争伙伴与哈尔滨竞争有限的市场份额和旅游客源。全国20多个城市和地区开展了冰雪旅游，冰雪旅游进入了快速增长期。

6.1.2 研究背景和意义

6.1.2.1 研究背景

旅游业作为一项新兴产业，显现出其旺盛的生命力和广阔的发展前景。世界旅游组织在《2000年全球旅游业的预测研究》中指出："旅游业已经同石油、汽车工业一起成为国际贸易的三大支柱。"旅游业不仅是世界上规模最大的产业，而且已成为世界上发展势头最强劲的产业。

随着我国改革开放和社会主义市场经济的深入发展，21世纪的中国旅游业从世界旅游大国迈向世界旅游强国，已成为全球规模最大、增速最快、最具潜力的市场。2004年3月，温家宝同志在十届全国人大二次会议的政府工作报告中提出"大力发展现代流通、旅游、中介服务等第三产业，逐步提高其在国民经济中的比重"。旅游业作为我国国民经济一大支柱产业和新的经济增长点已成为社会共识，其产业地位不断凸显。面对21世纪旅游业高速发展的机遇和挑战，哈尔滨市委、市政府提出实施哈尔滨大旅游、跨越式发展的战略措施，大力发展以冰雪为重点的旅游产业，在21世纪初的5~10年，努力把哈尔滨建设成"世界冰雪旅游名城"。

值得注意的是，随着冰雪旅游的急剧升温，近年来，远到广东、四川、新疆，近到吉林、沈阳，凡是有雪降临的城市，也都意识到冰雪旅游对于地方经济的拉动作用，纷纷投入巨资加以开发利用，使冰雪旅游市场的竞争日趋激烈。如何使哈尔滨的冰雪旅游可持续发展，早日实现世界冰雪旅游名城的宏伟目标，是哈尔滨旅游产业发展面对的重要问题。为科学地制定哈尔滨冰雪旅游的发展战略，正确认识和分析哈尔滨冰雪旅游市场的现状及未来发展的态势，以便抓住机遇，更好地将哈尔滨市各种现实和潜在的冰雪旅游资源进行科学合理地组合开发和有效保护，使其能被持久永续地利用，实现经济效益、社会效益和生态效益协调发展，需要对哈尔滨冰雪旅游市场的需求进行深入分析并预测其发展方向和前景，这是本选题的出发点、归宿以及着重论述的问题。

6.1.2.2 研究的目的和意义

"凡事预则立，不预则废"，预测是决策的基础和依据。过去和现时的信息固然重要，但市场需求的变化趋势、未来的状况从某种意义上来说具有特殊的重要意义，因为，这些信息是企业规划未来的科学依据，是企业发展的根本所在。为了推算这种未来的发展趋势，需要进行市场预测。

旅游市场预测是在旅游市场调查获取的各种资料与信息的基础上，运用已有的知识、经验和科学方法，根据旅游企业的经营目标和需要，对旅游市场未来一段时间内的发展趋势及与之相关的营销环境做出的分析与判断。旅游市场需求预测是市场预测的核心内容。在旅游业的开发、规划和管理研究中，运用恰当的预测方法和模型，寻求旅游市场的发展规律并由此推测其未来发展趋势、方向和可能性，从而更好地为旅游规划、旅游项目决策和旅游管理工作服务。

基于此，本书试图运用市场需求预测的原理与方法，通过定性与定量研究推估未来几年哈尔滨冰雪旅游市场的发展规模和发展趋势，进而对哈尔滨冰雪旅游市场的开发和完善提供一些有益的设想，为制定科学的冰雪旅游规划和政策提供依据，为促进和满足消费需求提供依据，为旅游业的经营管理决策提供依据。因此，本书的选题具有很强的现实意义和较强的理论价值。

6.1.3 国内外研究现状综述

6.1.3.1 国外旅游需求研究综述

旅游需求研究是游客行为研究的重要方面，国外对该领域的研究时

第6章 黑龙江冰雪旅游产业篇——以"冰城"哈尔滨为例

间较长。1899年意大利政府统计局Bodio发表的《外国人在意大利的移动及其花费的金钱》是最早期的游客行为研究,其中都涉及旅游需求研究(杨晓佳,2004)。

1. 旅游需求影响因素研究

国外学者普遍认为,影响旅游需求的因素主要包括三方面:目的地因素、客源地因素和游客自身的因素。

(1)目的地因素包括出行距离、客源地与目的地的文化异同性、目的地的安全性、基础设施、吸引力、促销政策及措施等。Loeb研究了美国国际旅游的需求变化。他认为影响一个国家国际旅游需求的因子有收入水平、相对汇率、相对价格水平等,并与旅游目的地发生的特殊事件如政策扰动、大型体育活动等有关。他还发现旅游地之间的相对价格差异是影响国际旅游市场的首要因子,对旅游增长的贡献份额最大。因此,他主张通过降低通货膨胀水平,来增加国际旅游需求。在Sung等(1991)对美国国内旅游消费模式研究中发现,运输价格的变化对旅游需求影响是最大的。Golam(1995)等对美国和越南游憩需求的特殊案例进行了分析,认为由于美国限制其公民到越南旅游,因此一般的经济因素不能解释旅游需求的变化。Icoz(1998)等从另一方面——供给关系,探讨了其对旅游需求的影响,提出需求预测系统不仅须要考虑旅游费用,也要考虑产品的供给和质量。[24]

(2)客源地因素包括经济发展程度、社会文化、风俗习惯、人口结构与总数、城市化程度、目的地与客源地之间的交通便利性、对旅游的政策、制度等。Aguilo、Eugeni、Riera等(2005)通过一个动态需求模型来分析旅游税收的短期价格效用。[25]Vanegas(2000)研究了美国到Aruba国际旅游需求的收入弹性、价格弹性、外汇汇率弹性等,发现美国游客旅游需求的收入弹性很高,而旅游需求的价格弹性很小。[26]德村志成(2002)认为影响日本国际旅游需求的因子主要是机场能力、航空费用、高龄社会、国内旅游空洞化等。[27]

(3)游客自身的因素包括人口统计特征如性别、年龄、教育、家庭结构、宗教信仰、个人经历,个人可自由支配收入、闲暇时间、旅游目的等。Var、Mohammad 和 Icoz（1990）研究美国国内州际旅游时，发现在以汽车为交通工具的前提下，旅客数量跟客源地和目的地的距离呈负相关，与旅客的实际收入和客源地人口数量呈正相关[28]。Crouch（1992）研究了30年来收入、价格对国际旅游的影响，发现价格、收入对国际旅游需求影响程度在不同的研究对象中会有大相径庭的结论。[29]

从以上研究文献可知，在研究需求影响因素分析中以经济因素（收入、价格、汇率等）为主要研究对象，对社会因素、心理因素的研究较少。

2.旅游需求预测方法与预测模型研究

在一系列趋势预测研究中，运用的主要方法有德尔菲法、逻辑推断法、回归模型法、时间序列法、计量经济学模型等。回归模型法又分为三种形式：经济模型、引力模型和旅行生成模型。经济模型的使用是目前需求预测的主要方法，地域空间分析在需求预测中还较少运用，时间序列模式也是主要的定量预测方法。[30]美国学者 Saunders（1981）使用引力模型对美国国内水库水域旅游需求进行预测，重点分析客源地与目的地间的距离、客源地人口规模等影响因素。[31] Greenidge（2001）使用 STM 模型（Structural Time Series Model）对加勒比海地区的阿卢巴岛进行国际游憩需求预测。[32] Chu 通过实证分析，证实用多项式法来预测国际旅游需求，尤其是新加坡这样一个全球性的旅游城市，其预测具有成本低、预测过程简单、灵活等优点，且预测结果较为准确。[33] Durbarry 和 Sinclair 使用 AIDS 模型预测了法国人的旅游需求。[34]Song 和 Witt（2000）、Song（2003）和 Witt、Song 以及 Wanhill 将传统 VAR 法应用于预测旅游需求和旅游就业。[35] Law 和 Au（1998，2000）和 Au 和 Law（2000）将粗糙集理论引用到旅游业中。[36]Chen、Wang 以 1985—2001 年到中国的游客为样本，研究应用了一个新的神经网络技术，支持向量回归（SVR）来预测旅游需求。[37]

6.1.3.2 国内旅游需求研究综述

在我国，旅游研究从20世纪90年代初才开始，且偏重于对供给系统和支持系统研究，对于旅游需求的研究较少。国内关于游客需求与行为的研究从1995年以后逐渐升温，现有研究以案例研究为主，主要采用基本的统计分析方法来研究旅游需求与消费的具体结构。

1. 旅游需求特征研究

该领域的研究以个案研究为主，多通过调查和统计分析描述居民的旅游需求现状，不同学者描述的角度、侧重点不同，尚未形成公认的旅游需求评价指标体系。吴必虎等（1997）对上海市民近程出游力与目的地选择进行了研究，通过调查得出上海市居民近程旅游活动的需求特征。[38]吴必虎、唐俊雅等（1997）根据对上海、西安、成都、长春城市居民的调查，得出居民的出游随距离增加而衰减。[39]杨学燕、金海龙（2004）对宁夏回族自治区城市居民的旅游需求与家庭结构之间的关系进行探讨，得出不同结构家庭的旅游需求特征。[40]刘德谦（1996，2002）、宁士敏（2000）、尹世杰（1996，2003）等从狭义的旅游消费角度，宏观地分析了我国旅游消费趋势，对我国游客消费明显持有乐观的态度。[41]

2. 旅游需求影响因素研究

谢彦君和林南枝、陶汉军将影响旅游需求的因素分为影响因子和障碍因子。其将经济因子和心理偏好作为影响因子，将非经济因子即空间距离、时间约束、文化社会责任及身心障碍作为障碍因子。[42][43]刘富刚（2004）认为对于旅游区而言，旅游需求影响因素除客源地与旅游目的地人口规模、客源地人均收入水平等外因外，旅游资源质量水平、旅游客源地与旅游目的地之间的距离是两个重要的影响因素。[44]王艳平（2003）从旅游发生过程的系统观点出发，提出旅游需求影响因素的层次模式，并指出了影响因子的约束强弱问题。李天元、王连义认为一个人能否成为游客，除了受客观因素影响外，如收入、学历、职业、性别等，还受主观因素即旅游动机的影响。[45]卞显红（2003）分析了旅游目的地选择过程中的主要影响因素，包括花费与时间限制、旅游价格、消费者偏爱、旅游产品质量、信息与广告、旅游城市化及新旅游目的地的出现等。[46]王婉飞（2005）对我国分时度假市场需求进行了研究，研究发现消费者认为最吸引自己购买分时度假的因素是"交换"机会和"高性价比"；消费者在购买分时度假时考虑的主要因素是"产品质量"和"售后服务"，其次是品牌。[47]朱湖英（2006）通过对不同收入城市居民的需求差异的分析，认为不同收入城市居民对文化、旅游地的环境、旅游地游乐项目、住宿环境和场所的选择差异不大，受收入的影响很小；但在旅游价格、季节、停留时间等方面存在很大的差异，很大程度上受到收入高低的制约。[48]杨学燕、金海龙（2004）的研究发现，家庭结构是影响城市居民旅游需求的重要因素。[49]滕丽（2004）发现，人均收入与旅游需求存在相关性，但是不同地区（城市）的人均收入只影响其部分旅游需求。[50]刘锋认为随着收入和闲暇时间的增多，旅游的变化和创新非常快，新概念层出不穷，因此要以人为本，以游客为本，认真深入研究消费结构的变化。[51]复旦大学的李一玮研究了入境过夜游客旅游消费结构的现状比较与变化规律，并分析了影响旅游消费结构的因素。[52]沈振剑对河南省境内的324名境外游客的随机调查和对他们消费行为进行研究后，发现不同的文化背景对境外游客消费行为有比较大的影响。他提出健全境外客源市场环境，实行旅游企业的品牌经营战略十分重要。[53]

3. 旅游预测研究

国内运用预测模型对旅游需求趋势进行研究的也比较多。如赵西萍等（1996）对国外旅游需求预测方法做了总结，并对旅游需求预测的研究趋势做了展望。[54]吴江华等（2002）以日本对香港的国际旅游需求为例，运用人工神经网络分析旅游需求，模型为旅游需求的定量预测提供新的研究方法和手段。[55]滕丽等（2004）利用人工神经网络的Kohonen网络对中国39个城市居民的旅游需求聚类，并考虑了收入、旅游消费占收入的比例、区域旅游供给强度和交通条件4个因素，对各类型城市居民的旅游需求特征进行了深入分析。[56]肖智（2005）针对旅游需求多因素预测问题，将旅游需求的动态特征与粗糙集的数据分析技术结合,提出了一种旅游需求多因素动态粗预测模型,但也存在不足之处,即在多因素多目标的大样本问题时提取规则易失败。[57]孙睿君、钟笑寒(2005)运用旅行费用模型估计典型消费者需求函数与收益。[58]保继刚、刘雪梅(2002)在给出旅游发展8大动力因子的基础上,以广东省14个地级市为例,试图通过量化的途径对城市境外旅游发展的各动力因子做定性与定量相结合的分析,并在提示现状的基础上对将来的变化作出预测。[59]周鹏、任建兰从旅游客源、旅游客源地、旅游客源国3个角度分析了中国海外入境旅游市场格局的现状特点,并采用灰色预测模型,根据前若干年的数据,对15个主要客源国未来3年的发展趋势进行了预测。[60]王洁等对到京境外主要客源地游客人数占来华旅游总数的比例,使用随机序列方法构造了转移概率矩阵;使用最小二乘原理,求出了比例值的线性回归模型;应用误差估计理论,对预测值做了相应的估计。结果表明:到京各主要客源地游客人数占来华旅游总数的比例呈递减趋势。[61]林依颖利用1985年至2000年12月共192笔资料,进行国外旅客赴中国大陆旅游业需求预测。[62]王磐岩、王玉洁在《旅游规划中的旅游经济分析与预测问题》中提出了旅游经济分析中一些指标参数的设定及应注意的问题,并探讨在涉及旅游发展的各种规划和预测时,如何能提高经济分析的科学性,使之能真正起到指导、推动旅游业发展和建设的作用。[63]于春艳以吉林省入境旅游流为切入点,综合运用数理统计分析方法,揭示吉林省主要客源国的相关关系及吉林省与我国其他口岸城市的旅游流关系。陶春峰对鄱阳湖区旅游流进行数据分析,建立组合预测模型对旅游流总量进行预测,并对鄱阳湖区旅游客源市场旅游流总量预测结果进行实证分析。王彩红、孙根年、马耀峰对20年来中国入境旅游业的波动周期及影响因素进行了分析和预测。

6.1.3.3 冰雪旅游研究综述

研究冰雪旅游资源开发和游客动机的外文文献比较多,也有将两者结合在一起的，但大多停留在对客源市场的思考和分析，而专门针对冰雪旅游市场需求与预测的研究相对有限，因而本书在借鉴外文资料方面相对较少。研究冰雪旅游资源比较丰富的中文文献，大都是从不同视角针对黑龙江省的研究，主要集中如下几个问题：论述冰雪旅游资源的特点；分析冰雪旅游市场的环境；对冰雪旅游资源开发中存在的问题进行论述分析；提出对冰雪旅游资源未来发展的建设性意见和看法。这些为本书的研究提供了一定的参照。但这些文献毕竟仅是对黑龙江省冰雪旅游资源开发进行的研究，这为本书进行哈尔滨市冰雪旅游市场需求与预测提供了一定的研究空间。

总的来说，国内外的研究资料从不同的切入点对冰雪旅游资源开发进行阐明分析，这为本书的构建提供了线索和依据。但本书并不旨在对这些材料进行简单的复制，而是以哈尔滨市为背景，以冰雪资源为核心，对哈尔滨冰雪旅游市场需求和预测进行整合性的分析研究，从而科学性地提出未来发展的对策。

6.1.4 本书的研究内容和方法

6.1.4.1 研究内容

本书以旅游学和市场营销学作为基本的理论基础，以哈尔滨冰雪旅游市场需求为研究对象，通过对相关资料的搜集、整理和分析，试图从定性和定量两个方面分析影响哈尔滨冰雪旅游市场需求的因素，进而建立预测模型，用以推估未来几年哈尔滨冰雪旅游市场的发展规模和旅游需求情况，为发展冰雪旅游业提出一些建议。

（1）对冰雪旅游理论和实践进行概述，综述国内外旅游市场需求与预测的研究现状、实践经验和发展趋势，进而提出本书所要解决的主要问题，并说明本研究工作在经济建设和社会发展等方面的实用价值和意义。

（2）对哈尔滨冰雪旅游市场进行定性分析。首先分析哈尔滨冰雪旅游市场现状，然后运用SWOT模型进一步对冰雪旅游市场优势、劣势，机遇与威胁进行分析，进而对哈尔滨冰雪旅游客源市场的空间分布、客源市场特征以及客源市场的定位、拓展与趋势进行全面的分析。

（3）对哈尔滨冰雪旅游市场需求进行预测与分析。首先系统地分析影响和制约哈尔滨冰雪旅游市场需求的因素，为冰雪旅游市场需求预测的定量分析奠定理论基础；然后，利用回归分析及吸引力模型，构建哈尔滨冰雪旅游人数、旅游总收入与其相关影响因素之间的定量关系，并进行科学的预测与分析。以此，进一步揭示这些因素对哈尔滨冰雪旅游市场需求的重要影响。利用时间序列分析的方法，建立哈尔滨冰雪旅游总人数、总收入时间序列模型，并对未来发展趋势进行科学的预测。

（4）依据预测目标提出哈尔滨冰雪旅游发展的对策和建议。研究思路如图6-4所示。

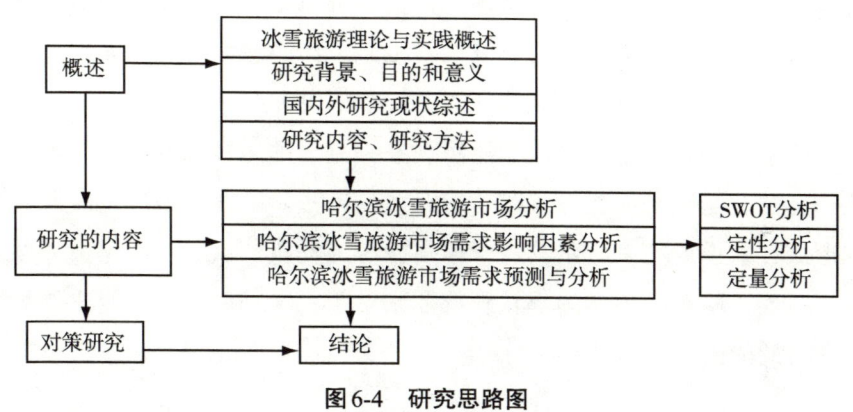

图6-4　研究思路图

6.1.4.2 研究方法

本书将根据研究的核心问题、主线及主要环节，力图引入一些较为成熟的数理统计模型和分析方法，结合旅游学、经济学、市场营销学等学科的基础理论和方法，借鉴国内外旅游市场需求与预测研究的理论成果和实践经验，构建哈尔滨冰雪旅游需求市场发展的主要对策。主要采用以下研究方法：

（1）理论研究与实证研究相结合的方法。用规范的理论研究方法，论述旅游市场需求预测的相关理论，是本书正确理论、方法和思路的重要基础；用实证的方法，以哈尔滨冰雪旅游市场为依托，凭借事实材料和数据，运用科学的世界观和方法论，来构建科学的冰雪旅游市场预测模型，从而进行较为广泛深入的创新研究。

（2）定性分析和定量研究相结合的方法。运用定性分析的方法，从宏观和微观角度对哈尔滨冰雪旅游市场环境进行分析，并对影响旅游市场的诸多因素进行研究；运用旅游市场需求预测定量分析的方法，建立哈尔滨冰雪旅游市场需求预测的模型，以便对研究的主题做出科学的结论，提高本书的科学性、可靠性和精确性。

（3）统计资料分析与调查分析相结合的方法。旅游统计资料是旅游活动最客观、最现实的反应，它对于旅游活动规律性的研究具有重要作用。通过对哈尔滨冰雪旅游市场现状、构成、地域组合、区位条件、经济基础、接待旅游人数、消费水平、交通运输条件、从业人员等因素和资料进行收集、整理与分析，以便对哈尔滨冰雪旅游市场的发展趋势进行合理的预测，从而做出科学的决策和管理。

旅游是一种综合性的社会经济现象，具有动态性强的特点。采用随机抽样法，是最经济、最省时、最有效的方法。因此，采用发放调查表的形式，掌握游客来哈尔滨进行冰雪旅游的动机、兴趣、线路选择要求等，从而了解客源市场的现状和特征，对于科学预测市场的变化趋势提供有力的依据。

6.2 哈尔滨冰雪旅游市场分析

6.2.1 哈尔滨冰雪旅游市场发展现状

6.2.1.1 冰雪旅游人数和旅游收入呈上升趋势

据哈尔滨旅游局数据统计，仅2014年春节黄金周期间（1月31日至2月6日），哈市累计接待游客284.82万人次，同比增长5.21%；旅游收入30.12亿元人民币，同比增长16.69%。春节黄金周7日内，哈市接待的284.82万游客中，过夜游客58.10万人次，同比增长11.79%，收入20.35亿元，同比增长25.53%；一日游游客226.72万人次，同比增长3.65%，收入9.77亿元人民币，同比增长1.76%。在过夜游客中，省内游客占52.3%，外省游客主要来自辽宁、吉林、河北、北京等地。哈尔滨冰雪旅游在黑龙江省春节南北旅游争夺战中起着举足轻重的作用。由此可见，哈尔滨冰雪旅游业已经成为哈尔滨市乃至黑龙江省发展速度最快、关联带动作用较强、最具发展潜力的产业，成为新的经济增长点。

由图6-5和表6-1可以看出：近十几年，哈尔滨冰雪旅游市场规模发展迅速，旅游收入稳步增长，呈现出快速、持续发展的良好势头，为21世纪全市旅游业的大发展、最终建成世界冰雪旅游名城奠定了良好基础。2000—2003年作为哈尔滨冰雪旅游走入正轨的初期阶段，呈现出高速发展的态势，旅游人数和旅游收入的同比增长率都在50%以上；之后的年度中，受全球经济不景气、2003年"非典"和2005年松花江水污染等因素的影响，境外游客人数出现锐减现象，2008年之后的几年中，旅游人数和旅游收入一直保持着一个持续显著增长的态势。因此，就总体而言，哈尔滨冰雪旅游的人数、旅游收入仍呈现出逐年稳步递增的趋势，基本上分别实现5年翻两翻的大好局面。

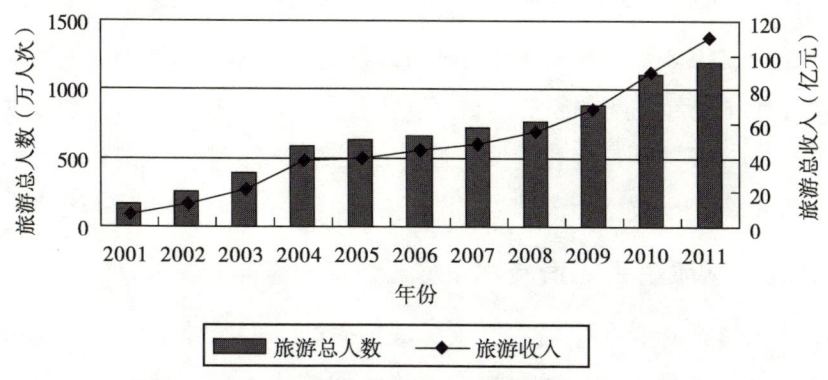

图6-5　2000—2011年哈尔滨冰雪旅游总人数、总收入

表6-1　2000—2011年哈尔滨年度旅游、冰雪旅游情况

年份	年度旅游		冰雪旅游			
	旅游人数（万人）	旅游收入（亿元）	旅游人数（万人）	旅游人数占年度比重（%）	旅游收入（亿元）	旅游收入占年度比重（%）
2001	—	—	160.8	—	7.8	—
2002	—	—	249.6	—	12.8	—
2003	1291.7	76.4	391.2	30.3	21.4	28.1
2004	1359.9	86.7	584.9	43.0	38.2	44.0
2005	1533.0	102.3	626.3	40.9	40.1	39.2
2006	1821.4	122.6	658.4	36.1	44.0	36.0
2007	2191.1	171.9	719.0	32.8	48.5	28.2
2008	2760.6	204.5	770.1	27.9	57.7	28.3
2009	3287.1	246.1	886.5	30.0	69.9	28.4
2010	3372.8	310.2	1114.5	33.0	90.4	29.1
2011	4150.1	381.5	1202.7	29.0	110.6	29.0

资料来源：根据哈尔滨市统计局2000—2011年的国民经济和社会发展统计公报整理。

6.2.1.2 冰雪旅游产业地位初步形成

从近几年哈尔滨冰雪旅游统计资料可以看出，不论是旅游人数，还是旅游收入，两者在哈尔滨市年度旅游市场中均占很大的份额，平均比重为25%~44%。冰雪旅游产业使哈尔滨旅游业基本实现了由接待型向产业型、由弱质产业向粗具规模产业的转变，旅游经济城市地位提升，产业功能逐步完善，全市旅游直接从业人员13万人，间接从业人员约65万人，旅游支撑体系初具规模，对地方经济的贡献率不断增加，旅游业已成为全市国民经济新的经济增长点和优势产业。实现发展目标和发展战略，到2020年按照产业化的发展目标和发展战略，将哈尔滨建成中国最大、世界著名的冰雪旅游胜地。

6.2.1.3 冰雪旅游市场消费水平较低

哈尔滨旅游业在全国主要旅游城市中处于中等偏下水平，在东北三省主要旅游城市中，哈尔滨在入境旅游接待人数、外汇收入及人均

消费三项指标上均低于大连和沈阳,人均停留天数方面处于最低水平。根据表6-2的统计显示,2006年哈尔滨冰雪旅游的过夜游客、一日游游客人均消费水平分别为839.27元/(人·天)、315.67元/(人·天),旅游收入占哈市国民生产总值的比重偏小,说明冰雪旅游消费水平相对偏低。

表6-2 2006年春节黄金周人均旅游消费水平

过夜游客			一日游游客		
项目	金额(元)	比重(%)	项目	金额(元)	比重(%)
住宿	221.4	26.38	—	—	—
餐饮	126.92	15.13	餐饮	13.66	4.33
购物	239.12	28.49	购物	71.93	22.79
门票、娱乐	162.77	19.39	门票、娱乐	136.68	43.62
市内交通	23.36	2.78	市内交通	57.13	18.40
其他	65.69	7.83	其他	34.27	10.86
合计	839.26		合计	313.67	
人数(万人次)	42.42	29.1	人数(万人次)	103.36	70.9
旅游收入(亿元)	8.72	72.79	旅游收入(亿元)	3.26	27.21
国民生产总值(亿元)	2094	—	国民生产总值(亿元)	2094	—
旅游收入占国民收入的比重(%)		4.16	旅游收入占国民收入的比重(%)		5.73

资料来源:《哈尔滨市统计年鉴2006》《2006年国民经济和社会发展统计公报》。

由图6-6可以看出,在旅游活动六要素构成中,游客消费结构基本合理,主要集中于购物、门票娱乐等需求弹性较大的项目,而弹性较小的餐饮、交通、住宿等项目的消费较少,其主要原因是全市旅游资源和产品开发大多处于粗放状态和外延扩张阶段,旅游产品缺少特色、缺乏精品,空白较大,供给要素不协调,远程旅游交通仍为"瓶颈",大多数县(市)的旅游主干路和次干路可进入性较差,限制了市场吸引力,整个产业经济效益欠佳。但不可否认的是，冰雪旅游给吃、住、行、游、购、娱等诸多行业带来不同程度的收益。

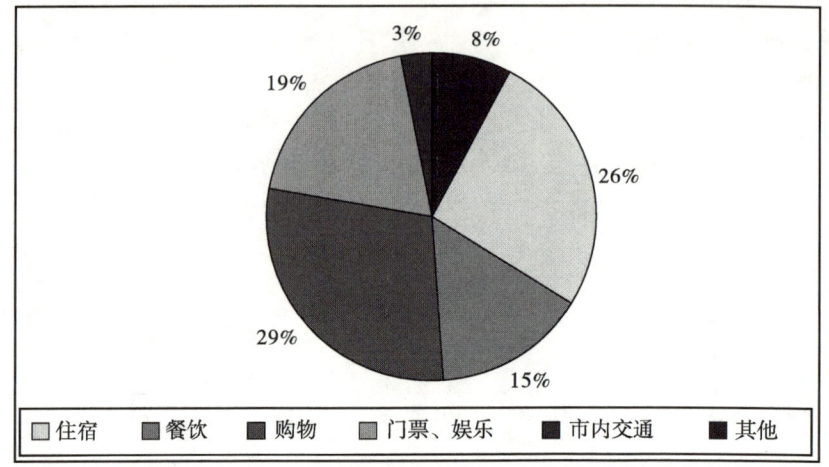

图6-6 过夜游客人均消费水平构成

6.2.2 哈尔滨冰雪旅游市场SWOT分析

6.2.2.1 优势分析

（1）地理区位优势

哈尔滨地处中国的最北端，黑龙江省中南部，位于北纬44°04′~46°40′、东经125°42′~130°10′，属中温带大陆性季风气候，年平均气温3℃~6℃。冬季严寒而且漫长，最冷月1月平均气温在-19.4℃，极端最低气温在-38.1℃。长达5个月之久（11月到翌年3月）的冰雪期平均气温在0℃以下，占全年天数的45%以上，平均积雪天数105天以上，地面积雪20cm左右。寒冷漫长的冬季使横贯全境的松花江封冻137天左右，松花江结冰层厚度可达两米以上。由表6-3所示可以明显看出，在东北几个大城市哈尔滨、吉林、长春、沈阳中，冬季五个月（每年11月至翌年3月）数哈尔滨的气候最为寒冷，更有利于冰雪旅游的开发。"千里冰封，万里雪飘"的自然条件为哈尔滨形成独特的寒地旅游提供了良好的物质基础和地域空间。

表6-3　哈尔滨与相邻城市冬季各月份平均温度对照表

城市	11月	12月	1月	2月	3月	冬季平均气温	冰雪期	冰雪来源
哈尔滨	-8℃	-14℃	-20℃	-14℃	-7℃	-30~-18℃	约120天	天然
吉林	-4℃	-14℃	-18℃	-14℃	-4℃	-20~-14℃	约100天	天然
长春	-4℃	-13℃	-16℃	-13℃	-4℃	-20~-14℃	约100天	天然
沈阳	-2℃	-10℃	-14℃	-10℃	-1℃	-18~-5℃	约60天	天然为主,

此外，作为省会中心城市，哈尔滨处在以哈大铁路为轴的城市带最北端，成为带动整个东北区域经济发展的最重要一环，而且处于俄罗斯和其他周边国家沿边扇形开放城市带的枢纽位置，具有成为我国沿边对外开放前沿和龙头窗口的地缘优势。[64]

2. 冰雪资源优势

哈尔滨作为我国纬度最高的中心城市，冬季漫长寒冷，是一座具有鲜明北方特色的城市。独特的地理位置和自然条件，赋予哈尔滨雪质好，冰质洁净，适于冰雪旅游开发的优势，形成得天独厚、具有区域垄断性的冰雪自然资源和丰富奇特的冰雪景观。冰灯游园会、松花江冰雪大世界、各类滑雪场、冰雕、雪雕等一大批冰雪旅游产业使冰雪旅游市场发展迅速，形成冰雪艺术游、滑雪度假游、冰雪风光游、冰雪文化、冰雪经贸、冰雪体育等几大板块，并在旅游市场占有了一席之地，吸引着数以百万计的国内外游客。随着冰雪旅游产业规模的不断壮大，作为中国冰雪产业的发源地，哈尔滨的冰雪资源犹如一根巨大的杠杆，撬动了一系列产业，打造出了中国北方独树一帜的"酷经济"现象。

3. 品牌文化优势

哈尔滨是我国著名的历史文化名城和旅游城市，拥有百年城市发展的历史，丰厚的历史文化遗产为旅游业的发展奠定了厚实的基础；特别是其冰雪文化久负盛名，是中国冰雪文化的发祥地，是著名的冰雪旅游胜地，冰雪文化内涵丰富、博大精深，包含了冰雕雪塑艺术、冰雪节庆文化、冰雪建筑文化、冰雪交通文化、冰雪服饰文化、冰雪饮食文化、冰雪娱乐休闲文化以及冰雪科技等，素有"冰城"之称。经过不断的深开发、精加工，已组合出国家级乃至世界级的旅游精品、名牌，以松花江冰雪大世界为龙头、"中国·哈尔滨国际冰雪节"为外包装的冰雪旅游产品已经闻名海内外，是哈尔滨乃至黑龙江的标志性产品、冰雪旅游名牌。规模盛大、内容全新、科技含量高，具有轰动效应的冰雪盛会"以节造势"，产生良好的社会效益和经济效益，大大提升了冰城的知名度，使哈尔滨成为国内外冰雪旅游热点城市。亚布力滑雪旅游度假区已成为东北亚地区的著名滑雪胜地，兆麟公园的冰灯艺术博览会和太阳岛公园雪雕艺术博览会及冰雪大世界也都驰名五洲，成为哈尔滨旅游的世界级产品，这些都极大地提高了哈尔滨冰雪旅游的知名度和影响力。独具特色的哈尔滨冰雪旅游成为国家旅游局向国内外重点推介的"中国十大精品旅游项目"之一，蜚声中外、闻名遐迩。

4.基础设施优势

哈尔滨加快了公路、铁路、水运和航空立体交通的建设，与国内其他省份和国际重要城市旅游交通通道已经基本建成，水陆空立体交通运输体系配套衔接水平较高，具有区域性交通枢纽中心的优势，这无疑为旅游业的快速发展提供了强有力的运力支持。一类航空口岸、陆路口岸和水运口岸，依托大东北，背靠俄罗斯，沟通日本和朝鲜半岛，辐射东亚太，独具区位、交通和口岸三要素的集合优势，为旅游业的发展提供了良好的地缘条件。哈尔滨位于滨州、京哈、滨绥等5条铁路线交汇处，铁路客运列车通往全国各地；哈大齐、哈牡、哈黑、哈伊数条高速公路的改扩建，呈放射状连接国内各地；太平国际机场是全国八大机场之一，截至2011年年底，已开辟国内外航线103条，通航城市62个，有25家航空公司在机场营运，是东北地区乃至全国的重要航空枢纽之一。此外，哈尔滨的旅行社数量不断增加，各种规格的宾馆、旅游饭店遍布市区，接待设施已粗具规模，通讯、邮电、金融、治安、城市建设等设施配套的程度明显提高，基本形成了旅游接待的空间。

5.客源市场优势

在入境游方面，初步形成了以俄罗斯为基础市场，日本、韩国及东南亚、中国港澳台地区为近程市场，欧美为远程市场的入境游客源市场

第6章 黑龙江冰雪旅游产业篇——以"冰城"哈尔滨为例

格局;而境内方面,也形成以本地市民及周边地区游客为基础市场,省内、东北、华北近程市场以及沿海、中西部地区的远程市场构成的境内客源市场格局。随着人均GDP的提高和恩格尔系数的下降,居民的出游率将大幅度提升,这将为哈尔滨旅游发展提供一个非常稳定的潜在客源市场,哈尔滨冰雪旅游具有广阔的市场潜力和空间。

6.2.2.2 劣势分析

1. 缺乏良好的旅游总体规划

哈尔滨冰雪旅游是一项发展速度较快的新兴产业,目前的开发和管理多为政府行为,与市场结合不紧密,对国内外的冰雪旅游市场缺乏深刻系统的研究与分析,尚未制定出科学、系统、规范、完整的冰雪旅游开发建设总体规划和管理细则。各景点、各企业的管理者和经营者缺乏对冰雪旅游市场供需状况的调研和对目标市场的分析及市场营销管理的设计与实施,更缺乏对项目开发运行后的预测、评估和改进的体系和机制,因而没有形成冰雪联动、"全市一盘棋"的大格局、大规模。全市以至于政府各行政部门与企业之间、企业与企业之间,相互协调不够,各自为政,仍处在"小、散、弱、差"的状态,全市目前尚无上市的旅游企业。旅游企业绝大多数是国营企业,政企合一,外资、合资、民营的大型旅游企业极少。具有一定企业行为的、较有影响的大型旅游景区仅亚布力、二龙山两家,且负债累累,包袱沉重。因此全市旅游企业的经济效益较差、竞争力较弱,难以适应国内外日趋激烈的竞争形势和入世后的中国旅游业发展态势。

2. 产业链布局不合理

从冰雪旅游产业发育的时序特征上看,其在哈尔滨市产业结构中尚属幼稚产业,处于以资源开发为主的发展阶段。冰雪产业是一个以旅游业为主体,一、二、三产业协同发展,各项效益最佳组合的生态经济综合体。然而目前哈尔滨冰雪产业与其他产业的关联度低,产业链布局不合理,对全市国民经济的影响力还不大。[65]在传统观念的作用下,管理或承办冰雪旅游的部门林立,各自为政的现象时有发生,相互之间关系脱节,与冰雪相关的产品生产更是游离于冰雪旅游和冰雪经贸之外,只重视游客的数量,而忽视了质量和收益,以及产品与市场的匹配问题。目前,哈尔滨市尚未形成一条完整的冰雪产业链,旅游产品的生产、供应、销售环节还没有形成一体化,脱节现象严重,统一的冰雪产业体系还只是一纸蓝图。

3. 旅游资源的开发与管理科学性、规范性、系统性不强

哈尔滨冰雪旅游资源在开发建设上存在随意建设的局面,市场与产品的定位不清,缺乏景点之间空间竞争分析和开发的可行性分析,存在盲目重复建设、一哄而起的过热现象,景区景点建设过于粗糙,旅游资源处于低层次开发和重复建设中。如近几年来哈尔滨市的滑雪场项目纷纷上马,周边不到200平方千米范围聚集了大小规模不等的50余家滑雪场,阿城市从亚沟收费站至玉泉镇之间的十几千米路段两侧就分布着11家大大小小的滑雪场。这种内部恶意竞争和市场管理的不规范,必然导致无序的价格竞争、蚕食市场份额,还严重的损坏了那些规模化经营的雪场形象。而且盲目开发和对市场预测的不准确,也必然导致企业远远达不到立项论证的效益水平,造成了巨大的经济损失。

4. 距离中心客源市场远

由于哈尔滨地处中国最北端,距离国内的中心主体旅游客源市场较远,与周边补充客源市场也有一定的距离,游客空中进入交通费用较高,铁路进入耗时多,在一定程度上影响了远程游客的进入,并因此而导致国内客源市场狭窄,省内居民为传统主体市场的状况。入境游客中,俄、日、韩及东南亚占80%以上,西欧、北美客源较少。在总体上,哈尔滨的入境游客和境内游客过度依赖于近、中程区域性市场。[66]东南亚、中国港澳台地区或南方各省的游客到哈尔滨来,一方面将付出很大的时间成本和货币成本,属于较昂贵的旅游;另一方面从南到北每一处新兴的冰雪旅游景点都会截留来哈尔滨的部分客源。目前,长春已成为哈尔滨的强劲对手。收入水平、假期时间、交通条件、交通费用、地域偏远等瓶颈的制约,给哈尔滨的冰雪旅游带来负效应,国内游客特别是内地游客目前还很难形成大规模进入的态势。

5. 硬件设施和服务质量有待进一步完善

哈尔滨市的冰雪旅游越做越大,但旅游接待设施和服务质量参差不

齐，与国际标准还有一定的距离，满足旅游消费需求的食、宿、行、游、购、娱六要素的配套设施、接待手段存在隐患。目前哈市的旅游旺季主要集中在冬季，每逢冰雪节期间，都会出现宾馆房间紧张、订购一空的火爆场面。然而一些宾馆不愿多投入，担心收不回成本，导致床位、服务不到位。除亚布力滑雪场外，大多数滑雪场场地条件较差，娱乐设施的安全问题难以保障。能够突出反映哈尔滨地方特色的冰雪旅游纪念品品种非常少，以冰雪为模型制造的旅游纪念品还是个空白，少有的本地产品看上去也是比较粗糙，缺少美感。服务质量差是投诉的热点，一方面，由于从事旅游服务的人员流动性较大，普遍没有经过正规化培训，服务意识、服务能力、服务水平与旅游名城的实际要求还有相当的差距；另一方面经营者存在着短视行为，利用旅游高峰追求利润最大化，而很少考虑用好的服务来扩大影响，获得更大的市场。接待设施和服务质量不高的后果：一是游客在景区逗留时间短、消费水平低；二是"头回客"游完之后很难成为"回头客"。

6.2.2.3 机遇分析

1. 国际环境有利于哈尔滨招商引资、开拓国际旅游市场

旅游业已经成为世界第一大产业，国际旅游业可持续发展。据世界旅游组织预测，到2015年，国际游客将达到12亿人次；到2020年，将达到15亿人次，国际旅游业的总消费将达到2万亿美元。国际旅游人数将以年均4.3%的速度增长。中国加入WTO，使中国经济在更大的范围、更深的层次上与国际接轨，越来越多的海外企业参与到哈尔滨冰雪旅游产业的开发与建设中，旅游业面临新的机遇与挑战。据世界旅游组织公布的全球旅游目的地排行榜中，中国已进入世界十大旅游目的地的前列，越来越多的外国游客希望到中国来。随着亚太地区经济的迅速发展和各国旅游环境的普遍改善，以日本、韩国为中心的东北亚地区旅游业发展是世界旅游的热点。地处东北亚腹地的哈尔滨与这些地区的联系十分密切，这为哈尔滨冰雪旅游产业发展国际市场提供了有利条件和机遇。

2. 政府的高度重视和优越的政策支持是冰雪旅游发展的政策保障

我国政府对旅游业的发展极为重视,把旅游业作为"十五"发展的重点,旅游业作为我国国民经济一大支柱产业、龙头产业和新的经济增长点已成为社会共识。哈尔滨市委、市政府也非常重视旅游业的发展,从旅游发展的实际出发,制定了一系列有利于冰雪旅游发展的优惠政策,加大了投资力度,这种积极的态度无疑为哈尔滨冰雪旅游的发展提供了政策支持和有力保障,为旅游业的发展注入了一剂强心剂,为哈尔滨冰雪旅游产业的起步和发展提供了广阔的市场空间。2004年中央提出的振兴东北老工业基地的措施和规划,也为哈尔滨冰雪旅游业的大发展提供了机遇。面对新世纪旅游业高速发展的机遇和挑战,哈尔滨市委、市政府提出实施哈尔滨大旅游、跨越式发展的战略措施,大力发展以冰雪为重点的旅游产业,在新世纪初的五到十年,努力把哈尔滨建设成"世界冰雪旅游名城"。

3. 体育赛事的承办为哈尔滨冰雪旅游创造了契机

北京2008奥运会的成功申办,成为提升中国旅游目的地的地位和知名度,提升哈尔滨旅游形象的契机。都灵冬奥会的闭幕及我国运动员的完美表现,使得国内外冰雪体育旅游活动空前高涨。而2009年世界大学生冬季运动会的成功举办,则为哈尔滨冰雪体育旅游活动带来难得的发展契机,这其中既包括在基础建设等方面的投资,还包括大冬会举办时国内外游客的巨幅增加,2009年大冬会开幕之际有10余万人进入哈尔滨,这不仅扩大了冰雪体育旅游消费的需求,届时也会极大的提高哈尔滨冰雪旅游的知名度。[67]

6.2.2.4 威胁分析

虽然哈尔滨的冰雪旅游在国内发展较早、规模较大,但也面临着多重竞争。目前很多国家和地区都"打起了冰雪牌",冰雪旅游不再是哈尔滨的专利,哈尔滨冰雪旅游的垄断优势受到前所未有的威胁。

1. 国内旅游市场的激烈竞争

国内竞争十分严峻,不仅北方的吉林、辽宁、北京、内蒙古,就连

第6章 黑龙江冰雪旅游产业篇——以"冰城"哈尔滨为例

西南的四川、陕西、新疆、宁夏、云南也都在开发内容丰富的冰雪旅游项目,而且发展势头强劲,瓜分市场份额的潜力巨大。如表6-4所示,哈尔滨与邻近其他冰雪城市的比较中,优势并不十分显著,冰雪旅游一花独秀的局面即将不复存在。

表6-4 哈尔滨与相邻冰雪城市的旅游状况比较

城市	主要景观	知名度	距中心城市距离	基础设施	滑雪场建设
哈尔滨	冰雕、雪雕	高度知名	市内	完备	亚布力滑雪场
长春	滑雪场	一般知名	市郊但距市区较近	完备	净月潭滑雪场
吉林	雾凇	高度知名	市内	完备	北大湖滑雪场

省内的牡丹江市是哈尔滨市开发冰雪旅游的强劲对手,其冰雪旅游资源禀赋与质量、气候条件、区位与交通状况以及开发力度等均不亚于哈市,再加上绥芬河、东宁两个对俄口岸城市的吸引力,其竞争能力不容忽视。东北地区的各大、中城市,特别是沈阳、大连、长春和吉林四大城市都在加大旅游开发力度,发展势头迅猛。与哈尔滨竞争的长春市,喊出的口号就是"到哈尔滨看冰,到吉林、长春滑雪"。同时长春市借承办2007年亚冬会的机会,提出建设中国冰雪旅游名城的目标,这对哈尔滨的冰雪旅游无疑是一个极大的挑战。

此外,由于季节性气候的差异,南方一些特色旅游胜地,如海南省的热带特色旅游也在不同程度上对哈尔滨的冰雪旅游构成了一定的替代威胁。如何在国内冰雪旅游市场中占据较大的份额,哈尔滨冰雪旅游面临着重大挑战。

2. 国际旅游市场的挑战

邻近的日本和韩国就国际冰雪旅游而言,既是哈尔滨潜在的合作伙伴,更是现实的竞争对手和主要挑战者,其在冰雪旅游开发上起步早、设施完备、管理与服务水平高、总体环境好,每年可接待冰雪游客达60万人次左右。一方面,它们滑雪场的数量、质量、配套设置服务等方面都居于哈尔滨之上;另一方面,在价格和地理方面所占的优势也构成了挑战哈尔滨的重要因素。由于国际航班价格策略灵活,从广州到日本和韩国的机票价格低于到哈尔滨,根据2007年年初旅行社最新报价:从广州到韩国、东京的三日团滑雪旅游报价分别为3600元/人、3880元/人,而从广州到哈尔滨冰雪旅游要5000多元/人。韩国自1999年成为中国公民出境游目的地后,打出的第一张牌就是冰雪游,不断推出诱人的"滑雪游+温泉水世界"等项目,极具诱惑力。价格便宜,又可以领略异国风情,当然具有更大的吸引力。哈尔滨只有在冰雪旅游的设施硬件和管理服务软件层面上赶上并超过对手,才有可能与其分享冰雪旅游市场份额。

根据以上分析,可以看出哈尔滨冰雪旅游产业目前外部机遇大于威胁,内部优势大于劣势,应采取可持续发展型战略[68]。其处于SWOT战略选择模型图的第一象限,如图6-7所示。由此可见,在这种形势下,要在全国乃至全世界的冰雪产业中占有一席之地,哈尔滨应创造出有别于其他国家、省、市的差异化竞争优势,这将是哈尔滨冰雪旅游可持续发展的必然选择。

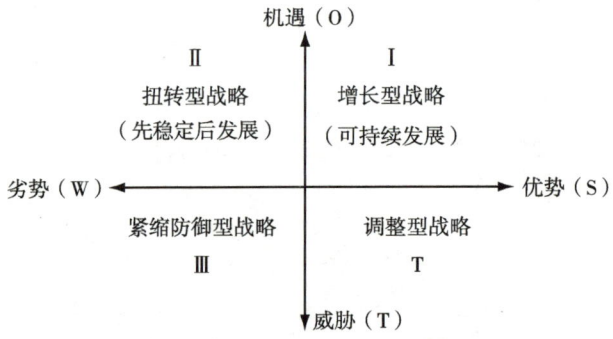

图6-7 哈尔滨冰雪旅游产业SWOT战略选择模型图

6.2.3 哈尔滨冰雪旅游客源市场分析

6.2.3.1 旅游客源市场整体分析

哈尔滨冰雪旅游产业经过不断的努力和发展,形成入境旅游与境内旅游互促互补,共同发展的局面,初步形成了比较稳定的客源市场,即以俄罗斯为基础市场,日本、韩国、中国港澳台地区及东南亚为近程市场,欧美为远程市场构成的境外客源市场格局和以黑龙江省及哈尔滨市内为基础市场，东北、华北近程市场以及沿海、中西部地区的远程市场构成的境内客源市场格局。从表6-5统计资料和图6-8所示可以看出，近几年来哈尔滨冰雪旅游的境外客源市场和境内客源市场均呈现连年递增的趋势，境外客源市场的比重基本稳定在1.2%~2.4%之间，但是伴随着境内旅游及黄金周的发展，境内旅游人数不断增长，导致境外游客增长的比重呈现下降的趋势。从总体上来看，哈尔滨冰雪旅游客源市场，98%由境内游客为主，境外客源仅占2%左右。[69]

表6-5 2000—2010年哈尔滨冰雪旅游境外游客、境内游客构成

年份	境外人数(万人次)	境内人数(万人次)	合计(万人次)	境外游客比重(%)
2000	3.8	157	160.8	2.36
2001	4.8	244.8	249.6	1.92
2002	5.23	386	391.23	1.34
2003	6.93	577.92	584.85	1.18
2004	7.37	618.93	626.3	1.18
2005	8.03	650.34	658.37	1.22
2006	8.37	710.65	719.02	1.16
2007	8.48	762.16	770.64	1.11
2008	9.54	877.20	886.49	1.08
2009	10.06	1104.46	1114.52	0.90
2010	6.95	1195.7	1202.65	0.58

资料来源：2000—2010年哈尔滨市的统计数据、国民经济和社会发展统计数据。

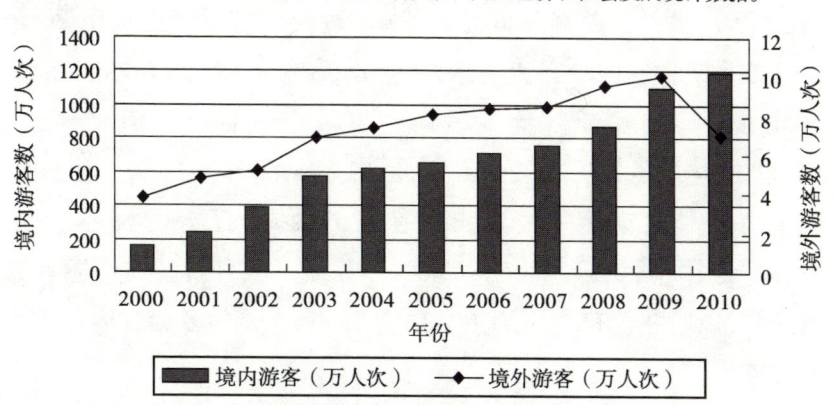

图6-8 2000—2010年哈尔滨冰雪旅游境内游客、境外游客情况

6.2.3.2 旅游客源市场空间分布

1. 境外客源市场

境外客源市场主要以中国港澳台地区及相邻的俄罗斯和东北亚的日本和韩国客人为主，也有东南亚及欧美的游客，合计约占游客总人数的2%。

中国港澳台地区以及东南亚是哈尔滨冰雪旅游重要的一级境外旅游客源市场，游客重游率较高，约占20%的比例；俄罗斯、日本、韩国客源市场，所占比例分别为30%、20%和20%，尤其是在大部分境外市场出现负增长的时候，仍然保持着20%以上的良好增长态势。近几年，韩国客源市场的增幅更高达50%以上。洲际市场包括欧洲（西欧、北欧）、北美和大洋洲等的国家，如欧洲的瑞典、荷兰、西班牙，大洋洲的新西兰以及非洲等，游客比例不足10%。

境外游客一般具有逗留时间长、出游次数多、出游决定快的特点。特别是作为哈尔滨重要境外客源市场的俄、日、韩，游客是以消遣观光旅游为主，倾向单独旅行、夫妇同行或参加小团体，其人均可支配收入水平高、人均消费水平和平均停留人天数明显高于境内客源，因此应积极拓展其发展空间。

2. 境内客源市场

根据2010年春节旅游黄金周抽样调查，同时结合哈尔滨旅游业发展现状来看，过夜游客51.8万人次，占游客总数的21.4%，一日游游客190.4万人次，占游客总数的78.6%。过夜游客的情况可由图6-9所示，以黑龙江省省内游客为主体，约为50.9%，其次约有33.5%的游客来自北方各省，主要客源地是辽宁、山东、吉林、河北、北京；29.5%来自南方各省，主要客源地是广东、江苏、广西、海南、浙江、上海。外省游客主要来自广东（6.0%）、辽宁（4.6%）、山东（4.1%）、吉林（3.0%）、北京（3.0%）等地。一日游游客占游客总数的78.6%，以哈尔滨市市民为主，约占58.4%，其他多为省内及市内周边地区游客。

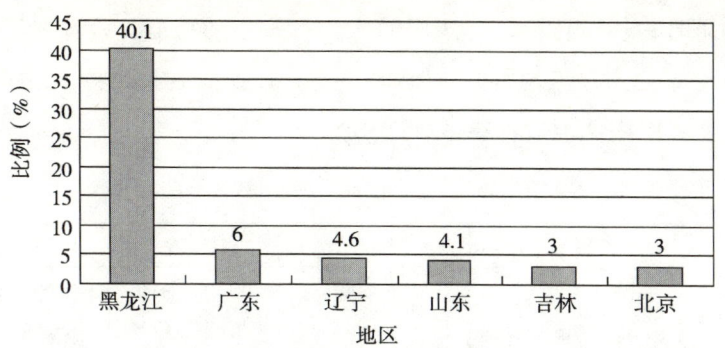

图6-9　2010年春节黄金周哈尔滨过夜游客主要境内市场构成

从总体来看，哈尔滨冰雪旅游的境内客源以黑龙江省内居民为主体，占60%~70%，特别是大庆、齐齐哈尔、伊春、佳木斯等经济条件较好的城镇居民游人比例最高；来自黑龙江省周边市场如长春、沈阳的游人约占15%，以城市居民为主；来自沿海经济发达地区的游人约占10%；中西部地区游人约占5%。其中境内一日游旅游客源有近一半是本市的游客；过夜游客中主要来自北方各经济发达省份，如辽宁、吉林、山东、河北、北京、天津等，其次来自南方各省，如广东、浙江、上海、江苏、海南等地。

6.2.3.3 旅游客源市场特征分析

2010年春节期间，哈尔滨某旅行社对哈尔滨境内客源市场进行了抽样调查，通过3个途径发放问卷：①委托旅行社工作人员，向旅游团发问卷；②通过宾馆工作人员，以住在宾馆的一些散客作为调查对象；③在各大景点进行实地调查，并下发问卷。发放问卷300份，收回有效问卷256份，回收率为85.33%。因是春节期间，游客以家庭旅游为最多，很多家庭只填1份问卷，因此实际人数超过了问卷数。问卷由封闭性题目和选择性题目组成。

1. 游客背景特征分析

通过对问卷的统计，整理出哈尔滨冰雪旅游游客背景特征简表，如表6-6、图6-10、6-11所示。经分析：来哈尔滨的游客中57.9%为男性，女性只占到42.1%，男性多于女性；游客的文化程度以中高学历为主体，受教育程度较高；年龄段主要集中在15~44之间，占74.1%，其他年龄段的游客占一定比例，呈现中间大、两头小的特征，游客在年龄构成上以中青年为主；人均月收入在1000~2000之间的占56.4%。由此可知，旅游消费者中中低消费者居多。

表6-6 哈尔滨冰雪旅游游客（境内）背景特征简表

特征识别项	性别		人均月收入（元）					
	男	女	<500	500~999	1000~1499	1500~1999	2000~2499	>2500
比例（%）	57.9	42.1	2.4	19.1	28.9	27.5	11.3	10.8
特征识别项	文化程度			年龄（岁）				
	高中或中专	大专或本科	研究生以上	<14	15-24	25-44	45-64	>65
比例（%）	29.7	50.5	18.8	1.4	28.3	45.8	22.7	1.8

资料来源：2010年春节黄金周问卷调查分析统计。

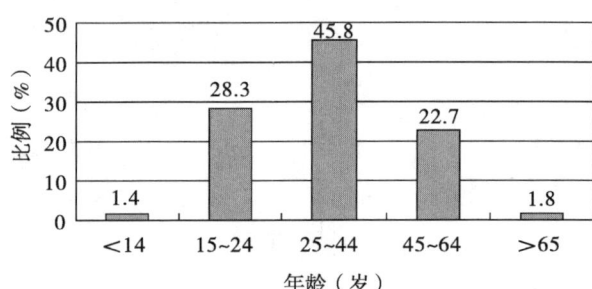

图6-10 哈尔滨冰雪旅游游客（境内）年龄比例

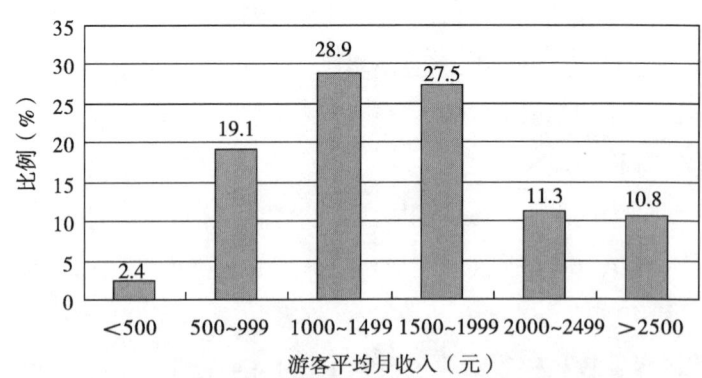

图6-11 哈尔滨冰雪旅游游客（境内）平均收入比例

2. 游客类型与逗留时间

如图6-12、6-13所示，来哈的境内游客中，过夜游客与一日游游客的比例约为1∶2.4，与全国情况相近。一日游游客的花费占境内旅游收入的比重呈偏低的趋势，仅为27.71%，但旅游人数却高达70.7%。相反，过夜游客的人均支出较高为848.31元/人.天，过夜游客人数约占29.3%，但其旅游收入的份额高达72.29%。游客平均停留天数为2.43天，仅停留1天的游客占70.9%。拿滑雪旅游来说，到滑雪场游玩的游客都以本地人为主，占七八成左右，而外地人偏少。本地人的消费水平与外地人比相差很多，有不少人开车去，当天就回来了。旅游六要素"吃、住、行、游、购、娱"中只在"吃""行""娱"方面消费了，而在住、游、购等方面消费几乎为零，这自然大大影响旅游收入。

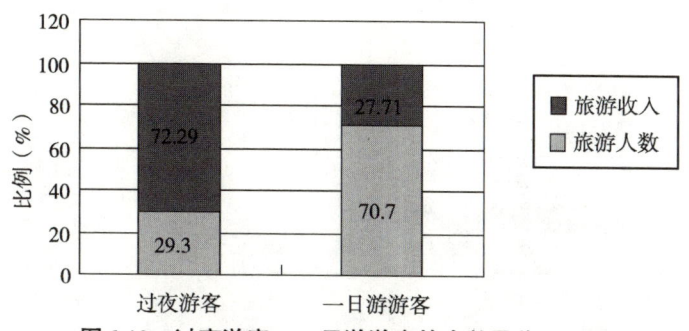

图6-12　过夜游客、一日游游客的人数及收入比例

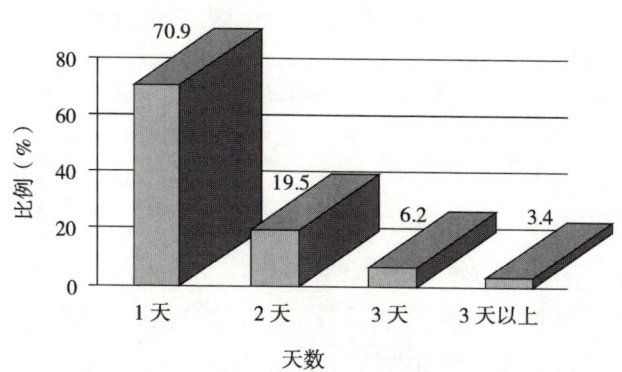

图6-13　游客平均停留天数比例

3. 旅游目的与方式

本次调查集中在春节期间，游客的旅游目的比较集中，如图6-14所示，有57.9%的游客此次旅游的目的是观光旅游、休闲度假，占有绝对优势；再次是探亲访友，体育健身，商务、会议旅游；且历年客源分布基本趋于稳定。以上，从一个侧反映出哈尔滨冰雪旅游资源独具特色，专程前往观光旅游、休闲度假和体育健身的游客较多。

旅游方式日趋多样化。团队和散客各占近一半，游客中有45.4%是参加旅行社组团旅游，11.6%为自驾车旅游，52.2%采取家庭旅游、结伴同行的散客方式。在过夜游客中，有16.27%不住在宾馆和旅行社招待所。随着市场经济的发展，社会生活的进步，过去春节期间在家团聚的局面已被打破，很多游客带着家人利用春节的长假，全家一起出门旅游，已成为工薪阶层提高生活质量的主要方式之一。

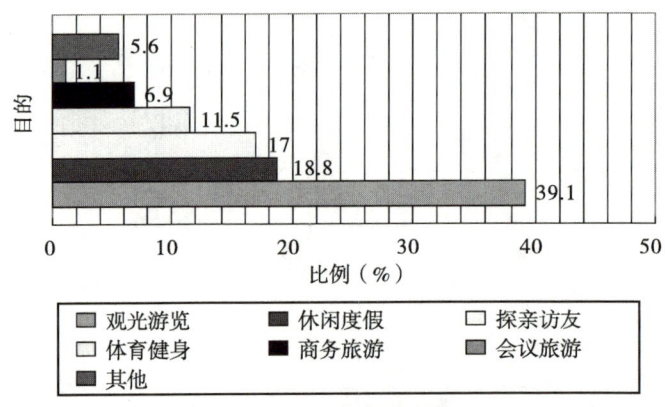

图6-14　游客旅游目的构成

4. 对冰雪旅游资源的偏好

在哈尔滨众多的旅游景点中，以冰灯、雪雕、滑雪项目组成的冰雪观赏艺术博得了外地游客的一致喝彩，尤其是冰雪大世界，被游客们公认为是值得细品慢看的独特景观。在游客参加的冰雪项目和喜欢的冰雪项目的调查中，提供了北方特色的冰雪项目10项，采用多选的形式，通过调查我们发现，有29%的游客选择不参加冰雪运动，在参加运动的游客中，43%只参加一项冰雪运动，57%的游客参与多项冰雪运动。

如图6-15所示，2005年、2006年，太阳岛风景区、冰雪大世界、兆麟公园等冰雪艺术项目，亚布力、二龙山旅游度假区等冰雪运动项目的游客人数占到总数的85%以上，而反映哈尔滨历史文化、建筑文化及社会发展成果的其他资源项的游客人数只占到15%以内。由此看出，游客对历史文化、建筑等旅游产品缺乏市场需求。如何使冰雪项目多样化，多开发游客喜闻乐见的民间冰雪项目，使大家在游玩中与冰雪产生互动，是提升冰雪旅游进一步升温的课题。

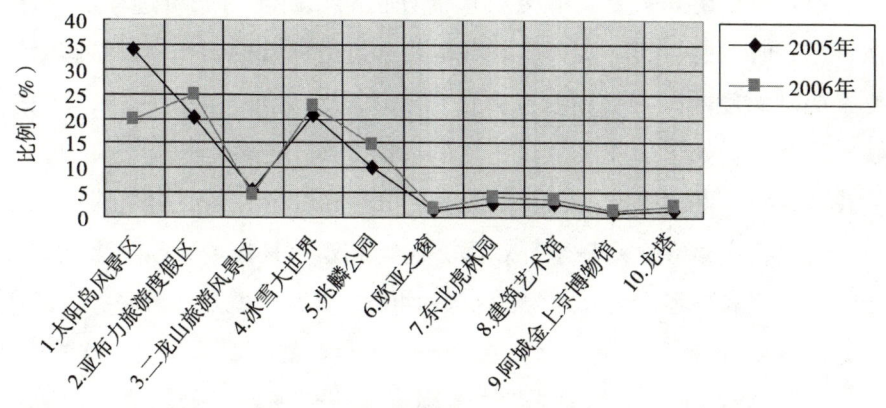

图6-15　2005年、2006年游客十大旅游景点偏好

5. 游客消费满意度的评价

（1）对城市风貌的评价。哈尔滨的旅游环境得到了游客的普遍充分肯定，其评价分析如图6-16所示。很多游客对北方的寒冷还不适应，但认为北国冰城很美，对哈尔滨冬季独具特色的白雪、冰雕、树挂等特有的风光赞不绝口。但游客认为道路环境较差、路窄车多、堵车、城市卫生不好、商店关门太早、晚上城市不亮，满意度不高，仍有7.7%、1.4%的游客选择了较差、非常差。从中可以看出，要让所有游客都感到满意或物超所值，并不是一件十分容易的事，"促进可持续发展"将始终是旅游业的追求目标。

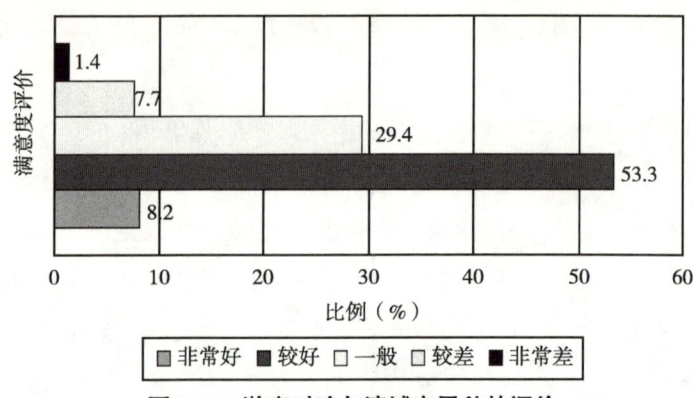

图6-16　游客对哈尔滨城市风貌的评价

（2）对旅游六大要素服务质量的评价。在游客对旅游过程中"食、宿、行、游、购、娱"六大旅游基本要素进行评价的调查中，游客对六要素的满意度的排列顺序依次为住宿、饮食、交通、导游服务、游览、娱乐、购物。如图6-17所示。在住宿选择方面，游客首选星级宾馆，这使我市在春节期间一些二、三星级酒店入住率始终保持百分之百，四星级以上星级宾馆客房几乎全部爆满。购物和娱乐是被调研项中满意度最低的，满意的游客比例分别为37.0%和40.3%；其次就是导游服务，满意度为56.9%，若继续如此，将失去部分游客。购物、娱乐和服务这3个方面的不足，影响了哈尔滨旅游总体满意度，也损害了哈尔滨的旅游形象。因而需要加强购物和娱乐设施建设，提高旅游服务人员素质，这是我们创立冰雪旅游品牌的关键所在。

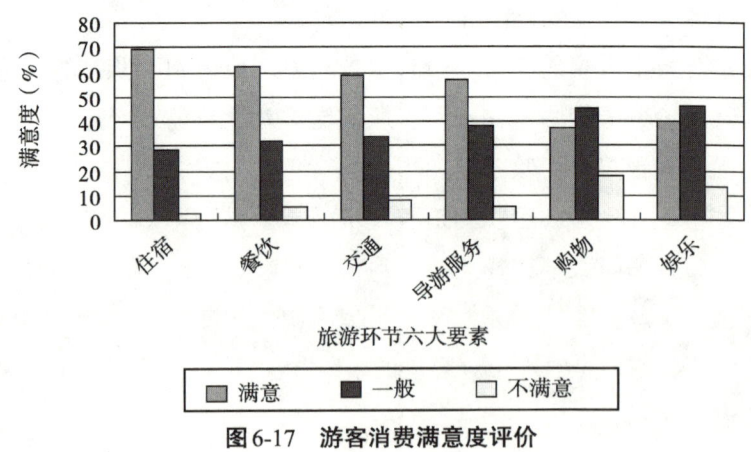

图6-17　游客消费满意度评价

6. 旅游的信息来源

通过问卷调查统计，了解到外地游客获得冰雪旅游信息的渠道，如图6-18所示，排在第1位的是旅行社，亲朋介绍排在第2位占到20%多，是游客出游时最重要的信息来源之一，报纸杂志排在第3位占16.4%，作为发展速度最快的互联网排在第4位占15.9%，广播电视排在第5位占8.1%，这说明一方面我们的宣传促销应注重旅行社这个窗口及口碑营销的重要媒介作用；另一方面，应通过增强互联网、报纸杂志、电视等视觉渠道的宣传力度，这样可以使游客通过视觉更加了解哈尔滨。

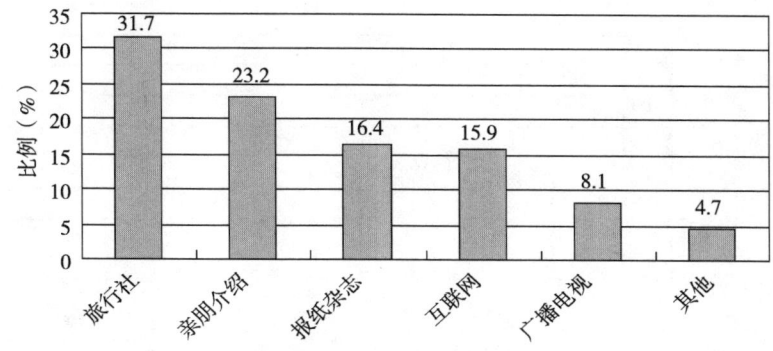

图6-18 游客旅游信息来源

7. 游客的消费水平和结构

旅游部门调查显示，当前我国境内游客消费正呈现多层次化的特点，虽然豪华型旅游消费人数不断增加，但普通经济型旅游消费的人数仍占绝大多数，高、中、低档旅游消费的比例大致是1∶5∶4；随着收入水平的提高，境内游客的消费水平也在进一步提高，但以上档次比例变化不大；绝大多数境内游客仍希望花有限的钱和时间，享受到经济实惠、安全卫生的旅游服务。因此，哈尔滨冰雪旅游消费档次以普通经济型消费为主，以豪华高档为辅，给予普通大众都能接受的高质量、高标准、中低价位的产品和服务作为旅游业发展的方向。

一般来说，游客的消费可分为：基础消费、主动消费和随机消费三大部分。基础消费是指游客花费在交通、住宿、餐饮等方面的旅游日常性消费；主动消费是指游客参观景点、游玩娱乐、文体交流而花费的费用；随机消费是指旅游过程中，游客随机购物、品尝风味饮食及其他额外开支。据统计资料显示，目前来哈尔滨的境内游客人均次消费约450元人民币，境外游客人均次消费350美元，如图6-19所示。各项支出比例如下：交通占39.2%，购物占18.4%，住宿占16.3%，门票娱乐占13.1%，餐饮占9.2%，其他占3.8%。交通、住宿、餐饮等基础消费占总消费的64.7%，而旅游商品和娱乐等主动消费和随机消费占35.3%，消费结构略显失衡。说明旅游商品生产和文化游乐项目的建设滞后，亟待解决，游客的消费意识有待增强。

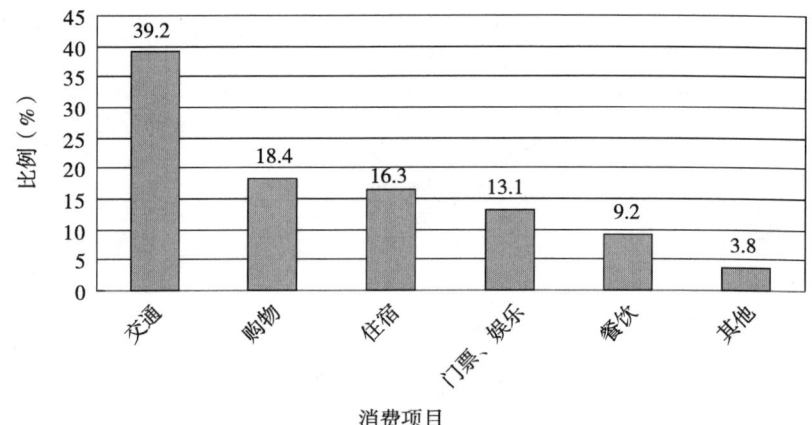

图6-19 游客各项消费支出比例

6.2.3.4 旅游客源市场定位与拓展

"定位"是一种理念的表达，是消费者理念、感知的凝固，是旅游区发展的关键环节。所谓旅游市场定位，就是指根据哈尔滨冰雪旅游资源特点、区位条件和市场现状，确定目标市场与市场的范围。结合表6-7的分析认为，哈尔滨冰雪旅游客源市场的总体定位应是：以境内市场为主，境外市场为辅，境内市场是哈尔滨冰雪旅游的主体和基础。因此，哈尔滨应大力发展境内旅游，为接待更多的入境游客奠定基础，积极拓展境外游客，以提高接待境外游客的质量和创汇。

第6章 黑龙江冰雪旅游产业篇——以"冰城"哈尔滨为例

表6-7 哈尔滨冰雪旅游客源市场分类特征表

		消费水平	停留时间	重游率	受市场影响
境内	省内客源市场	较低	较短	高	较小
	省外客源市场	较高	较短	较低	较大
境外客源市场		高	长	低	很大

1. 大力发展境内客源市场

根据各省市来哈尔滨的游客的规模和所占比重，哈尔滨境内客源市场分为三个层次范围：

（1）一级基础客源市场：已得到较好的开发。主要以哈尔滨市内、黑龙江省内地区城镇居民为主体。市内近地游客比例最高，约占30%；以哈尔滨占明显优势，占58%；此外省内铁路沿线其他一些经济发展水平较高的城市和地区游客较多，如黑河、北安、齐齐哈尔、牡丹江、佳木斯、大庆、双鸭山、鹤岗、七台河、嫩江、双城市等城市以及巴彦、木兰和通河等其他一些周边城镇居民，约占总人数的35%，以近距离短程游为主。因此，充分挖掘本地市场，利用本地资源，吸收本地资金，是哈尔滨冰雪旅游客源市场向外扩张的基础。

（2）二级互换发展客源市场：已得到初步开发。主要以吉林、辽宁东北二省及京、津、冀、内蒙古等北方地区的城市居民为主体，这些地区虽然经济水平不如沿海发达地区，但人口密集，居民收入水平较高，外出游客量大，更重要的是与哈尔滨市之间具有一定的地缘、人缘及经济联系，距离近，交通便捷，旅游消费水平低，客源市场已得到初步开发，是哈尔滨冰雪旅游客源的第二辐射区，也是最主要的旅游客源地。

（3）三级重点开发客源市场：亟待开发的潜力市场。国内南方地区，以东南沿海及东部沿海一些经济发达地区客源为主体。与全国其他地区比较，这些省份的居民收入水平和文化层次相对较高，在国内具有最强的出游能力，不仅出游率高，而且旅游的便捷性好，出游范围大，旅游的需求性也强。作为国内先富起来的地区，如果开发得当，应当可以转变成为哈尔滨冰雪旅游可持续发展的第三级辐射区，最重要的目标市场之一。

（4）四级机会客源市场：待开发市场。其他省份的分散性市场，目前主要集中分布在其他省区的各大中城市，虽然市场密度不大，但地域范围广阔，人口规模大，整体的客源市场也是较大的。

总体看，目前哈尔滨冰雪旅游境内客源市场前景广阔，旅游人数稳步增长，有组织的团队旅游逐渐增多，但境内市场总体比重过大，约占游客总量的98%；境内市场上，省内客源的比重偏大，约占总量的60%~70%；这样的客源结构反映出，哈尔滨现有的市场层次基本是大众消费层，产品层次基本是观光旅游型，中近程游客所占比例较高，旅游消费水平较低，远程旅游市场已有启动迹象，但尚有较大的开发潜力和空间，需作为主要的目标市场，进一步大力的发展。

2. 积极拓展境外客源市场

以俄罗斯、日本、韩国、东南亚各国及中国港澳台地区为重点。境外客源市场包括以下3级。

（1）一级客源市场：俄罗斯、日本、韩国是哈尔滨最稳定的国际客源市场。

已开发市场。俄罗斯一直以来，以致未来相当长时期内是哈尔滨最重要的国际客源市场。一方面因为黑河为对俄开放口岸，过境到中国购物而顺路到哈尔滨旅游的俄罗斯游客占哈尔滨国际旅游客源的主体，比例达到60%，另一方面两地巨大的环境、文化背景反差以及游客对哈尔滨特有的冰雪自然景观和欧式文化风情方面的浓厚兴趣所致。日本是我国国际旅游第一大客源地，与哈尔滨有着一定的历史渊源。韩国作为新兴的旅游市场，境内居住着近万名朝鲜族，再加上距离近，旅行交通费用低，在哈尔滨的国际客源国中也名列前茅。虽然受经济衰退影响制约了其国民的出游能力，但随着"韩国年"等冰雪旅游主题的开发和运行，从近两年统计数据来看，日、韩两国来华游客分别比上年增长10.2%和13.6%，显示出具有较强的市场潜力，是哈尔滨旅游业可持续发展的主要国际目标市场之一，应着重开辟。

（2）二级客源市场：中国港澳台地区及东南亚各国旅游市场。

初步开发市场。哈尔滨特有的冰雪自然景观、人文历史文化与该地区的热带景观存在着巨大反差，构成了中国港澳台地区、新加坡、泰国、菲律宾等地区和国家游客前来哈尔滨进行冰雪旅游的主要动力。同时，本地区主要为境外华人市场，与中国大陆有着相同的文化背景但不同的文化表象，有利于形成旅游的吸引力。

（3）三级客源市场：主要是指北美、西欧及其他零星国际客源市场。

待开发市场。美国、德国、澳大利亚等国是世界上最大的旅游客源市场，经济发展水平高，带薪休假时间长，旅游意识强，崇尚自然与个性化，对度假休闲类及特种旅游等小容量旅游产品的需求较大，是哈尔滨冰雪旅游市场未来应开发的主要目标市场。

从哈尔滨冰雪旅游目标市场的定位分析看出，哈尔滨冰雪旅游有占绝对优势、需求潜力巨大的境内客源市场和比较广阔的境外客源市场。境内游客以本省游客为主，其他省市客源为辅。这反映出哈尔滨冰雪旅游市场实际上还仅是一个地区性旅游市场，有十分巨大的市场潜力和发展空间。开发中应遵循大力开发一级客源市场，努力拓展二级客源市场，积极引导三级客源市场的原则。

本章首先对哈尔滨冰雪旅游市场的发展现状作了客观的分析，认为冰雪旅游市场总体呈现稳步增长的趋势；然后对哈尔滨冰雪旅游市场进行SWOT分析，指出哈尔滨冰雪旅游产业目前外部机遇大于威胁，内部优势大于劣势，应采取可持续发展型战略；同时对哈尔滨冰雪旅游客源市场的空间分布和旅游客源市场特征进行了分析；最后，根据以上分析，得出哈尔滨冰雪旅游客源市场的总体定位思路是：以境内市场为主，入境市场为辅，在保证境内客源市场稳定、协调发展的基础上，逐步实现由区域型向全国型和国际型转变。

6.3 哈尔滨冰雪旅游市场需求的相关预测分析

6.3.1 哈尔滨冰雪旅游市场需求影响因素分析

旅游需求是游客对旅游产品的需求。作为市场研究的主要内容之一，市场需求总量不断变化，制约和影响旅游市场需求变化的因素错综复杂，因此，旅游需求的产生是一个涉及面相当广泛的问题。它不仅关系到企业、产品、营销等方面的问题，更主要的是与人口、购买力水平和购买意愿有着密不可分的关系。根据旅游市场学的研究，影响旅游需求的因素一般涉及客源地、目的地和游客自身等方面的诸多因素。涉及客源地方面的主要是政治、社会、经济、文化等因素，如人口规模、个人可支配收入、带薪休假、年龄、职业、文化构成、就业率、城市化程度等。其中人口及经济收入是最主要的因素，从而构成了客源地的潜在市场量。涉及目的地方面的主要是旅游资源的吸引力、供给形象、距离、旅游价格、货币利率、国际及地区间交通费等。这两方面的因素中，既包括积极的因素，也包括消极的因素，它们共同作用，影响着客源地对目的地的旅游需求。

6.3.1.1 经济发展状况因素

旅游产业是国民经济发展状况的标志。旅游消费不属于人们的基本生活消费，它是社会经济实力、人们收入水平发展到一定阶段的产物。从经济方面看，居民经济条件是影响旅游发展的重要条件，特别是在我国当前个人经济条件还不太宽裕，人均居民GDP还不太高的现实状况下，居民要出游首先考虑到的是自己的经济状况。因此，经济的发展状况是影响哈尔滨冰雪旅游市场需求最为重要的因素。衡量经济条件的指标包括居民的人均收入、居民的人均GDP和GDP总量。

据旅游经济学研究成果表明：人均年国民收入达到400美元，才会萌发国内旅游的愿望并具备必须的经济条件。经济条件是影响旅游发展的重要因素。据国家统计局发表的统计公报显示，2001年我国人均GDP为800美元，2003年我国人均GDP首次突破1000美元，达1090美元，而2006年人均GDP为15931人民币，接近2000美元。由消费经济学理论，当人均GDP达1000美元时，居民消费结构将从生存型向享受、发展型转变；而消费结构的升级将促进经济结构和社会结构的转变。国际经验表明，人均GDP达1000美元、3000美元为居民消费结构发生转变的

第6章 黑龙江冰雪旅游产业篇——以"冰城"哈尔滨为例

临界点。随着人均收入的提高,居民用于吃、穿的费用占总消费支出的比例明显下降,而用于住、行和文化娱乐等的消费支出比例总体显著上升。[70]

从21世纪开始,中国将进入实现现代化的第三步战略步骤。到2020年,中国将全面实现工业化,经济总量向世界前列攀升,进入中等发达国家水平,部分地区率先基本实现现代化。这将为旅游产业跳跃式发展创造坚实的经济基础和良好的社会环境。随着经济总量的增长,人们生活水平的改善,可支配假期和收入的增加,必将推动中国旅游产业总量的迅速扩大。

哈尔滨市是黑龙江省省会,中国东北北部地区的政治、经济、科技、文化和交通中心。改革开放以来,城市建设步伐加快,社会面貌日新月异,经济实力不断增强。如表6-8可以看出,随着中国经济的迅猛发展,哈尔滨城市居民的人均GDP和可支配收入,均呈现线性增长的明显趋势。特别是,自2000年以来,哈尔滨城市居民人均GDP已超过1000美元,从"恩格尔"系数的角度看,当地居民有足够的余钱参与旅游,进行高档次的文化享受,具备产生国内旅游的经济条件,而且随着人均GDP和可支配收入分别以年均11.5%、12.3%的速度逐年稳步递增,在经济因素的影响下,哈尔滨市市民外出参加冰雪旅游的趋势必将越来越显著,由此形成的一级基础客源市场需求规模也必将越来越大,哈尔滨冰雪旅游将呈现更大飞跃。

表6-8 哈尔滨城镇居民人均可支配收入

年份	城镇居民人均可支配收入(元)	年份	城镇居民人均可支配收入(元)
2000	6280	2006	11759
2001	6860	2007	13786
2002	7703	2008	15781
2003	8472	2009	17175
2004	9422	2010	19109
2005	10493		

6.3.1.2 闲暇时间因素

闲暇时间与旅游需求的密切关系体现在：其一，闲暇时间是旅游需求产生的重要条件，短暂而有限的时间，在整个消费活动中起着较其他商品更重要的约束作用；其二，闲暇时间是旅游消费活动的组成部分，闲暇时间的私有化和商品化是旅游经济得以形成的重要条件。周末双休日的增加、旅游黄金周的出现、带薪休假的即将到来，极大地刺激了哈尔滨冰雪旅游市场的需求，给中程、短程，甚至是远程旅游市场的发展提供了上升的广阔空间，地方性和区域性的冰雪旅游活动持续升温。每年1月5日"哈尔滨冰雪节"当天，就有大量的哈尔滨市民纷纷走进冰雪天地，形成可观的一日游旅游市场。元旦、春节黄金周假期，又使许多省外游客赴哈尔滨旅游变成现实。另外，中国人口的老龄化，使越来越多不乏时间的退休老人们加入到了"夕阳红"的旅游行列中来。可见，闲暇时间是影响哈尔滨冰雪旅游需求不可缺少的重要因素。

6.3.1.3 人口因素

人口分析是市场分析的重要基础和依据，人口规模决定了市场需求总量的大小。通过对劳动人口、消费人口的数量、质量、性别、年龄、城乡、职业、民族、家庭规模、文化水平以及社会阶层等人口结构和人口分布等特征的人口经济分析，从市场的规模和潜力分析入手，来准确把握市场需求的不断变化和趋势，做出科学的市场预测和市场评估，确定准确的市场方位，制定有效的市场营销策略，获得最大的经济效益。

旅游活动是一种融精神与物质消费于一体的高消费活动。从人口结构和特征分析可知，城乡人口对于旅游的意识差异很大。城镇人口由于经济状况、受教育的程度、职业等因素的影响，其旅游的习惯和意识大体上是农村人口的10倍。因此，在分析影响旅游需求的因素中，主要以城镇人口为分析的重点。

在人口条件方面，要形成一定规模的旅游市场，必须要以一定数量的人口作为基础。由图6-20、图6-21可以看出，前几年哈尔滨人口情况没有太明显的增幅变化，总人口始终保持在300万左右，但近3年的增长,直接反映出线性特点与旅游需求之间的明显因果关系。而且,最可观的是,中国是世界第一人口大国,现今人口已超过13亿,巨大的城镇人口数量呈现逐年直线增长的趋势,庞大的人口规模,足以构成促进哈尔滨市冰雪旅游市场规模发展的有利条件,这将成为哈尔滨市旅游市场规模可持续发展的基础和动力。

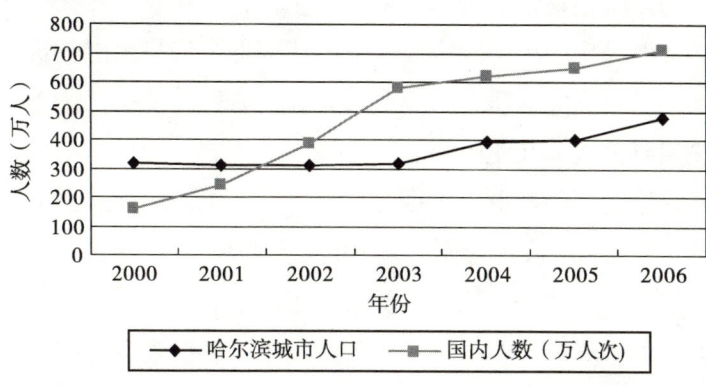

图6-20 2000—2006年哈尔滨城市人口与国内旅游人数统计

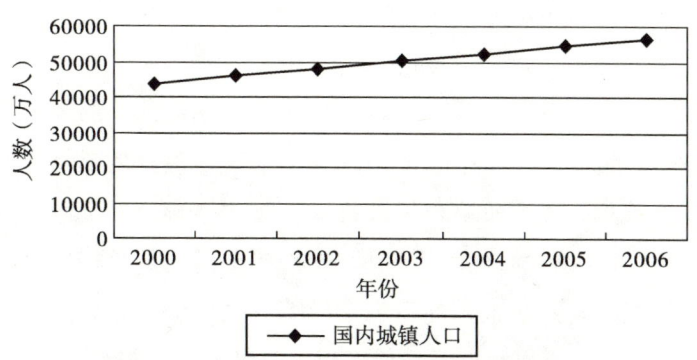

图6-21 2000—2006年国内城镇人口增长趋势统计

6.3.1.4 旅游价格因素

经济因素影响成本、价格、旅游资源的可供性、制作旅游产品的能力,进而直接影响着旅游需求。游客的旅游支付能力除了取决于他的可支配收入外,还取决于旅游目的地旅游产品的价格。实际可自由支配收入的水平将决定旅游需求量,相对价格则会影响人们对旅游目的地的选择。当某目的地的旅游价格上涨时，人们将倾向于选择其他的旅游目的地，从而对该地旅游产品的需求量就会下降；反之，当旅游价格下跌时，旅游需求量则会上升。旅游需求量与旅游价格呈现出一种负相关关系。[71]

哈尔滨地处东北老工业基地中心，经济发展相对于南方和沿海城市还有一定的差距，物价水平总体偏低。因此，在住宿、餐饮、导游、购物、内部交通等旅游产品和服务上的定价较低，使得旅游包价产品的总价格具有一定的下降空间，而吸引着省外的游客。但是，由于哈尔滨的地理位置相对偏远，又使得国内南方城市的游客，因昂贵的交通费用而另外选择其他的旅游城市。可见，外部进入哈尔滨的交通费用过高成为制约省外游客来哈尔滨进行冰雪旅游的一个瓶颈。

哈尔滨部分旅游景点的门票价格，相对于国内其他著名景点的价格而言显得有些偏高。目前，哈尔滨冰雪旅游标志性景点之一的冰雪大世界，由于施工、经营成本等问题而将门票翻了几番，这对于哈尔滨当地的市民来说，一家3口去一趟，光门票要将近1000元，应该是个不小的数字。其结果是，高价格的旅游景点，可能会令土生土长的当地人打消旅游欲望，而失去一部分客源。滑雪旅游是哈尔滨冰雪旅游的新兴和主打产品之一，近年来由于哈尔滨市加大了对滑雪运动的支持力度，新建滑雪场越来越多，滑雪价格也一降再降。过去被称为"贵族"运动的滑雪，现在已为广大普通市民所接受。然而单单滑雪的价格还可以，可是如果加上与之配套的吃饭、住宿、请教练等费用就显得偏高了一些。仅一个游客消费下来也得数百元，使得很多工薪族望而却步。

6.3.1.5 距离因素

潜在游客在选择去哪旅游时，大都会考虑距离因素。一般情况下，距离和人们的实际出游行为呈负相关，即遵循"距离衰减定律"。游客对客源地与旅游目地之间的距离认知，不仅包括时间和空间上的感知距离，还包括实际消费上的经济距离以及主观感知上的文化距离。

哈尔滨是位于中国最北端、纬度最高的省会城市，除距离北部兄弟省市比较近外，与内陆、东部沿海、南部、西部的许多城市及东南亚等境外地区，都存在着很大的空间距离。如哈尔滨距离南方城市广州3000多千米，游客来哈尔滨一趟，要想解决客观存在的空间距离问题，要么乘坐飞机以支付昂贵的交通费用，接受经济距离，以求缩短时间距离；要么就得承担付出宝贵时间、精力和体力的代价，违背了"旅速游缓"的意愿。无论是巨大的货币成本还是时间成本、精神成本，都应属于较昂贵的支出，不难想象会有多少游客另辟新路，最终选择距离较近的地方作为自己的旅游目的地。随着社会经济和科学技术的不断发展，充裕的闲暇时间，足够的个人可支配收入，合理的交通费用和便捷、安全的交通条件，在一定程度上会化解时空距离和经济距离的障碍。但在一段时间内，强大的距离负效应，客观上仍是影响较远地区游客进入哈尔滨的一大因素，形成一道有形的屏障。

距离因素的另一个影响是形成文化距离，它表现为客源地与目的地之间的文化差异程度，主要包括文化、经济、社会、自然风貌以及人们观念、行为、思想、宗教习俗、语言、生活习惯等方面的差异及其大小程度。一方面，文化距离可能使人产生不安和恐惧，成为旅游行动的阻碍；更重要的是，文化距离可以满足人们的好奇心，增加吸引力，构成旅游行为的推动力量。哈尔滨作为著名的历史文化名城，拥有中西合璧的建筑艺术和古文化遗址，深受西方影响的饮食文化和服饰文化，独具特色"东北地方菜"、二人转、大秧歌和龙江剧，风格迥异的少数民族风情、热情的民风，主题鲜明的"冰雪节""哈夏音乐会"等文化节庆精品，具有文化内涵丰富和浓厚的地方特色，深深的吸引着不同地域的游客。文化距离形成的吸引力，在一定程度起到了弥补时空距离和经济距离的作用，促进了游客的旅游需求。

6.3.1.6 旅游目的地的吸引力因素

如果旅游目的地没有具有吸引力的旅游资源，没有一定数量和品类齐全的旅游产品，不能提供必要的食宿及娱乐条件，则旅游需要也不可能产生。旅游目的地的形象与吸引力同旅游产品的特殊属性、特色、知名度成正相关，与游客到资源地的交通距离成负相关。哈尔滨独具特色的冰雪旅游产品和名扬国内外的高知名度，吸引着众多南方客人，集艺术观赏性与参与刺激性于一体、融自然天成与人工雕琢于一身的冰雪旅游资源吸引着游人，在众多的冰雪娱乐场所中，选择他们喜爱的滑冰、滑雪、冬泳、观冰灯、观雪雕等冰雪项目。而且旅游产品品类丰富，能较好地满足不同层次、不同类型游客的需要，对人们的旅游动机也起到激励作用。

6.3.1.7 其他因素

包括自然状况因素、事件、游客的个人因素和心理动机因素等。

1. 自然状况

哈尔滨独特的冰雪旅游景观是在寒冷的自然环境中孕育出来的，然而伴随着厄尔尼诺现象，出现了气候转暖、温度偏高、积雪不多、冰冻期明显缩短的不利因素，使哈尔滨的冰雪旅游景观的游览观赏效果下降，游客可进入期减少，影响和制约了游客旅游需求的产生。

2. 事件

无论是积极事件还是消极事件，它的发生都可能会对游客的旅游需求产生一定的影响。1996年亚冬会的成功举办，特别是2009年世界大学生冬运会的申办成功，进一步提高了黑龙江省、哈尔滨市的知名度和国际影响力，为更多的国内外游客认识哈尔滨、走进哈尔滨搭建了一个平台，更好地满足冰雪体育游客的需求。同时，消极事件会对游客的旅游需求产生不利影响。如图6-22所示，从近几年哈尔滨市黄金周冰雪旅游人数统计可以看出，2005年11月份发生的松花江水污染事件，使当年哈尔滨冰雪旅游人数递增的幅度仅为15.86%，低于相邻几个年份的递增比率，说明了环境污染、自然灾害或社会政治等方面的消极事件都将影响游客的需求。

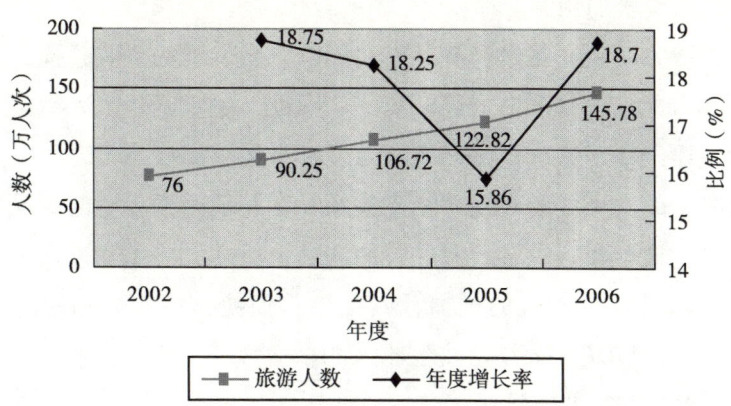

图6-22 2002—2006年黄金周哈尔滨冰雪旅游人数与年度增长率

3. 游客个人因素和心理动机因素

游客的个人因素包括他的年龄、职业、社会地位、受教育程度、生活方式、性格、爱好、兴趣、态度等，而这些因素又会对旅游动机的产生有影响作用。社会地位越高、生活节奏越紧张、受教育程度越高，对旅游的态度与期望值就会越高，就越有可能产生旅游的动机。哈尔滨的冰雪自然景观为现代人寻求放松、缓解紧张生活和工作压力，回归大自然提供了很好的选择。冰城哈尔滨的冰雪旅游景观激发了游客的旅游动机，满足了游客的旅游需求和愿望。

6.3.2 哈尔滨冰雪旅游国内旅游人数相关影响因素的分析与预测

6.3.2.1 国内旅游人数影响因素的相关性分析与变量选择

基于以上分析，在影响哈尔滨冰雪旅游市场需求的诸多因素中，人口及经济收入是最主要的因素，从而构成了客源地潜在的市场需求量，影响着客源地对目的地的旅游需求。从哈尔滨冰雪旅游客源市场的总体构成来看，98%为国内游客，国外客源仅占2%左右。因此，对哈尔滨冰雪旅游市场需求的研究，选取国内旅游人数作为主要需求分析指标，建立其与主要相关影响因素的定量关系，进而对旅游总人数的未来发展趋势进行较为科学的预测。

从经济方面看，居民经济条件是影响旅游发展的重要条件，居民要出游首先考虑到的是自己的经济状况。因此，决定哈尔滨冰雪旅游市场需求的主要经济因素，即潜在客源是否拥有足够的实际可自由支配收入与旅游愿望的大小之间存在着相互关系。在其他因素不变的情况下，人们的可自由支配收入越多，对旅游的需求也就越大，尤其表现为外出旅游次数或在外旅游天数的增加，其结果是促使旅游人数和旅游收入增长。中国人均GDP和人均可支配收入的高速增长，恰好为哈尔滨冰雪旅游提供了源泉和推动力量。

人口分析是市场分析的重要基础和依据，人口规模决定了市场需求总量的大小。要形成一定规模的旅游市场，必须要以一定数量的人口作为基础。中国是世界第一人口大国，庞大的人口规模和持续增长的趋势，足以构成促进哈尔滨市冰雪旅游市场规模发展的有利条件，成为哈尔滨冰雪旅游市场规模可持续发展的基础和动力。

以上分析表明：人口因素及经济收入因素是最主要的影响因素，从而构成并影响着客源地潜在的市场需求量。同时，旅游需求又在一定程度上受到潜在游客所从事的职业、受教育程度、文化水平等因素的影响，城市人口的旅游意识和出游行为明显高于农村人口。正基于此，选取城镇人口、城镇居民人均可支配收入等可以量化的重要指标，建立与旅游客流规模即旅游人数的相关关系，以便更为准确和科学的反映这两个指标对于哈尔滨冰雪旅游人数的相关关系及其直接影响。下面将利用统计分析工具，建立国内旅游人数与城镇人口和城镇居民人均可支配收入的二元线性回归方程。

6.3.2.2 哈尔滨城市冰雪旅游市场需求影响因素相关性分析与模型建立

1. 变量选择和数据的整理

人口因素及经济收入因素是最主要的影响因素，从而构成并影响着客源地潜在的市场需求量。同时，旅游需求又在一定程度上受到潜在游客所从事的职业、受教育程度、文化水平等因素的影响，城市人口的旅游意识和出游行为明显高于农村人口。基于此，选取城镇人口、城镇居民人均可支配收入等可以量化的重要指标，建立与旅游客流规模即旅游人数的相关关系，以便更为准确和科学的反映这两个指标对于哈尔滨城市冰雪旅游人数的相关关系及其直接影响。根据国家统计局、哈尔滨市统计局2000—2010年的国民经济和社会发展统计公报进行整理，得到原始数据，如表6-9所示。

表6-9 哈尔滨冰雪旅游国内旅游人数及其相关因素

年份	国内人数 y（万人次）	城镇居民人均可支配收入 x_1（元）	城镇人口 x_2（万人）
2000	157.0	6280	45906
2001	244.8	6860	48064
2002	386.0	7703	50212
2003	577.9	8472	52376
2004	618.9	9422	54283
2005	650.3	10493	56157
2006	710.7	11759	57706
2007	783.6	13786	59379
2008	876.9	15781	60667
2009	1104.4	17175	62200
2010	1195.7	19109	66557

2. 相关性分析

由表6-10的原始资料，利用统计分析工具，进行相关性分析，见表6-10所示。从中可以看出，国内旅游人数与城镇居民人均可支配收入和城镇人口之间具有很强的线性相关性，相关系数分别为0.937684和0.971938，均接近于1。并可通过散点图，得到进一步验证，表明国内旅游人数与城镇居民人均可支配收入、城镇人口存在正相关关系，散点图基本集中在一条直线上,说明相关程度较高。由此可建立二元线性回归方程 $y=a+b_1x_1+b_2x_2$ 进行预测。

表6-10 相关系数表

项目	相关系数		
	国内人数	城镇居民人均可支配收入	城镇人口
国内人数	1.000000	0.937684	0.971938
城镇居民人均可支配收入	0.937684	1.000000	0.990564
城镇人口	0.971938	0.990564	1.000000

3. 建立回归模型

通过统计分析工具,输出回归分析数据,得到回归分析结果,如表6-11所示。由此,得到国内旅游人数对城镇居民人均可支配收入和城镇人口的二元回归方程:

$$y = -3751.971 - 0.146033x_1 + 0.109794x_2 \qquad (6\text{-}1)$$

表6-11 国内旅游人数与城镇居民人均可支配收入、城镇人口的回归参数计算和检验结果

回归统计					
线性回归系数	0.989020				
拟合系数	0.978161				
调整后的拟合系数	0.967242				
标准误差	39.06774				
观测值	11				
方差分析					
	自由度	误差平均和	样本数据平均平方和	F统计量的值	P值
回归分析	2	273454.470	136727.235	89.5815103	0.000476919
残差	4	6105.15427	1526.28856		
总计	6	279559.624			

续表

	系数	标准误差	t统计量	P值	下限95%	上限95%
常数项	−3751.971	787.191837	−4.7662724	0.00886428	−5937.565724	−1566.375877
输入 x_1	−0.146033	0.05895476	−2.4770250	0.06842903	−0.309717107	0.017652238
输入 x_2	0.109794	0.02579513	4.25638058	0.0130913	0.038175129	0.181412659

6.3.2.3 哈尔滨城市冰雪旅游市场需求预测

1. 数据来源及说明

根据《中国国民经济和社会发展十一五规划纲要》、国务院办公厅《人口发展"十一五"和2020年规划》,并结合相关历史经验数据,确定城镇居民人均可支配收入、城镇人口发展比率分别按照5%、4.6%的比率递增,得出2011—2014年中国城镇居民人均可支配收入和人口的预测数据如表6-12所示。

表6-12 中国城镇居民人均收入、人口发展预测

年份	城镇居民人均可支配收入（元）	城镇人口（万人）
2011	20064	69619
2012	21067	72821
2013	22121	76171
2014	23227	79675

2. 哈尔滨冰雪旅游人数预测

应用 $y = -3751.971 - 0.146033x_1 + 0.109794x_2$ 模型,对2007—2010年哈尔滨冰雪旅游国内旅游人数、总人数的预测结果见表6-13。

表6-13 哈尔滨冰雪旅游国内旅游人数预测结果

年份	2011	2012	2013	2014
国内旅游人数（万人）	962.8	1166.9	1380.75	1604.0
旅游总人数（万人）	981.4	1190.7	1408.9	1636.7

由前述可知，哈尔滨冰雪旅游总人数的构成中，由98%的国内客源和约2%的国外客源组成，因此，上表中旅游总人数的计算由国内旅游人数除以98%得出。[72]

以上对哈尔滨城市冰雪旅游市场需求影响因素的深入分析，揭示了城镇居民人均可支配收入和城镇居民人口数量对哈尔滨城市冰雪旅游市场需求具有显著性的影响。由此可知，随着经济的迅速发展，人口的增加以及居民收入水平的不断提高，哈尔滨冰雪旅游市场将会有更大的发展，进而将对城市经济的促进发挥更大的作用。在此基础上的回归分析与预测，对于分析哈尔滨作为城市冰雪旅游目的地的地域细分市场的游客规模及其发展态势具有一定的指导意义，从而为旅游目的地市场营销提供决策依据。[73]

6.3.3 哈尔滨冰雪旅游总人数一元线性回归模型的建立与预测

1. 数据分析

时间序列预测法是根据市场现象历史资料的时间序列，运用科学的数学方法建立预测模型，使市场现象的数量向未来延伸，预测市场现象未来发展变化趋势，确定市场预测值的一种方法。以哈尔滨冰雪旅游国内外总人数为预测对象，搜集2000—2010年的相关数据资料，如表6-14所示。对数据绘制出如图所示的散点。

表6-14　2000—2010年哈尔滨冰雪旅游总人数

年份	T	总人数（万人）	年份	T	总人数（万人）
2000	1	160.80	2006	7	719.02
2001	2	249.60	2007	8	770.64
2002	3	391.23	2008	9	886.49
2003	4	584.85	2009	10	1114.50
2004	5	626.30	2010	11	1202.70
2005	6	658.37			

第6章　黑龙江冰雪旅游产业篇——以"冰城"哈尔滨为例

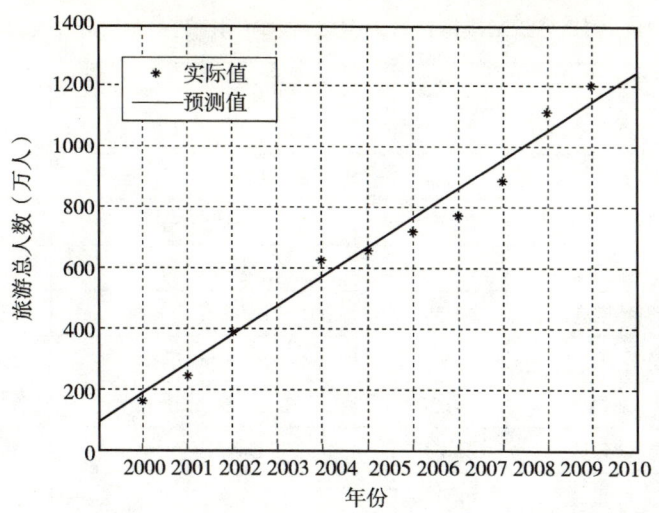

图6-23　2000—2010年哈尔滨冰雪旅游总人数散点图及模拟直线模型

对图6-23中的散点进行观察和分析，可以看出：除2003年因受非典事件的影响，2009年大冬会的召开，哈尔滨冰雪旅游有一个较大的增幅外，整体时间序列数据的变化规律基本上呈现长期稳步上升的变动趋势特点。因此本书运用趋势外推法中的直线趋势模型来描述现象的变化，进而进行预测。

2. 旅游总人数一元线性回归模型的建立

直线型变动趋势是指时间序列的数据大体上按每期相同的数量增加或减少，表现近似直线上升或下降的趋势，即时间序列数据有长期直线变动的趋势。通过对图6-23的观察和分析，时间序列11个数据的分布，近似一条直线，因此采用一元直线趋势预测模型。

1）利用图表法建立直线模型

利用表6-14的数据进行时间序列趋势分析，建立的直线模型结果如图6-24所示。

2）利用分析工具建立直线模型

对时间序列趋势进行分析，计算回归结果、参数检验等结果如表6-15所示。由表得直线模型为：

$$Y=96.53800 \times T+90.27200 \qquad (6\text{-}2)$$

表6-15 利用分析工具得到的旅游总人数时间序列参数计算和检验结果

变量	系数	标准差	T统计量	概率
T	96.53800	6.245860	15.45632	0.0000
C	90.27200	42.36149	2.130992	0.0619
判定系数	0.963695	平均方差		669.5000
调整判定系数	0.959661	标准方差		326.1556
回归标准差	65.50714	Akaike信息准则		11.36516
残差平方和	38620.66	Schwarz准则		11.43751
似然对数	−60.50838	Hannan-Quinn准则		11.31956
F统计量	238.8977	D-W统计量		1.029030
F统计量	0.000000			

3）模型分析

从线性模型来看，时间序列随着时间变动呈现正向的线性趋势，说明来哈尔滨参加冰雪旅游的人数是逐年增加的。这与实际情况是符合的，整个模型的拟合效果很好，判定系数达到了96.3695%。整个模型线性F检验统计量以及时间项回归系数的T检验统计量都是统计显著的。

此外，图6-24所示是旅游实际人数数据与模型拟合数据以及残差序列的折线图，可以看出拟合效果较好，除了2003年的残差数据，其余年份的残差数据都在一倍标准差的范围内变动。

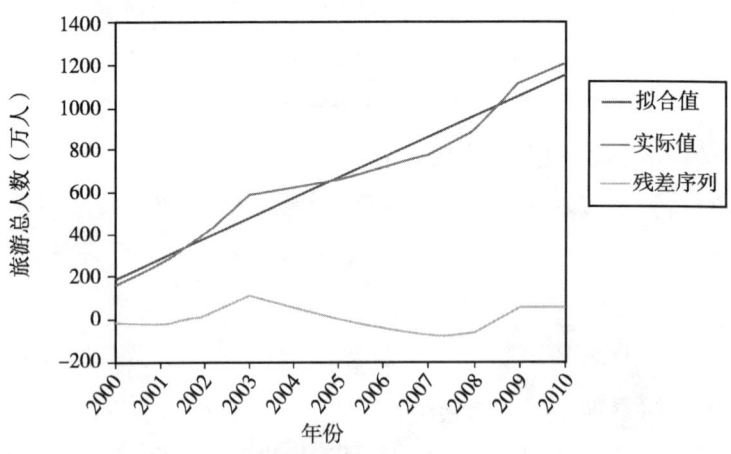

图6-24 旅游总人数实际数据与模型拟合数以及残差序列的折线图

从以上分析可以看出，时间序列随着时间变动呈现正向的线性趋势，这与实际情况是符合的，式（6-2）的拟合效果很好，可以利用其对哈尔滨未来几年的冰雪旅游总人数进行预测。

3. 哈尔滨冰雪旅游总人数预测

1）点预测

利用预测模型，由公式(6-2)预测2011—2014年来到哈尔滨旅游总人数的数值（单位：万人次）分别为

$$Y_{2011} = 96.5380 \times 12 + 90.2720 = 1248.728$$
$$Y_{2012} = 96.5380 \times 13 + 90.2720 = 1345.266$$
$$Y_{2013} = 96.5380 \times 14 + 90.2720 = 1441.804$$
$$Y_{2014} = 96.5380 \times 15 + 90.2720 = 1538.342$$

由此得到自2000—2014年哈尔滨冰雪旅游总人数发展趋势，如图6-25所示。

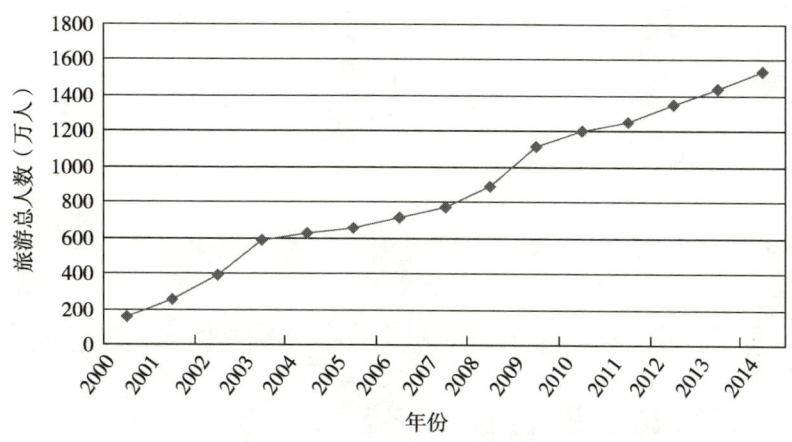

图6-25　2000—2014年哈尔滨冰雪旅游总人数趋势图

2）区间预测

利用预测点估计值$\hat{y}$和回归分析的标准差S_y，得出置信度为95%的近似置信区域为（$\hat{y} - 2S_y$，$\hat{y} + 2S_y$）。

因回归标准差S_y=65.50714，在95%置信度，即$\alpha = 0.05$的条件下，2011—2014年预测值的置信区间近似值（单位：万人次，即2011—2014

年哈尔滨冰雪旅游总人数预计区间）分别为

$$Y_{2011} = 1248.728 \pm 2 \times 65.50714 = 1117.714 \sim 1379.742$$
$$Y_{2012} = 1345.266 \pm 2 \times 65.50714 = 1214.252 \sim 1476.28$$
$$Y_{2013} = 1441.804 \pm 2 \times 65.50714 = 1310.79 \sim 1572.818$$
$$Y_{2014} = 1538.342 \pm 2 \times 65.50714 = 1407.328 \sim 1669.356$$

本文利用时间序列分析方法，对2000—2010年哈尔滨冰雪旅游市场需求数据变动趋势特点进行分析，进而选择趋势外推法中的直线趋势模型来描述现象的变化，以此建立哈尔滨冰雪旅游总人数的一元线性回归模型，并对2011—2014年哈尔滨冰雪旅游市场人数进行了预测。根据模型的预测结果，该方法有较好的预测精度。

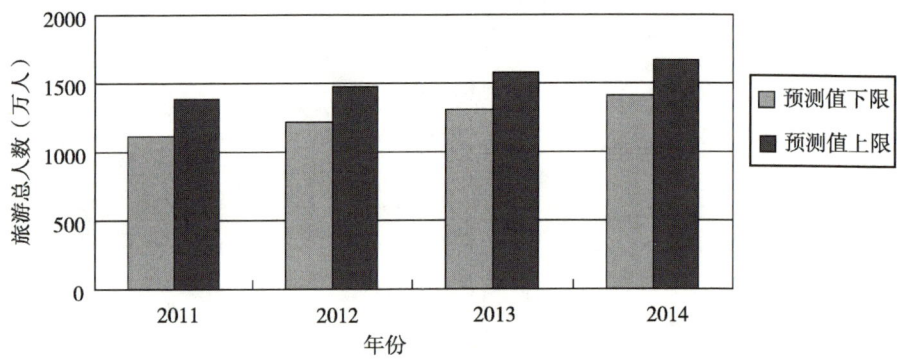

图6-26　预测2011—2014年哈尔滨冰雪旅游总人数上下限示意图

6.3.4 哈尔滨冰雪旅游市场需求吸引力模型的分析与预测

6.3.4.1 旅游吸引力模型的基本原理

采用空间引力模型对旅游需求影响因素进行分析，其基本原理是利用万有引力公式，将客源地和目的地看成是两个具有吸引力的物体，然后通过旅游资源、环境、交通、季节、费用和服务质量等因素对其中一个因素的影响来确定对整体的影响，这样将各因素通过中间关系的连接求出对旅游需求的影响。一般来说，旅游引力主要考虑3个影响客源市场的变量：客源市场的出游人口规模、客源市场与目的地的距离、客源市场的出游能力(一般以经济能力来衡量)。而旅游客源与目的地之间的引力，与两个地区的人口规模、经济状况呈正比，与其间的距离呈反比。

吸引力模型作为旅游空间分析的技术方法，是一个有效的预测和定量解释工具，可以预测旅游目的地地域细分市场的游客规模，与一般的经验分析或利用回归模型进行简单的趋势外推相比更具先进性；根据该模型的预测数据并结合旅游目的地的实际到访游客量，可以科学地判断各市场域的开发情况，从而为旅游目的地市场营销提供决策依据。

6.3.4.2 旅游市场需求吸引力模型的建立与分析

影响旅游目的地旅游人数的主要因素有客源地人口规模、客源地人均收入水平、出游率、旅游资源质量、参观成本和距离等因素。根据国内吴必虎、陆林等人研究提出的"一般而言，来自距旅游目的地 500 千米范围内的游客大约占游客总量的 66%，有 4/5 的游客来自距旅游目的地 900 千米范围内"的理论推断以及第三章关于客源市场构成的分析，哈尔滨市及其周边地区、黑龙江省及周边地区的人群将是哈尔滨冰雪旅游的主要客源。

有关旅游吸引力模型的形式，最有影响的是 Grampon 模型以及在此模型基础上经修正而得到的 Wilson 模型。由于影响哈尔滨冰雪旅游市场需求最重要的因素是人均收入水平，其次是旅游资源的吸引力，第三是交通的可进入性。基于哈尔滨的客源情况，采用近年国内游客规模数据，模拟得到的修正理论 Wilson 模型如下：

$$T=\sum T_{ij}=\sum\left[\frac{(W_i P_i)}{D_{ij}^{\ b}}\cdot(W_j P_j)\right] \quad (6\text{-}3)$$

式中：T 为哈尔滨对客源市场的吸引力；P_i 和 P_j 为客源地 i 到目的地哈尔滨 j 经验假定的出游者总量（万人）；W_i 为客源地城市收入权重；W_j 为目的地哈尔滨收入权重，两者之和为 1.0；D_{ij} 为客源地和目的地哈尔滨间的距离；b 为交通便捷程度；G 为经验修正参数。[74]

根据我国城市居民户每年平均参与旅游比重约占城市家庭的 25%~35%，统一按 30%的居民户参与旅游，每户平均有 2 人参与旅游活动，城市的每户家庭规模按3.5人计。b根据交通便捷程度取值，范围为1.0~2.0，分别为通国家级干线高速公路为1.0，国家级干线公路为1.2，国道为1.4，省道为1.6，其他道路为2.0；[75]哈尔滨是黑龙江省的省会城市，W_i和W_j加权以哈尔滨市收入衡量，高于该市的城市加权值W_i为0.6，W_j为0.4；低于该市的城市加权W_j为0.7，W_i为0.3。

此外，在测算中，来哈尔滨的游客的感知距离通常并不等于两点间的距离，而是与道路里程、等级、顺畅度、消耗时间等因素紧密相关。因此，式中D_{ij}应该为游客的地理距离，可用所消耗的大致时间表示。选取距离在500千米以内，省内哈尔滨周边的5个主要城市以及东北地区另外2个主要城市，并结合表6-16、表6-17的数据进行模型的建立。

表6-16　哈尔滨与主要周边城市之间交通耗时

城市	地理距离（小时）	城市	地理距离（小时）
大庆	1.5	牡丹江	4.5
伊春	4.5	长春	4.5
佳木斯	7	沈阳	6
齐齐哈尔	3.5	合计	31.5

表6-17　2010年哈尔滨周边主要城市人口数　　　　（单位：万人）

城市	哈尔滨	齐齐哈尔	牡丹江	佳木斯	大庆	伊春	长春	沈阳
人口	978.40	567.80	277.10	250.50	273.40	127.60	738.54	745.20

数据来源：《中国统计年鉴2010》和各相关城市2010年的国民经济和社会发展统计公报。

将上述数据代入吸引力模型公式（6-3）中，得出各周边城市到哈尔滨冰雪旅游人数的理论值，结果见表6-18，合计683.8万人。

表6-18　主要周边城市到哈尔滨参加冰雪旅游人数的理论值　　（单位：万人）

城市	齐齐哈尔	牡丹江	佳木斯	大庆	伊春	长春	沈阳
理论人数	114.9	66.4	55.3	66.1	27.8	173.7	179.6

按照500千米内游客人数只占到总的旅游人数66%的理论，在计算出周边地区到哈尔滨参加冰雪旅游的理论人数后，便可计算出哈尔滨冰雪旅游总人数的理论值：683.8÷66%=1063.06（万人）。排除机会市场（省内游客占游客总数的比例小于1%）为其余省份，这一结果与2009年哈尔滨冰雪旅游实际旅游总人数1114.50的误差为7.0%，小于10%，模拟效果较好。可见，用吸引力模型说明客源地人口、经济状况因素，特别是距离因素对旅游目的地黑龙江吸引力的相关关系和影响，进而对冰雪旅游客源市场的发展趋势进行预测是较为理想的。

6.3.4.3 旅游总人数吸引力模型的预测

1. 数据来源及说明

根据国务院办公厅《人口发展"十一五"和2020年规划》，并结合相关历史经验数据，沿用城镇人口4.6%的年增长比率，得出2011—2014年哈尔滨周边7个主要城市居民人口的预测数据，见表6-19。

表6-19 哈尔滨周边主要7城市人口发展预测 （单位：万人）

年份	齐齐哈尔	牡丹江	佳木斯	大庆	伊春	长春	沈阳
2011	593.92	289.85	262.02	286.0	133.47	772.51	779.48
2012	621.24	303.18	274.08	299.16	139.61	808.05	815.34
2013	649.82	317.13	286.68	308.2	146.03	845.22	852.85
2014	679.71	331.71	299.87	312.96	152.75	884.10	592.08

2. 哈尔滨冰雪旅游总人数预测

将人口、时间距离等相关数据带入引力模型公式中，得到2011—2014年哈尔滨冰雪旅游总人数的预测结果，见表6-20。

表6-20 哈尔滨冰雪旅游总人数预测结果 （单位：万人）

项目	2011年	2012年	2013年	2014年
7个周边城市旅游人数合计	550.12	571.04	593.09	620.39
旅游总人数	1237.42	1353.90	1482.73	1610.05

利用引力模型定量分析的方法，揭示了旅游目的地对游客的吸引力、目的地与客源地的距离等因素对旅游市场需求的重要影响，并对2011—2014年哈尔滨冰雪旅游客源市场的变化趋势进行预测。预测结果反应，在未来3至5年哈尔滨冰雪旅游市场需求将呈现高速增长的势头，冰雪旅游总人数将逐年递增。同时说明修正后的引力模型在旅游引力的分析和市场需求的预测中具有较好的效果。

本章首先对哈尔滨冰雪旅游市场需求影响因素进行了深入地分析，得出经济发展状况、闲暇时间、人口、旅游价格、距离、旅游目的地的吸引力以及其他因素，是构成影响哈尔滨冰雪旅游需求的重要因素。在此基础上，利用回归分析法，进一步分析了城镇居民人均可支配收入和城镇居民人口数量对哈尔滨冰雪旅游国内旅游人数具有显著性的影响，以及旅游总人数、人均消费水平、人均停留天数对旅游总收入的相关性影响，并以此分别建立线性回归方程，进而对哈尔滨冰雪市场需求进行预测。同时，针对回归分析中，难以量化的旅游目的地对游客的吸引因素、目的地与客源地的距离等因素，利用吸引力模型，进行有效分析和定量解释，从而预测哈尔滨作为冰雪旅游目的地的地域细分市场的游客规模，为旅游目的地市场营销提供决策依据。

6.4 哈尔滨冰雪旅游市场发展对策与建议

6.4.1 哈尔滨冰雪旅游市场需求预测结果分析

未来几年是哈尔滨旅游经济快速发展的关键阶段，只有冰雪旅游市场需求规模发展迅速、稳步增长、总量提高，才能够满足哈尔滨旅游产业经济发展的要求。旅游总人数方面可以看出，2011—2014年哈尔滨冰雪旅游总人数已呈现较大幅度的增长，2011年首次超过1200万人，2014年将达到1600万人，2011—2014年平均年增长率为13.26%，比207—2010年的平均年增长率7.14%高出6.12个百分点。综上所述，近几年中，哈尔滨冰雪旅游客源市场总量以年均13.26%的比率稳步增长，旅游收入以22.20%的比率大幅提升,均呈现出逐年上升的显著趋势,冰雪旅游业已成为哈尔滨市乃至黑龙江省发展速度最快、关联带动作用较强、最具发展潜力的产业,成为新的经济增长点,其对GDP的贡献率也将由5年前的5%提高到6%~7%。本世纪头10年的良好发展,为建成旅游支柱产业与世界冰雪旅游名城夯实基础。可以预见,到2020年,哈尔滨将完全有可能建成中国最大的冰雪旅游胜地,实现世界冰雪旅游名城的奋斗目标。

6.4.2 发展哈尔滨冰雪旅游的对策与建议

根据以上预测结果,未来几年内哈尔滨冰雪旅游需求将呈现高速增长的势头。为适应需求的发展,实现到2020年,将哈尔滨建成中国最大的冰雪旅游胜地,世界冰雪旅游名城的奋斗目标,针对哈尔滨市冰雪旅游的现状,本书提出以下具体对策:

(1)树立以需求为导向、以吸引力为核心的观念,着力开发满足不同游客消费需求的冰雪旅游资源、旅游项目、旅游商品。

通过预测,到2014年,哈尔滨的冰雪旅游总人数将突破1600万人次,旅游总收入将达到96.7亿元人民币,而且呈现旅游收入年均增幅高出旅游人数年均增长8.94%的大好局面。如何保持旅游客源市场持续稳步增长的良好趋势,是哈尔滨发展冰雪旅游的关键。来哈尔滨参加冰雪旅游的游客来自不同的区域和国度,有着不同的层次和不同的消费偏好。现阶段,外地过夜游客平均在哈尔滨的停留时间为3.04天,如果要在2014年实现超过100亿元的旅游总收入,游客的平均逗留时间必需要延长至4天,甚至是5天。那么,提升冰雪旅游资源、旅游项目的吸引力是根本、是重中之重。因此,哈尔滨应充分利用自身丰富的冰雪旅游资源优势,开发出融动态与静态,人文与自然相结合的精品甚至极品冰雪旅游项目,把冰雪文化、冰雪艺术、冰雪体育、冰雪经贸等有机地融合在一起,组合、包装成多元化、多层次、多功能的有卖点的旅游产品,才能在激烈的市场竞争中与其他兄弟城市争夺市场份额、立于不败之地,才能不断满足游客的消费需求,扩大消费范围并提高消费规模和消费品质，全面提升冰雪旅游的核心竞争力。

（2）有计划、有步骤地加大旅游饭店的投资和建设力度，为保证食、宿、行、游、购、娱各项旅游接待工作奠定物质基础。

截至2010年末，哈尔滨拥有星级宾馆103家，客房数3.2万间，床位数5万左右。如果按预测结果，2014年哈尔滨冰雪旅游总人数达1600万人，冰雪旅游期60天（当年12月末—翌年2月末）来计算，则平均日接待游客26.7万人次。从前面的分析可知，过夜游客占总游客量的30%左右，则保守估计需要住宿的游客人数将达到8.1万人次。如果，再考虑冰雪节、元旦、春节等旅游黄金周的高峰期因素，显然，从目前哈尔滨的宾馆拥有的床位数来看，其接待供给能力是远不能满足游客需要的。这一点，与哈尔滨市旅游局对2014年哈尔滨境内外游客日床位需求量8.73万张的预测结论与2015年的9.51万张大体吻合，见表6-21。特别是2009年第24届世界大冬会的召开，吸引了更多来自境内和境外的游客，旅游人数至少增加3~5万人，而这直接给哈尔滨的旅游住宿业带来沉重的负荷。因此，哈尔滨应有计划、有步骤地加大旅游饭店建设和投资的力度，合理规划饭店总量、类型、档次和布局，使高、中、低档床位比例形成1∶3.5∶5.5的金字塔形结构。

表6-21　2005—2020年哈尔滨境内外游客日床位需求预测表　（单位：万张）

类别	2005年	2010年	2015年	2020年
入境	0.30	0.58	1.36	2.31
境内	3.85	6.15	8.15	10.15
合计	4.15	6.73	9.51	12.46

（3）全面开发并提升滑雪旅游设施的数量、规模、质量和档次。

在冰雪旅游项目中，滑雪项目作为一个新兴项目，集娱乐、游玩、食宿行等于一体，因此是一个高消费的冰雪活动。目前哈尔滨的滑雪旅游收入已占全市旅游收入的15%以上。中国滑雪游客每年正在以倍数递增，按这样的速度，如果近几年达到总人口的1%，就会超过1300万。而截至2011年初，哈尔滨的S级滑雪场仅有20余家，最多可同时接待滑

第6章 黑龙江冰雪旅游产业篇——以"冰城"哈尔滨为例

雪者近万余人。若按1%的比例计算，那么到2014年，哈尔滨接待的滑雪游客就要有14万人之多，雪场的接待和承载能力显然都严重不足，供求关系明显失衡。因此，哈尔滨应把开发一定数量高质量、高档次的滑雪场作为巩固和发展冰雪旅游市场需求的突破口，使哈尔滨的冰雪旅游收入更上一个台阶，并真正成为"中国滑雪旅游胜地"。

（4）做实旅游客源地营销，构建多元化的促销体系。

多种方式进行旅游客源地营销。利用官方渠道在客源地设立驻外办事机构或依托国家旅游局的驻外办事处进行文化和旅游宣传。加强与入境客源区旅行社的合作，利用其网络销售黑龙江冰雪旅游产品；为境外大型旅游经营商提供半价或免费的勘访旅游，鼓励他们将哈尔滨冰雪旅游景区纳入东北亚或中国旅游线路；对那些为哈尔滨冰雪旅游市场开发做出突出贡献的境内外旅行社等经营商予以一定物质奖励或价格优惠折让。充分发挥民间交流团体、行业协会等非政府组织和国外知名企业的作用，如日本的JTB、美国的运通等进行战略合作，利用民间渠道、大企业集团渠道开发客源市场。利用展会和文化节事交流开发客源市场，如在主要客源国和地区参加或举办旅游博览会、旅游展销会；在日本、韩国、俄罗斯等重要客源国的中心城市举办"黑龙江冰雪旅游巡回展"，深度介绍哈尔滨冰雪旅游产品特色，带动冰雪旅游市场发展。针对境外旅游市场（主要是日、韩、俄、中国港澳台地区），可以利用在境外发行的报纸或专门面向该区域播放的电视和广播做广告、刊登新闻、做专题节目；针对黑龙江等其他各个境内旅游客源市场，在选择大众媒体做广告时，一定要选择当地的大众媒体。

充分利用传媒娱乐功能，在中央电视台播放黑龙江冰雪旅游广告，利用凤凰卫视等对东亚、东南亚有影响的媒体开设有关黑龙江冰雪旅游栏目；在黑龙江卫视打造旅游娱乐栏目；制作多语种的黑龙江冰雪旅游专题片和宣传片，与客源地主流媒体、实力旅行商联合进行旅游宣传推广。根据目标客源以及针对的游客群体有选择性的应用名人促销，名著促销，直销（邮寄信件、人员访问、旅游交易会和展览会上的直销），小册子促销，大篷车促销，公共关系促销，网络促销，节事促销等多元化促销方式。

(5) 做亮体育赛事营销，做透冰雪节庆营销。

以申报举办亚冬运会、世界锦标赛、冬季奥运会等国际赛事为基础，浓缩哈尔滨冰雪地域符号元素，融合现代科学技术，谋划一系列高端冰雪运动赛事。重点考虑自由式滑雪空中技巧世界杯赛、瓦萨国际越野滑雪赛、高山滑雪、越野滑雪、单板追逐赛、冬季两项赛等滑雪类赛事和花滑锦标赛，速度滑冰、短道速滑、花样滑冰、冰球、掷冰壶赛等冰上竞技比赛。推进奥林匹克体育中心、奥林匹亚公园等场馆和设施建设，申办国际、国内大型冰雪体育赛事，广泛开展群众性冰雪活动，营造浓厚的冰雪运动氛围。继续加强国际合作、提高游客的参与性和娱乐性，发挥冰雪艺术、冰雪旅游、冰雪文化、冰雪经贸、冰雪体育五大板块联动作用，做深做透"中国哈尔滨冰雪节"。使其成为与日本札幌雪节、加拿大魁北克冬季狂欢节、渥太华冬乐节和挪威奥斯陆雪节齐名的，世界上少数几个内容最丰富、气氛最热烈的冬令盛典之一。积极策划新兴冰雪节庆活动。例如，策划"中国·黑龙江国际冬季时装博览会"，使黑龙江成为中国冬季时尚服装的博览和交易中心，成为国际时尚服装品牌在国内的发布中心，成为中国冬季时尚购物天堂。另外，还可围绕特色旅游村镇建设，依托独特的冰雪文化元素，在亚布力镇策划一系列以冰雪为主题的参与性强、个性突出的乡村旅游节庆活动等。

(6) 完善营销激励机制，打造冰雪网络营销。

积极发挥政府主导作用，制定冰雪旅游相关促进政策和建设发展软环境，形成主动营销的激励机制。设立政府旅游发展资金，资金重点支持开展冰雪旅游宣传促销、重大建设项目贷款贴息和对旅游业发展绩效进行奖励等方面，逐渐成为吸引旅游投资和项目的政策"洼地"。通过积极引入国际知名酒店管理集团、国际知名主题游乐集团等国际战略合作者，积极提升哈尔滨冰雪旅游发展水平和档次；通过寻找战略合作者，共同开发、营销旅游市场，实现强强联合，引导优势旅游企业的集团化、品牌化、网络化建设，打造具有核心竞争力的旅游市场拓展和经营主体。旅游目的地营销系统（DMS）是应用互联网技术，结合数据库、多媒体、网络营销等技术手段进行旅游目的地宣传促销和旅游服务的综合应用系统。主要由四个子系统构成：旅游管理系统、客户关系管理系统、电子商务系统、信息服务系统。黑龙江省应尽快创建基于网络的全球旅游目的地营销系统，使其成为行业主管部门、旅游企业、旅游从业人员、媒体、游客等互动交流的平台，成为游客了解黑龙江冰雪旅游的重要渠道，并实现网络旅游预订、交易的目的。完善哈尔滨旅游信息网，使其成为冰雪旅游营销推广的重要窗口。加快网站的多语言功能，形成简体中文、繁体中文、日语、韩语、俄罗斯语、英语等六种语言的国际化网站，满足不同目标游客群体的需要。

（7）着力弘扬具有北方特色的饮食营销。

挖掘和开发特色餐饮、菜肴、小吃、饮品等品种，弘扬传统的餐饮制作工艺，形成西餐、东北、民族三大特色餐饮系列，培育黑龙江冰雪旅游餐饮和美食品牌，打造以特色餐饮为主题的街区和品牌旅游餐饮店等。加速对现有四星以上宾馆餐饮的国际化接轨，增加餐饮品种和服务水平，满足中外宾客的需求。针对市场需求开发养生、生态等菜肴系列。完善景区（点）餐饮设施，解决景区（点）就餐难的问题。建立饮食行业的标准认证体系，推动全行业的规范化发展，确保饮食卫生和食品质量。

本章对哈尔滨冰雪旅游市场预测的结果进行了分析，认为旅游总收入的增长幅度将大于旅游总人数的增长速度，预计哈尔滨冰雪旅游总人数在2014年将突破1600万人次，总收入将在2014年突破100亿元，并针对增长趋势的哈尔滨冰雪旅游市场的可持续发展提出了对策建议。

6.5 结 论

哈尔滨得天独厚的冰雪自然资源和独具特色的人文环境，使之成为中国冰雪文化的发祥地和冰雪旅游胜地，成为国内发展速度最快、规模最大的冰雪旅游城市。冰雪旅游事业在社会经济发展中占据极其重要的地位。以冰雪资源为依托，以市场需求为核心，对哈尔滨冰雪旅游市场进行分析与预测，对于哈尔滨大力发展冰雪旅游产业，实现冰雪旅游的可持续发展，早日实现世界冰雪旅游名城的宏伟目标意义重大。

以旅游学和市场营销学作为基本的理论基础，以哈尔滨冰雪旅游市场需求为研究对象，通过对相关资料的搜集、整理和分析，试图从定性和定量两个方面分析影响哈尔滨冰雪旅游市场需求的因素，进而建立预测模型，用以推估未来几年哈尔滨冰雪旅游市场的发展规模和旅游需求情况，为发展冰雪旅游业提出一些建议。得出的结论有以下几个方面：

（1）目前，哈尔滨冰雪旅游客源市场的总体定位是：以境内市场为主、入境市场为辅，境内客源市场是哈尔滨冰雪旅游的主体和基础。哈尔滨应大力发展境内旅游，为接待更多的入境游客奠定基础。

（2）通过定性分析和定量回归模型的建立，认为居民可支配收入、带薪休假时间、人口、距离、旅游目的地吸引力、人均消费水平、人均停留时间等因素是影响哈尔滨冰雪旅游市场需求的重要因素。

（3）通过模型预测与分析，认为未来几年内哈尔滨冰雪旅游市场需求将呈现高速增长的势头，冰雪旅游总人数预计在2014年将突破1600万人次，2014年将实现旅游总收入超过100亿元。

（4）面对哈尔滨冰雪旅游市场需求高速增长的势头，哈尔滨应在冰雪旅游资源和项目的开发，旅游饭店的投资和建设，滑雪旅游设施的数量、规模、质量和档次，以及建立完善的冰雪旅游市场营销机制等方面采取必要的措施。

将旅游市场需求分析、预测与哈尔滨冰雪旅游市场发展的实践有机融合，建立理论基础完善、结构体系合理、具有实用价值的研究成果。创新之处在于以下3点。

（1）以市场需求为导向，对冰雪旅游市场需求的影响因素进行了系统分析。本书研究了在我国目前的社会经济条件下，影响冰雪旅游市场需求的诸多因素及各因素对旅游市场需求的影响程度，并以此作为对未来旅游市场需求与规模进行科学预测的依据。

（2）确定了冰雪旅游市场需求与预测定性分析和定量分析相结合的研究方法。结合冰雪旅游市场的需求特点和规律，确定冰雪旅游市场需

第6章 黑龙江冰雪旅游产业篇——以"冰城"哈尔滨为例

求分析与预测定性和定量相结合的研究方法。运用定性分析，对冰雪旅游市场环境和影响因素进行研究；运用回归分析、时间序列分析、吸引力模型等定量分析与预测的方法，并最终通过优化的组合预测模型，对哈尔滨冰雪旅游市场需求进行了较为科学的预测。

（3）根据分析和预测结果，提出了哈尔滨冰雪旅游发展的对策建议。基于本书理论与实证研究的基础，将旅游市场需求预测与哈尔滨冰雪旅游市场发展的实践有机融合，从而对哈尔滨冰雪旅游发展提出了建设性的意见。

第7章 黑龙江省民族地区旅游产业的发展模式

2012年，黑龙江省全面推进北国风光特色旅游开发区、贸易旅游综合开发工程和旅游名镇建设，全省旅游业快速发展。据黑龙江调查总队统计，2012年，黑龙江省旅游接待总人数2.54亿人次、同比增长24.16%，旅游业总收入1300.3亿元人民币、增长19.13%。其中，境内旅游2.52亿人次、增长24.4%，境内旅游收入1247.52亿元人民币、增长20.9%，入境旅游207.62万人次、增长0.53%，旅游外汇收入8.35亿美元、下降8.95%。

早在2009年，黑龙江省委十届七次全会审议并原则通过了《黑龙江省北国风光特色旅游开发区规划》（以下简称《规划》）。该规划是根据省委经济工作会议关于建设八大经济区的战略部署研究提出的。《规划》由黑龙江省旅游局牵头组织，省发改委等部门参与，省旅游局组织研究起草，提出将精心培育六大专项旅游产品，其中包括民族民俗风情旅游产品，重点保护和开发10个民族风情旅游产品。这是黑龙江省委、省政府把握全局、着眼长远做出的重大战略部署。

黑龙江省委提出建立北国风光特色旅游开发区，是构建及提升黑龙江省整体产业体系的重大举措，是关系到未来黑龙江省经济、社会、生态发展的重要战略步骤，是巩固黑龙江省在东北亚大战略中保持关键地位的棋子，是黑龙江省贯彻科学发展观、构建和谐社会、建设社会主义生态文明的首要体现。建设北国风光特色旅游开发区，有利于加快黑龙江省旅游业实现跨越式发展，推动经济社会发展和文明进步；有利于塑造和展示地方旅游形象，提升黑龙江省在国际上的知名度和影响力；有

利于促进保增长扩内需战略实施,增加财政收入,提高人民生活水平;有利于加快城乡一体化进程,扩大社会就业,促进社会和谐;有利于挖掘黑龙江省文化资源,传承黑土文化和民族文化;有利于保护生态环境,推动基础设施改善,实现社会可持续发展。

黑龙江是个多民族聚集的地区,主要有10个少数民族的民族文化遗产迫切需要进一步传承、发扬光大的载体,而促进民族地区的旅游产业发展将会增进民族融合,促进文化交流。黑龙江省的"十二五"明确提出,充分利用民族地区丰富、独具特色的资源优势,构建"北国风光特色旅游开发区建设"的方针,为民族地区发展旅游产业创造了政策机遇。2011年黑龙江省出台《黑龙江省扶持人口较少民族发展规划(2011—2015)》《黑龙江省扶持人口较少民族"十二五"专项建设规划》和《黑龙江省兴边富民行动规划(2011—2015)》,力争到2015年使得黑龙江省人口较少民族聚居区经济社会发展基本达到小康社会水平,平等、团结、互助、和谐的社会主义民族关系得到全面巩固和发展。黑龙江省民族事务委员会应联合黑龙江省旅游局凭借北国风光特色旅游开发区建设带来的区位优势、政策优势,大力发展黑龙江省民族地区旅游产业,使得黑龙江省旅游业与民族地区的经济社会发展实现互利共赢。

7.1 发展黑龙江省民族地区旅游产业的重大意义

7.1.1 发展黑龙江省民族地区旅游产业的政治意义

7.1.1.1 黑龙江省民族地区旅游产业的发展关系到边疆安全

黑龙江省分别与朝鲜、俄罗斯、蒙古国等国家接壤。黑龙江少数民族中,有朝鲜族、赫哲族、鄂伦春族、鄂温克族、俄罗斯族、蒙古族和柯尔克孜族7个跨界民族,这些民族大多居住在边境地区。民族地区是守卫在国土前线的国防前哨,民族地区发展对于加强国防建设、保卫国家安全具有重要意义。因此,民族地区的发展具有重要的政治和军事方面的战略意义。黑龙江省民族地区大部分地处边疆，幅员辽阔，战略地位非常重要。加快经济发展，不断改善各族人民的生活，是加强民族团结，维护民族地区稳定，巩固边疆，挫败西方敌对势力的"西化""分化""渗透"战略和民族分裂主义分子破坏国家统一最根本的保证。加快发展不只是民族地区局部的问题，也是事关国家全局的战略问题。少数民族地区发展慢、不稳定，势必影响全国的稳定和发展。稳定是发展的前提，发展是稳定的基础。广大各族人民的人心向背，是民族地区的决定性力量，只有加快发展，才能增强经济实力，为反渗透、反分裂创造坚实的物质基础和有力的工作手段；只有加快发展，才能不断改善各族人民的生活，满足民族地区各族人民求发展、求富裕的迫切愿望，巩固和发展各民族的大团结，增强党和政府的向心力和凝聚力，为社会稳定和长治久安奠定可靠的政治基础。实践证明，哪里发展得快，哪里就具吸引力、就具凝聚力。现在民族地区的许多问题都和经济问题有关系，经济搞不上去，各族人民的生活不能改善，社会就很难稳定，其他工作也难以做好。相反，经济发展得快，让各族人民得到实惠，让各民族倍加感受到社会主义大家庭的温暖，才能掌握政治主动权，才能使我们在反分裂、反渗透斗争中处于更加有利地位，才能构筑起保障国家统一和安全的坚强堡垒。[76]

7.1.1.2 黑龙江省民族地区旅游产业的发展关系到社会和谐

黑龙江省是多民族聚居的地区，民族地区是黑龙江省的重要组成部分，没有民族地区的现代化就没有黑龙江省的现代化，民族地区的现代化是黑龙江省整体现代化的一部分。由于历史原因，民族地区发展水平与发达地区发展差距明显。正确处理、解决好民族地区与发达地区经济社会事业发展不平衡的问题，不仅已影响到黑龙江省未来发展的全局，而且是黑龙江省持续发展、保持社会稳定、促进民族团结、确保国家统一的一个重大问题。消除两极分化，实现共同富裕，是社会主义的本质要求；加快对少数民族和民族地区的发展，实现各民族共同发展、共同繁荣，是社会主义本质和优越性在民族政策上的根本体现。不加快民族地区发展就不能消除差距，就不能实现共同富裕，共同繁荣。少数民族和民族地区的经济和社会发展，直接关系到整个现代化建设目标的实现。民族地区的现代化同其他地区的现代化，民族地区的振兴同黑龙江省的振兴是密不可分、互相促进的。从这个意义上讲，民族地区的发展关系到社会主义的全局，这不仅是一个重大的经济问题，而且是一个重大的政治问题。[65]民族地区发展不仅是区域发展问题，直接关系到国家的发展大局。加快少数民族地区旅游产业发展不仅是解决民族问题的前提条件，也是构建和谐社会、科学发展的重要内容。因此，民族地区旅游产业发展对于目前解决民族问题，实现民族团结与社会稳定具有重要的战略意义。

7.1.1.3 黑龙江省民族地区旅游产业的发展关系到科学发展

纵观世界大势，调整经济结构和转变经济发展方式已经成为适应全球需求结构变化，增强国际竞争力的必然要求。特别是进入后金融危机时代，为有效应对国际市场变化带来的严峻挑战，党中央、国务院对我国产业政策及时作出调整，提出十大传统产业调整振兴规划和七大战略性新兴产业发展规划，以及一系列大力扶持包括旅游产业在内的现代服务产业加速发展的政策文件，标志着我国产业政策已经上升到一二三产业统筹协调发展的新阶段。长期以来，黑龙江省作为农业大省和老工业基地，第三产业特别是现代服务业发展缓慢，在国民经济中所占比重偏小，加快调整经济结构和转变经济发展方式任重而道远。旅游产业具有资源消耗低、带动系数大、就业机会多、综合效益好的产业特质。据世界旅游组织研究报告，旅游产业万元增加值能耗只有0.2吨标准煤，仅为工业能耗的1/11，是典型的绿色产业、循环产业、低碳产业，发展旅游产业对于降低资源消耗，减少环境污染，改善生态环境具有非常明显的促进作用。[77]因此，加快发展旅游业对于黑龙江省深入贯彻落实科学发展观，加快推进经济结构调整和发展方式转变，缓解资源环境压力，走全面协调可持续发展道路意义重大。

7.1.2 发展黑龙江省民族地区旅游产业的经济意义

7.1.2.1 黑龙江省民族地区旅游产业的发展可以带动相关产业发展

旅游业的发展与其他产业的发展具有较高的关联度，对一、二、三产业均有巨大的带动作用。据世界旅游组织测算，旅游业每直接收入1元人民币，相关行业就可增收4.3元人民币；旅游业每直接就业1名人员，社会就可新增5个就业机会。加快旅游开发可以为民族地区带来"一业兴，百业旺"的乘数效应。另外，旅游业还是一个最具发展活力和潜力的产业，它自第二次世界大战后规模兴起至今不过百年历史，已跃居为当今世界第一大产业，其对全球国民经济的贡献已超过了汽车业、石油业、钢铁业、电子业和农业；从发展趋势看，旅游业还将因为全球经济的发展和市场需求的日益旺盛而成为"朝阳产业"。正因为如此，旅游业不仅早已为诸多发达国家所青睐，而且正在被越来越多的发展中国家和地区所重视并列为优先发展产业。我国民族地区发展旅游业不仅具有资源丰富和劳动力价廉的相对优势，而且可以拥有国际和国内发达地区两个市场，有着更大的生存发展空间。[78]

黑龙江省少数民族大多分布在边远贫困地区，经济社会发展一直相对滞后。这些少数民族地区在交通等基础设施、科技水平、人力资源、市场、资金、信息渠道等方面受到较多不利条件的限制，使其发展现代工商业相对比较困难。然而，如果发展旅游业，这些地区却在生态环境、自然景观及民族文化等方面有其独具的资源优势。游客在吃、住、行、游、购、娱等多方面的消费，能够促进民族地区的市场繁荣，为当地带来可观的经济收入。同时，还能带动旅游目的地相关行业的发展，包括交通运输业、建筑业、轻工业、农副业、旅馆餐饮业、娱乐业、商业、邮电通信、工艺美术以及手工业等。这种市场带动，对于促进民族地区相关产业的发展具有明显的带动效应。很多民族文化产品都可以通过旅游业的发展而快速地成长起来，尤其对民族民间工艺品制造业的影响最大，旅游业已经成为发展民族地区多种相关产业和产品的重要平台。例如，牡丹江市民族旅游业经过几年的发展，已取得了良好的经济

和社会效益,既带动了第三产业发展,增加了民族地区的财政收入,又解决了少数民族群众的就业难题,提高了他们的物质文化生活水平。目前,该市初具规模的民俗景点有:宁安市镜泊峡谷朝鲜族民族村,渤海镇玄武湖满族、朝鲜族风情园,渤海镇江西朝鲜民俗风情村;海林市海南乡民族风情园,新安镇亿龙风情园;东宁三岔口镇勋山要塞、界河游等民族民俗旅游项目。[79]仅2007年,牡丹江市民族旅游业总计接待国内外旅游人数10万人次,旅游收入达到1000多万元人民币,展现了良好的发展势头。

7.1.2.2 黑龙江省民族地区旅游产业的发展可以促进地区基础设施建设

黑龙江省大多数少数民族所在地交通不便,可进入性差。尽管近几年大兴安岭地区加格达奇—漠河、塔河—呼玛等几条高等级公路陆续修建通车,但从哈尔滨到鄂伦春、鄂温克、赫哲等少数民族聚居地区一般仍需15个小时以上。因接待设施数量有限,接纳、承受能力和交流受到极大限制,致使旅游主体难以进入少数民族聚居区,影响了民族地区旅游资源的进一步开发,已开发的景区相当一部分也因"行长于游"的问题而处于半闲置状态,严重制约了当地旅游业的发展。与之相比,在我国少数民族的旅游大省云南,从大理、丽江、西双版纳到迪庆、红河等地,通过依托于旅游业的杠杆,包括交通、通信、城市建设等基础设施建设和生态建设都取得了突破性发展。我们可以借助国家政策上的支持,通过发展少数民族旅游业,进一步强化基础设施建设。

7.1.2.3 黑龙江省民族地区旅游产业的发展可以起到促进就业的作用

当前和今后较长一段时间,黑龙江省面临着增加社会就业、提高劳动者收入的艰巨任务。国内外的实践经验证明,解决这个难题,大力发展服务业特别是旅游产业是一条有效途径。现代旅游产业综合性强、关联度大、产业链长,能够影响和促进民航、铁路、公路、住宿、商业、通信、会展、娱乐、文化、体育等相关产业的发展,与工业、农业、教育、医疗、生态、环境、建筑、海洋等产业相互融合，催生出一批富有生命力的旅游新业态。而且，由于旅游就业门槛低、成本少、就业方式灵活，因此，对不同类型的劳动者都有较大需求，能够在显著增加社会就业容量的同时大幅度增加不同层次劳动者就业容量。

7.1.3 发展黑龙江省民族地区旅游产业的文化意义

旅游产业的发展将会给民族地区带来长久而深远的社会文化影响，这种影响既有积极正面的，也有消极负面的。总体上而言，民族地区旅游产业的发展将是积极而乐观的，比如为少数民族开阔思路，打破与世隔绝的封闭状态，促进民族文化的发展，并逐渐成为带动少数民族接触外来文化，改变传统的生产、生活方式，提高劳动生产率和生活水平；在强化族群认同意识、推动民族传统文化复兴和激发民族传统文化的复制、再造和创新等方面起到了积极、重要的作用。民族旅游还将进一步促进民族社会文化的交流、拯救和发展传统文化、加速民族文化世界化的进程。同时，民族地区旅游产业的发展也有消极影响的一面，如民族旅游导致传统文化的弱化以至同化，传统文化舞台化、商品化以至庸俗化，传统道德观念正在退化以至遗失，历史文化遗产保护面临挑战，生态环境、自然资源遭到破坏。文化传承的断层、民族文化环境"原生土壤"遭到破坏和开发的模式化。民族旅游开发过程中由于单一的开发模式和开发理念，民族旅游文化趋同化明显，这极大地降低了游客旅游的质量，使民族文化失掉了原有的生气和活力，使民族旅游业无法健康、快速地发展。近年来，伴随着民族地区旅游产业的快速发展，民族旅游给当地带来的文化冲击是显而易见的，民族旅游给民族地区带来的一系列负面影响也已经渐渐呈现出来，并且引发人们对民族旅游的价值进行重新思考。我们要客观评价民族地区发展旅游业的文化意义，去除糟粕，取其精华，不断将民族文化发展光大，坚定发展好民族地区旅游产业。

第7章 黑龙江省民族地区旅游产业的发展模式

7.2 黑龙江省民族地区旅游产业发展研究

7.2.1 黑龙江省民族地区旅游资源状况

7.2.1.1 黑龙江省少数民族地理分布状况

黑龙江省境内共有51个少数民族，有近200万少数民族人口，少数民族人口在万人以上的市县有51个，其中1个自治县（杜尔伯特蒙古族自治县），1个城市民族区（齐齐哈尔梅里斯达斡尔族区），70个民族乡镇，680个少数民族聚居村，其中有18个满族乡（镇）、18个朝鲜族乡（镇）、6个蒙古族乡、3个赫哲族乡、7个达斡尔族乡（镇）、5个鄂伦春族乡、1个鄂温克族乡、1个柯尔克孜族乡。黑龙江省少数民族人口占全省总人口的5.65%，其中，10个世居少数民族（鄂伦春族、鄂温克族、赫哲族、达斡尔族、满族、蒙古族、回族、锡伯族、柯尔克孜族、朝鲜族）占全省少数民族人口的99.4%，且分布相对集中。人口较多的民族有满族、回族、蒙古族、朝鲜族和达斡尔族；人口较少的少数民族有锡伯族、赫哲族、鄂伦春族、鄂温克族和柯尔克孜族等。全省人口最多的少数民族是满族，人口有120万，集中分布在双城、阿城、五常等地；朝鲜族集中分布在牡丹江、宁安、鸡西、东宁、海林、密山、鸡东等市县，蒙古族集中分布在松嫩平原中部的杜尔伯特蒙古族自治县和肇源、泰来、富裕等县，鄂伦春族集中分布在黑河、逊克、呼玛、塔河等市县，达斡尔族集中分布在齐齐哈尔、龙江、富裕、嫩江、爱辉等市县，鄂温克族集中分布在讷河县境内，赫哲族集中分布在同江市和饶河县境内，柯尔克孜族集中分布在富裕县境内。[80]西部少数民族地区主要以蒙古族、达斡尔族、柯尔克孜族为主，含14个民族乡镇，主要从事以奶牛为主的畜牧业生产；东中部地区以朝鲜族、满族为主，含37个民族乡镇，这里土质肥沃、水源充足、农业基础设施完善，有利于发展农业生产；边境地区主要以鄂伦春族、赫哲族、满族、达斡尔族、朝鲜族为主，含18个少数民族乡镇，以种植业、家庭养殖业和旅游业为主。这些区位优势为黑龙江省少数民族和民族地区的发展奠定了良好的基础。

7.2.1.2 黑龙江省民族地区民俗文化资源状况

黑龙江省少数民族传承了黑龙江古代先民优秀的传统文化，展示着风格迥异、璀璨夺目的北方少数民族文化风情，堪称旅游资源宝库。这些少数民族民俗旅游资源集中了农耕文化、游牧文化、渔猎文化、手工业和商业文化以及衣食住行传统文化的精华。1997年11月，联合国教科文组织在第29次全体会议上将其定义为："传统的民间文化是指来自某一文化社区的全部创作，这些创作以传统为依据、由某一群体或一些个体所表达并被认为是符合社区期望的，作为其文化和社会特性的表达形式、准则和价值通过模仿或其他方式口头相传。它的形式包括语言、文学、音乐、舞蹈、游戏、神话、礼仪、习惯、手工艺、建筑艺术及其他艺术。除此之外，还包括传统形式的联络和信息。"黑龙江省的非物质文化资源包括民族语言、民族风俗、传统宗教仪式、传统民族艺术、传统民族工艺等。

1. 黑龙江省民族地区的语言使用情况

语言是一个民族的象征，承载有丰富的文化内涵。黑龙江省10个世居少数民族除回族外都有自己的民族语言，但由于人口结构的改变特别是与汉民族的接触导致了语言转用。就全省整体情况来看：蒙古语、朝鲜语保留得比较完整，在杜尔伯特蒙古族自治县以及肇源县、齐齐哈尔市、富裕县、依安县等地区的蒙古族同胞大多数都能熟练使用蒙古语交流。朝鲜语情况也是如此，在全省的许多朝鲜族村屯，如牡丹江地区、宁安市的朝鲜族村屯族民族语言使用状况良好。柯尔克孜族、达斡尔族、锡伯族居民的民族语言虽然还有部分人能够使用，但在他们的日常生活中使用更多的是汉语，这与他们在我省的人口数量相对较少是有关系的，这些民族的语言更多的是保留在新疆、内蒙古等省区。鄂伦春语主要保存在塔河与呼玛的两个民族聚居乡，如在塔河十八站鄂伦春乡，年长者均能熟练使用本民族语言，30岁以上者也能部分使用，并能听懂鄂伦春语。呼玛白银纳鄂伦春乡共有2168人，包括7个民族，其中鄂伦春族248人。能说鄂伦春语的有60人，其中精通者有10人。满语与赫哲语虽然已经处于濒危状态，但不可否认的是，黑龙江省是目前这两种语言的唯一保留地区。满族不仅有自己的语言，而且还有书写符号——满文。富裕县达满柯友谊乡三家子满族村是目前满语保存最好的地区。赫哲语保存最好的地区为同江市街津口乡和八岔乡，这里的部分老人能使用本民族语言，有的还能表演赫哲传统说唱艺术——伊玛堪，但因缺少交流对象，在实际生活中已经很难听到赫哲语了。[81]

2. 黑龙江省少数民族的民族风俗

民族风俗包括生产民俗和生活民俗。生产民俗体现在朝鲜族的农耕民俗、蒙古族和达斡尔族的畜牧民俗、赫哲族和鄂伦春族的渔猎民俗，以及回族和满族等其他少数民族的手工业民俗和商业民俗等；生活民俗体现了衣、食、住、行的各个方面，内容十分丰富。

首先，从饮食文化来看，黑龙江省世居的少数民族当中都有自己传统的特色饮食。满族的酸菜、朝鲜族的泡菜、赫哲族的鱼类食品等饮食文化风味独特，这些饮食文化与习俗都是根据他们的生产生活习惯以及生存环境而逐渐形成的，因此也可以说成是文化类型的代表。达斡尔族早年饮食以野生菜果、禽兽肉及鱼类为主。后来随着农业的兴盛，米面、家畜肉乳等逐渐受到人们的青睐。达斡尔族最具特色的当为用野生柳蒿芽烹制的菜粥。满族饮食的一大特点是爱吃黏食，此外，火锅、炖菜也是满族饮食的一大特点，现已经发展成了东北菜系的一大特色。朝鲜族则以喜吃辣椒为特点，对狗肉的烹制也很讲究，他们腌制的辣白菜、苏子叶、桔梗等更是受到了各民族的喜爱。鄂伦春民族文化中的饮食有着丰富的营养，民族篝火晚会、赛马、骑射、萨满舞蹈、住鄂伦春农家小院、吃鄂伦春农家面片、"江水炖江鱼"、柳蒿芽菜等，使游客到此能够充分领略鄂伦春族特有的民俗、民风。[82]

其次，从服饰文化来看，满族的旗袍、朝鲜族的白衣、赫哲族的鱼皮衣、鄂伦春族的兽皮衣饰等服饰文化内涵丰富。但受现代文明的影响，在日常生活中已经看不到他们穿传统的民族服装了。只在民族节日和大型庆典活动中，各少数民族都会身着自己民族的服饰。民族节日是民族风俗的集中体现，尽管现在的一些少数民族节日是新近才确立的，但依然反映了本民族的生产生活特点，同时也表达了他们对自己民族和传统文化的热爱。达斡尔族每年的5月举办"柳蒿芽节"。宁安渤海镇江西朝鲜族村自

2005年开始举办流头节,时间是在农历六月十五日,主题为敬农神,朝鲜妇女到河里洗头抓鱼,并举行一定的仪式。金朝故都黑龙江省阿城举办首届金源文化节,文化节开幕式举行了传统的女真后裔寻根祭祖仪式,来自闽、台、甘及国外的女真后裔,向太祖陵敬献了贡品。

3. 黑龙江省少数民族的传统宗教仪式

每个民族最初的信仰都是原始信仰,或动物,或鬼神,或自然。图腾就是最好的例子,很多民族的图腾都与自身的信仰有着密不可分的关系。而随着民族的发展,这种原始的信仰不断地丰富完善,加以从其他民族传入的宗教,相互交融,最终形成具有自己民族特色的完整宗教信仰体系。黑龙江省各少数民族之中普遍信仰的是原始宗教——萨满教。萨满教信仰也是一种原始宗教信仰,起源于万物有灵的信仰思想,因其巫师称"萨满"而得名。保持这种信仰的民族主要是东北地区的鄂温克族、鄂伦春族、达斡尔族、满族、锡伯族等少数民族以及朝鲜族和西北地区的裕固族中的一部分。它反映了人类早期在生产力水平不高时对大自然的崇拜与信仰,既有动植物崇拜,也有祖先崇拜。每次祭祀时要举行盛大仪式,形成了颇具特色的萨满祭祀仪式,包括唱词、曲调与程序严格的仪式。宁安市是满族的发源地,最早称宁古塔,因此有着丰富的原生态满族文化资源。在黑龙江省宁安市宁西乡、兰岗镇的一些满族村的祭祖仪式中,尚保留着比较原始的萨满教的一些内容,堪称萨满教的"活化石",是世界级的精品资源。

4. 黑龙江省少数民族的传统民族艺术

黑龙江世居少数民族具有十分丰富的文化艺术,包括文学、音乐、舞蹈、竞技艺术与造型艺术等多项内容。满族民间文学包括神话、故事、歌谣等,主要保存在我省牡丹江地区,特别是宁安市。宁安已经将满族神话、鞑子秧歌、东海莽式舞蹈申报黑龙江省的非物质文化遗产,并已经获批。由于鄂伦春族、赫哲族、达斡尔族等民族只有语言没有文字,他们的民间文学多数为说唱形式,赫哲族叫"伊玛堪",鄂伦春族叫"摩苏昆",为黑龙江世居少数民族所独有。

5. 传统民族工艺

黑龙江省的传统民族工艺主集中体现的是"三皮"文化。所谓"三皮"文化，是指桦树皮文化、兽皮文化和鱼皮文化的合称。其中桦树皮文化是指以白桦树皮为材质而形成的文化，兽皮文化是指以野生动物（特指哺乳类动物）皮毛为材质而形成的文化，鱼皮文化是指以鱼皮为材质而形成的文化。三皮文化反映了东北少数民族独特的生存方式，它不仅是一种物质文化，同时又是人们社会生产与社会文化的综合映射，集中反映了少数民族在生产生活中充分发挥他们的聪明才智、利用大自然赐予的资源进行的创作。桦树皮文化保存于鄂伦春族与赫哲族两个少数民族聚居区。鄂伦春的桦皮工艺由来已久，他们曾用其制作大量生活用具，如盆、碗、装油容器、烟盒等，多由妇女制作。在黑龙江省，鄂伦春少数的桦皮工艺主要保留在塔河十八站乡和呼玛白银纳乡。鱼皮文化的传承与保存地主要在赫哲族聚居区。主要集中在佳木斯市、同江市、抚远县和饶河县。[83]

赫哲族伊玛堪、赫哲族鱼皮制作工艺、桦树皮制作工艺、鄂伦春古伦木沓节、鄂伦春族摩苏昆等5项非物质文化遗产列入国家名录，赫哲族嫁令阔、赫哲族萨满舞、鄂伦春族赞达仁、鄂伦春族吕日格仁舞、鄂伦春族兽皮制作技艺、鄂伦春族桦树皮船制作技艺、鄂伦春族桦树皮镶嵌画、鄂温克族瑟宾节等17项列入黑龙江省名录。[84]

6. 民族物质文化资源仍有保留

在黑龙江省少数民族物质文化方面保留相对完整的是民居。满族的传统民居为"口袋房，万字炕，烟筒坐在地面上"。现在满族传统民居仅在富裕县三家子村、齐齐哈尔扎龙村等地存在，而且数量也不是很多。朝鲜族传统民居也有部分保存。达斡尔族的"介"字房、鄂伦春族的"仙人柱"、赫哲族的"撮罗子"等居住文化原始古朴，蒙古族的勒勒车、鄂伦春族的狗拉雪橇等交通文化都富有别样情趣。如今，这些物质文化遗存有的已经不是以独立的形式存在，而是发生了某种变迁，与汉民族文化相融合，成为东北地区的一种文化特色，如在饮食方面、居住方面等。

7.2.1.3 黑龙江省民族地区旅游资源开发状况及影响因素

黑龙江省民族地区旅游资源得到较快开发，先后建成民族风情园29个。这些风情园集中打造民俗文化、餐饮、娱乐于一体的多功能景区，使广大游客在园中既能参与节目互动，又能欣赏到精彩的民族文化艺术表演。如同江市投资1500万元人民币，在街津口赫哲族乡建立了具有民族特色的赫哲民俗文化村；桦川县星火朝鲜族乡抓住"三江特色旅游带"建设的机遇，开发出一批独具特色的旅游景点和产品，现已成为三江特色旅游线路上有影响的城市休闲旅游景区。据2011年统计，全省民族乡（镇）旅游收入达2236万元人民币，共接待游客68万人次。在黑龙江省旅游局推介的"黑龙江省最值得去的一百个地方"中，有11个民族旅游景点。[85]

另外，黑龙江省民族地区在政府的大力支持下，充分利用民族资源优势大力发展特色产业，形成集工艺品、农产品加工与观光于一体的旅游产品，如黑河市逊克县、爱辉区、大兴安岭地区塔河县及呼玛县的鄂伦春民族村本着"公司+农户"的原则，建立了一个具有产品研发、规模化生产、市场对接、群体带动等多项能力的鄂伦春族桦树皮工艺厂。重点生产桦树皮画、桦树皮手工艺品。现已生产桦树皮画1000余幅，手工艺品10余万件。十八站鄂伦春民族村以"委托生产，政策补贴，分散种养，集中管理"为原则进行木耳栽培。2007年定制栽培木耳30万袋，打造标准化木耳种植小区4公顷，种植户有36户，目前已建成占地10000平方米、年生产能力100万袋的木耳菌场。白银纳乡的白银纳鄂伦春民族村，根据本民族文化特色，充分发挥鄂伦春族桦树皮和兽皮加工特长，建成了占地面积4200平方米的白银纳民族工艺品厂又一基础产业。2008年又建立起320平方米的木耳菌厂，带动鄂伦春族村民种植木耳。现在，这两个村的鄂伦春族从实际出发，依托资源优势，发挥民族特色，开辟本地特征的支柱产业。[86]赫哲族乡村建成了集繁育、养殖、观赏为一体的黑龙江名、优、特鱼养殖基地；俄罗斯族村大力发展养殖业，建成了标准化绒山羊、野猪、獭兔、鹿、牛、大鹅养殖基地11个,养殖业收入占农业总收入的三成以上;朝鲜族乡村则重点支持绿色水稻基地建设,积极推广先进种植技术,优良品种率达到90%以上,绿色、特色水稻得到较大发展。在新农村建设中,黑龙江省从不同民族、不同特点、不同地域出发,建立了10乡30村新农村建设小康示范民族乡镇和示范民族村,使民族地区旅游资源得到开发。

影响黑龙江省民族地区旅游资源开发的因素主要在于:一是旅游基础设施建设滞后,大多数少数民族所在地区交通不便,可进入性差。尽管近几年大兴安岭地区加格达奇—漠河、塔河—呼玛等几条高等级公路陆续修建通车,但从哈尔滨到鄂伦春、鄂温克、赫哲等少数民族聚居地区一般仍需15个小时以上。同时,接待设施数量有限、档次太低,接纳、承受能力和交流受到极大的限制,致使旅游主体难以进入地处边远的少数民族聚居区,影响了少数民族旅游资源的进一步开发,已开发的景区相当一部分也因"行长于游"的问题而处于半闲置状态。二是资金匮乏。少数民族所在地区的经济发展水平一般都相对落后,多数属于"吃饭财政",而大规模引进外来资金的环境和条件还不具备,目前很多地区因缺乏经费无力进行资源普查和科学规划,更难以对旅游资源进行系统开发。三是旅游资源保护意识亟待提高。现在,有相当多的少数民族青少年不能通晓自己本民族的语言,这是黑龙江地区各个少数民族普遍存在的一个问题。民族语言的弱化造成其民族文化约束力的降低,一些经过长时期积淀形成的习俗逐渐消失,独特的手工艺技术面临失传的危险,从而导致少数民族旅游资源的吸引力有所降低。四是品牌意识不强,对外宣传尚未形成合力。由于缺乏宣传经费,加之各自为战,黑龙江地区少数民族旅游的整体形象还不够鲜明、生动、突出,很多旅游精品至今"藏在深山人未识"。一首《蝴蝶泉边》打造了云南省大理地区著名旅游品牌"蝴蝶泉",但在全国可谓家喻户晓的《高高的兴安岭》《乌苏里船歌》却没有能够将文化上的轰动效应成功地转换成旅游经济效益。[87]

7.2.2 黑龙江省民族地区的社会经济状况

7.2.2.1 黑龙江省民族地区的社会状况

1. 少数民族人口的受教育状况良好，但剩余劳动力素质偏低

第六次人口普查数据结果显示，黑龙江省聚居着全国56个民族中除德昂族以外的55个民族的人口，全省少数民族人口占总人口的比重低于全国4.9%，位列全国第19位，是全国少数民族人口较少的省份之一。2010年11月1日全省常住人口中，满族74.8万人，占常住人口的1.95%，占少数民族人口的54.41%；其他少数民族人口62.67万人，占常住人口的1.64%。除满族以外的其他少数民族人口中，超过10万人的还有3个，分别为朝鲜族32.78万人、蒙古族12.55万人、回族10.17万人；超过1万人不足10万人的只有达斡尔族4.03万人，同时达斡尔族也是主要聚居在我省的少数民族之一；超过1千人不足1万人的有7个，其中主要聚居我省的有5个，分别为锡伯族7608人、鄂伦春族3943人、赫哲族3613人、鄂温克族2648人、柯尔克孜族1431人；其余42个少数民族人口均不足1千人，其中主要聚居在我省的有俄罗斯族312人。汉族和少数民族人口中，30~50岁青壮年人口占总人口的比重分别为38.33%和33.68%，少数民族这一年龄段人口所占比重不仅比正常水平明显偏低，还比呈净迁出状态的汉族人口低了2.65%，而其他年龄段特别是低年龄组少数民族人口所占比重反而比汉族高。另据2011年公安户籍民族人口统计，户籍人口中汉族人口占总人口的比重为94.65%，即少数民族人口占5.35%，达205万人，与往年相比仍保持增长趋势。

通过对全省主要少数民族人口的受教育状况分析，五大少数民族人口总体平均受教育年限，除满族外都高于汉族，2010年全省汉族人口的平均受教育年限为9.16年，回族、朝鲜族人口的平均受教育水平相对较高，分别为10.11年、9.65年，其中回族人口的受教育年限高出汉族人口受教育年限近1年的水平，居全省各民族人口平均受教育年限之首。

随着各民族人口文化素质的不断提高，少数民族人口文盲率也在不断下降。如表7-1所列，2000年6岁及以上文盲人口占少数民族总人口的比重为3.48%，2010年下降为1.65%。与2010年全省汉族人口文盲率2.41%相比，低0.76%。主要少数民族人口的平均受教育年限总体高于汉族人口，这是少数民族人口文盲率低于汉族人口的主要因素。

表7-1　2010年、2000年全省主要少数民族文盲人口比重变化情况

民族	文盲半文盲人口占本民族人口比重（%）		2010年较2000年增减百分点
	2010年	2000年	
满族	1.77	3.98	−2.21
朝鲜族	1.38	2.18	−0.80
蒙古族	1.59	4.47	−2.88
回族	2.06	4.59	−2.52
达斡尔族	1.02	3.02	−2.00
其他少数民族	1.49	1.20	0.29
少数民族人口合计	1.65	3.48	−1.83
汉族	2.41	5.44	−3.02

但是剩余劳动力综合素质偏低，直接影响了经济发展。如黑龙江省牡丹江市民族乡镇所辖民族村，有80%左右具有一定文化基础和劳动技能的青壮劳动力，都去韩国和沿海地区打工，留守村中大部分是老、弱、病、残、妇，这部分人整体文化素质偏低，固守田园，制约了当地经济的发展。

目前，全省有少数民族中小学的67个县（市、区）中，有64个县通过了国家"普九"验收；全省共建有83个市、县、乡级文化站、民族歌舞团、图书馆、博物馆；民族乡镇村基本都建有卫生院（所、室）。少数民族传统体育得到普及。广播人口综合覆盖率和电视人口综合覆盖率分别达到了90.5%和93%。

2. 少数民族乡镇在文教、卫生、社会环境发展方面低于省内平均水平

黑龙江省少数民族乡镇的基础教育条件比较落后。2003年，全省平均每个乡镇有学校12.4所，学生数2613人，每个学校210名学生，少数民族乡镇平均有学校9.9所，学生数1625人，每所学校164名学生。每万

人拥有卫生技术人员数，少数民族乡镇11.7人低于全省乡镇12.3人的水平；每百名学生拥有教师数，少数民族乡镇9.7人高于全省乡镇8.4人的水平；每万人拥有福利院数少数民族乡镇0.41个高于全省乡镇0.39个的水平；每百户固定电话拥有量，少数民族乡镇42.1部低于全省乡镇44.6部的水平；通自来水村占村民委员会比重，少数民族乡镇49.8%低于全省乡镇53%的水平。人均耕地少，有效灌溉面积比重大。2003年，全省少数民族乡镇耕地面积569.9万亩，占全省乡镇耕地面积的5.2%，人均耕地5.2亩，低于全省平均水平2.2亩。全省少数民族乡镇有效灌溉面积占耕地面积比重为18.8%，高于全省乡镇比重2.5%。

3. 少数民族乡镇公共服务水平进一步提高

"十一五"期间，随着兴边富民行动和人口较少民族工作的深入开展，国家和黑龙江省加大了对少数民族和民族地区少数民族发展资金的投入，共建设项目1397个。这些项目的建设，极大地促进了少数民族和民族地区的发展，少数民族和民族地区的综合实力也在不断的升级换档中得到巩固和加强。纳入《兴边富民行动"十一五"规划》的138个少数民族村基本都实现了到乡、县通达路或通畅路，彻底解决了边境地区群众出行难问题；纳入《扶持人口较少民族发展规划（2006—2010年）》的16个人口较少民族村全部实现了国家"四通五有三达到"的验收目标。民族地区生产生活条件得到较大改善。"十一五"期间，全省民族乡镇共完成基础设施建设项目769个，新建、扩建、维修道路5356千米。697个少数民族聚居村中，通公交车的有642个，占92.1%；吃上自来水有481个，占69%。通电的有693个，占99.6%；通电话的有642个，占92%；所有民族村都通邮。民族地区上学难、看病难、听广播难、看电视难等问题得到有效缓解。

7.2.2.2 黑龙江省民族地区的经济状况

1. 民族地区经济综合实力进一步加强，经济总量大幅增长

2010年全省民族地区（指杜尔伯特蒙古族自治县和民族乡镇合计，下同）实现国内生产总值257.1亿元人民币，比2005年增长156.8%；全

口径财政收入实现50.9亿元人民币，比2005增长167.2%；农牧民人均纯收入实现7492元人民币，比2005年增长127.3%；粮食总产实现406万吨，比2005年增长41.4%；大牲畜存栏165.6万头，比2005年增长34.3%。2003年，全省少数民族乡镇农村居民人均纯收入2556元人民币，比上年增加203元人民币，增长8.6%，高出全省平均水平47元人民币。在全省乡镇农村居民人均纯收入前100名中有13个少数民族乡镇，其中，朝鲜族乡镇农村居民人均纯收入为最高，达到2808元人民币，赫哲族乡镇最低仅为647元人民币。

2. 少数民族乡镇经济实力及财力仍落后于全省平均水平

2003年，全省少数民族乡镇平均农村经济总收入9056万元人民币，比全省乡镇平均水平低4636万元人民币。少数民族乡镇中，满族乡镇为最高，平均15142万元人民币，赫哲族乡镇最低，平均为933万元人民币。全省乡镇平均农村经济总收入前100名中有5个少数民族乡镇。全省少数民族乡镇平均财政收入219万元人民币，比全省乡镇平均水平低129万元人民币。少数民族乡镇中，蒙古族乡镇为最高，平均为259万元人民币，鄂温克族乡镇最低，平均为41万元人民币。全省乡镇平均财政收入前100名中没有少数民族乡镇。2003年，全省乡镇平均居民存款余额3248万元人民币，少数民族乡镇平均居民存款余额997万元人民币，仅占全省平均水平的30.7%。在少数民族乡镇中，朝鲜族乡镇最高，平均为1465万元人民币，赫哲族最低，平均为80万元人民币。

3. 少数民族地区人口产业构成差异十分明显

汉族就业人口尚处于由传统型结构向发展型结构转变的阶段，回族人口就业结构已基本演进成为现代型结构，朝鲜族为发展型结构，而满族、蒙古族、达斡尔族三大少数民族人口的就业结构仍旧处于较低层次的传统类型结构阶段，见表7-2。一是主要少数民族人口的第一产业就业比重依然较高，满族和达斡尔族都达到68%以上，是主要民族人口中第一产业就业比重较高的民族，而回族人口多从事二、三产业。分性别看，朝鲜族女性从事二、三产业比重较高，从事第一产业人口比重低于男性,其他民族女性从事第一产业人口比重均高于男性。二是主要少数民族的第二产业就业比重普遍较低,除回族、朝鲜族外,其他少数民族都低于汉族,特别是蒙古族和达斡尔族第二产业人口比重均在10%以下。分性别来看,第二产业的就业比重明显是男高女低,各民族第二产业的男女就业人口比重都在2∶1左右。三是回族就业人口的第三产业比重远远高于其他民族人口,高达58.10%,比最低的满族第三产业所占比重(20.30%)高出近30%。

表7-2 2010年黑龙江5大少数民族人口的三次产业结构　　　　单位:%

三次产业比例分配标准	类型	第一产业	第二产业	第三产业
	传统型	50%以上	25%左右	25%以下
	发展型	16%~49%	26%~40%	26%~49%
	现代型	15%以下	35%左右	50以上%

民族	第一产业比重			第二产业比重			第三产业比重		
	小计	男	女	小计	男	女	小计	男	女
总计	55.34	53.06	58.49	14.44	18.27	9.14	30.22	28.67	32.36
汉族	55.16	52.79	58.43	14.50	18.36	9.19	30.34	28.85	32.38
蒙古族	62.71	60.79	65.10	9.89	13.21	5.75	27.40	26.00	29.15
回族	18.32	17.98	18.81	23.58	28.72	15.93	58.10	53.29	65.26
朝鲜族	42.71	43.27	41.95	17.82	23.84	9.58	39.47	32.89	48.47
满族	68.87	68.04	70.32	10.83	13.26	6.59	20.30	18.69	23.09
达斡尔族	68.76	69.42	67.92	6.57	8.70	3.88	24.67	21.88	28.19

4.少数民族地区产业结构逐步实现调整与升级

衡量地区发展现状的重要指标是产业结构,它的含义是指生产某种使用价值或提供某种劳务的各个行业或部门的关联方式和数量对比关系。一般而言,经济的发展,一方面是国民生产总值的不断增加,另一方面是与之相伴的产业结构不断演进。

黑龙江省民族地区加快产业结构调整,发展优势产业,取得了显著成效。西部杜尔伯特自治县坚持"畜牧立县"的方针,确立了以奶牛为主的畜牧业发展的重要地位,2003年,实现畜牧业产值8.5亿元人民

第7章 黑龙江省民族地区旅游产业的发展模式

币,比1997年增长246.9%,占农业总产值的比重达64%,畜牧业已成为该县的立县产业,使农业和农村经济得到快速发展。另外,自治县还以项目开发为中心,围绕农产品开发的食品工业日益发展,形成了以伊利、妙士、草原兴发等一批具有支撑力的县域工业经济骨干企业集群,培育了稳固的主体财源。梅里斯、富裕等西部达斡尔族、鄂温克族、柯尔克孜族聚居区,也依托地理优势,大力发展以奶牛为主的畜牧业,调整产业结构,"以农保牧,以农促牧",使农业内部的产业结构逐步向良性循环的方向发展,促进了农业增效和农民增收。北部边境地区的赫哲族、鄂伦春族也从固有的渔业经济调整为以农业、养殖业为主的经济运行模式,取得明显成效。满族、朝鲜族地区的养殖业、特色种植业、农村劳动力转移、对外劳务输出和民营经济的发展也有新的突破和发展。[88]

7.2.2.3 黑龙江省民族地区的文化状况

按照《中共黑龙江省委黑龙江省人民政府关于贯彻落实〈中共中央、国务院关于进一步加强民族工作,加快少数民族和民族地区经济社会发展的决定〉的实施意见》要求,到2011年底,全省69个少数民族乡(镇)文化站都能基本完成改扩建工程。黑龙江省少数民族事业"十一五"规划实施期间,共引导各级财政资金近3600万元用于少数民族文化事业的发展,夯实了少数民族和民族地区公共文化发展的基础。黑龙江省民族地区共建有市级民族文化馆4个、县级民族文化馆9个,民族乡(镇)文化站64个,村级文化活动室460个。少数民族文化从业人员(含业余)达到2173人。

少数民族语言、民歌、故事、音乐、舞蹈、服饰、民居、民族工艺、民族习俗和传统体育得到了保护与弘扬,列入国家与省级非物质文化遗产名录的少数民族文化项目不断增多。非物质文化遗产名录中属于少数民族的项目,国家级的有15项(全省27项)、省级的77项(全省143项),少数民族项目占全省非物质文化遗产项目总数的54.1%。少数民族文化产品供给能力迅速提升,以少数民族文艺会演为代表的民族文化活动的开展,为弘扬全省优秀民族文化作出了重要贡献。[89]

在文化研究方面,黑龙江省民族研究所编辑出版的《黑龙江民族丛刊》已成为我国很有影响的国家级民族类核心期刊。该所出版的《黑龙江流域民族历史文化丛书》和《黑水世居民族文化丛书》等一批书目,在社会上产生了广泛的影响。除黑龙江省民族研究所外,全省还有各类少数民族学会8个。

在文艺活动方面,黑龙江省每四年举行一届少数民族文艺会演;定期举办全省少数民族传统体育运动会、少数民族美术书法摄影展览、少数民族文学奖评奖活动、中国北方少数民族歌舞服饰展演活动等。与此同时,各地区还举办了各具特色的旅游文化活动,如杜尔伯特蒙古族自治县依托民族文化大力发展民族风情旅游,定期举办蒙古族那达慕大会;同江市以赫哲族乌日贡大会为载体,连续举办了四届中国同江赫哲族旅游节和赫哲族餐饮制作比赛等活动,调动了赫哲族群众参与民族文化活动的积极性,扩大了赫哲族传统文化的影响力;哈尔滨市每年都要举办少数民族迎新春联欢会、锡伯族西迁纪念活动、在蒙古族"那达慕""敖包会"、回族"开斋节"等民族节日期间组织各种文体活动。[90]

黑龙江省少数民族文化工作虽然取得了一些成绩,但是,仍然存在一些不容忽视的问题。主要问题在于:一是经费投入不足,场馆陈旧落后,不适应少数民族群众文化生活需求。就目前黑龙江省民族文化馆(站)的馆舍看,多是十几、二十几年前建造的,面积小、设施陈旧、功能不齐全,有的地方甚至没有馆舍。二是从事民族文化工作的人员短缺,拔尖人才匮乏。按照规定应配齐的从事民族乡文化工作的人员不到位,有的地方多为兼职。黑龙江省仅有的两个县级民族文艺团体,也是体制落后、人员老化,严重阻碍了民族文化的发展与传承。文化创作队伍跟不上时代发展要求。创作队伍由于缺少经费,很少深入生活、到民族地区采风,少数民族濒危文化保护面临的不利因素依然存在,少数民族文化整体保护工作迫在眉睫。现在少数民族文化保护最急需的是文化生态环境的恢复,如赫哲族、鄂伦春族、达斡尔族都是有语言没有文字的民族,由于这些民族语言应用的范围越来越小,一些靠口传身授的少数民族非物质文化遗产项目消失的危险依然存在，还有加剧的趋势。许多民族传统技艺只是在传承人中流传，精通民族语言的人已经不多，人口较少民族传统文化的发展现状不容乐观。

7.2.3 黑龙江省民族地区旅游产业发展中存在的问题

7.2.3.1 政府由于行政管辖条块分割、多头管理导致对民族地区旅游业的发展重视不足

黑龙江省民族地区旅游产业的发展受到省民族事务委员会（以下简称省民委）、省旅游局和地方政府的多头管辖，省民委主要职能是拟订少数民族事业发展专项规划并监督检查实施情况；参与制定少数民族和民族地区经济社会相关领域的发展规划；研究分析少数民族和民族地区经济发展、社会事业方面特殊问题并提出政策建议，协调或配合有关部门处理相关事宜；参与协调民族地区科技发展、对口支援和经济技术合作；参与管理少数民族发展资金、少数民族地区补助费的分配和使用等。省旅游局的主要职责是规划、指导、协调旅游资源的开发和保护；研究拟定旅游市场开发战略，培育、完善和开发旅游市场；组织全省旅游行业整体形象宣传和境内外重大促销活动；指导旅游企业的经营等。省民委、省旅游局和地方政府都对民族地区旅游产业的发展负责，但又都在资金的投入和使用、政绩和利益的分配方面存在相互推诿的问题。很多地方的民族宗教工作仍然被视为统战工作的一部分，而且在进行民族宗教事务的管理过程中，一些部门职责权限关系不清晰，权责脱节，一些部门职能权限交叉、职能设置模糊，存在多头管理的现象，没有形成体系，由此造成一些部门之间的利益冲突，争权夺利，导致需要大力发展旅游业的民族地区不被政府重视，严重阻碍民族地区旅游产业的发展。

另外，旅游发展的调节机制分工职能混乱，民族地区旅游业最初是以政府主导型的方式发展起来的，在我国目前的民族地区旅游发展中，政府是一种垄断组织，而垄断条件下，任何组织都有可能丧失追求成本

最小化与效益最大化的动力，因此，政府决策面临的不完全信息问题可能破坏帕雷托最优的资源配置，影响整个民族地区旅游产业的前进发展。目前，我国正处于经济转型期，民族地区旅游产业的发展会因政府管理不当和政府不作为而受到阻碍。

7.2.3.2 民族地区由于经济发展水平低导致旅游业的发展面临融资瓶颈问题

在旅游业日趋成为民族地区经济发展中的主导产业的同时，民族地区旅游业发展受到较低经济发展水平的制约，其中一个最重要的问题就是旅游项目开发建设的融资瓶颈问题。有了资金就有了项目、人才、管理和营销。长期以来，由于社会历史、经济政策和体制等方面的原因，民族地区融资环境不佳，导致对旅游业的投资不足，从而造成民族地区旅游人才缺乏、旅游业规模效益不高、旅游服务品味低、旅游管理水平滞后等一系列问题。目前，黑龙江省民族地区旅游产业的发展主要是依赖公共财政投入，其中包括地方政府对旅游项目的投入、省民委对民族地区基础设施建设和改善民生的投入、省旅游局对旅游项目的投入这三大块。然而，这三部分主体在民族地区旅游发展方面的投入也是相当有限。以2013年为例，黑龙江省旅游局2013年预算内投资2500万元人民币；省民委2013年民族事务预算1103.02万元人民币，这些预算再分配到各民族地区就是少之又少了。2010年，全省开工旅游项目369项，总投资150.61亿元人民币。全省重点旅游名镇计划开工项目108个，完成投资28.48亿元人民币。自2009年提出建设重点旅游名镇以来，截至2011年11月，黑龙江省旅游名镇项目财政累计投入资金21.7亿元人民币。

现在政府除了加大投入力度外，还在积极地进行招商引资。通过黑龙江（香港、广东、浙江）产业推介招商、海外华人企业家龙江行和哈洽会等平台进行招商引资，2011年，在黑龙江省旅游局的积极促进下，对外招商引资成果积极，项目招商引资金额总计109.16亿元人民币。例如，2013年7月方正县政府与深圳锦大农投资控股有限公司签订框架协议，公司拟投资约5亿元人民币建设农业旅游项目，整体开发沿江湿地生态公园等。但是，黑龙江省旅游企业在规模上还普遍存在"散、小、弱"的状况，几乎没有成规模、已上市的旅游企业，中小旅游企业的融资又存在很多困难。例如，由于旅游企业规模小，取得担保困难，因此到银行贷款就难；由于企业自身上市融资的条件不具备，因此上市融资不可行；由于政府在操作PPP或BOT方面缺乏经验，因此造成PPP或BOT融资很难实现等，这些都导致带动民族地区旅游产业发展的资金投入不足。

7.3 北国风光特色旅游开发区建设对黑龙江省民族地区旅游产业发展的影响研究

7.3.1 北国风光特色旅游开发区建设将为黑龙江省民族地区旅游产业大发展创造机遇与条件

7.3.1.1 政府的系列改革政策为黑龙江省民族地区旅游产业的发展提供了良好的宏观环境

十六大以来，党中央、国务院从促进我国经济社会又好又快发展的战略高度，把旅游业摆在更加突出的位置，强调要大力发展旅游业。2009年，国务院通过了《关于加快发展旅游业的意见》，提出要把旅游业培育成为国民经济战略性支柱产业和人民群众更加满意的现代服务业。2012年，中国人民银行、国家发展和改革委员会、国家旅游局等七部门联合出台了《关于金融支持旅游业加快发展的若干意见》，为进一步加大金融支持实体经济力度，改进和提升金融对旅游业的服务水平，支持和促进旅游业加快发展提出了一系列具体措施。如今，我国已成为世界第三大入境旅游接待国和出境旅游消费国，形成了全球最大的国内旅游市场，旅游业作为国民经济战略性支柱产业，进入了大众化、产业化发展的新阶段。

2009年5月，黑龙江省委十届七次全会审议并原则通过了《黑龙江省北国风光特色旅游开发区规划》，该规划是根据省委经济工作会议关于建设八大经济区的战略部署研究提出的,力争经过3~5年的努力,将北国风光特色旅游开发区建设成为旅游形象鲜明,空间发展格局科学合理,九大极核带动作用显著,冰雪旅游、生态避暑、边境旅游三大旅游产品基本成型的全国旅游快速发展区域,成为中国首个特色旅游开发区。[91]黑龙江省委、省政府提出的"八大经济区"中"北国风光特色旅游开发区"明确了"打品牌,挖文化"的目的,"十大工程"中抓好贸易旅游综合开发工程,明确了边境旅游和黄金线路两个重点。所有这些政策都可谓是多部门联动,全方位打造旅游经济强省的战略布局,为黑龙江省旅游业大发展提供了良好的宏观经济环境。

7.3.1.2 重大工程项目的建设将促进黑龙江省民族地区旅游产业的发展

坚持以项目建设支撑旅游业发展,黑龙江省旅游部门紧紧围绕北国风光特色旅游开发区规划,深入开展旅游项目建设年活动,下大力气做好省级旅游项目库储备,不断加大招商引资力度,积极推进十大重点板块、中心旅游城市、乡村旅游目的地等重点景区景点建设,培育旅游发展新亮点,用项目建设、产业发展推动黑龙江省旅游业快速发展、可持续发展。[92]

2010年,全省开工旅游项目369项,总投资150.61亿元人民币。哈尔滨冰城夏都旅游区的冰雪大世界四季乐园、五大连池旅游度假区的火山博物馆、大庆温泉旅游度假区的北国之春梦幻城等一大批重点项目的开发建设,为全省旅游业发展注入新的活力。五大连池和镜泊湖景区被国家旅游局新评为5A级景区。全球最著名旅游度假机构之一的法国地中海俱乐部入驻黑龙江省亚布力阳光度假村。

坚持突出重点、以点带面,把旅游开发与小城镇建设有机结合起来,全力打造五大连池、镜泊湖、亚布力、汤旺河、北极村、兴凯湖、黑瞎子岛、名山、海林农场、七星农场、横头山、连环湖等12个重点旅游名镇。截至目前,重点旅游名镇规划编制全部完成,并制定《黑龙江省重点旅游名镇示范导则及评定方法》,促进了全省旅游业快发展、大发展。2010年，全省重点旅游名镇计划开工项目108个，完成投资28.48亿元人民币。五大连池旅游名镇完成一期征地和10条道路及12栋商服楼等基础工程。亚布力旅游名镇完成雪场至雪乡公路工程等13个重点项目。黑瞎子岛旅游名镇完成围堰、宾馆和4栋别墅等基础工程。连环湖旅游名镇一期完成了室内外温泉、湖上项目等工程，填补了黑龙江省药浴温泉养生和雪地温泉的空白。

2012年，黑龙江省交通运输厅按照省委、省政府的部署，积极推进旅游名镇连接公路和景区道路建设。规划实施公路项目15项共686千米，总投资55亿元人民币，其中一级公路241千米，二级公路274千米，三级公路171千米。经过两年建设，形成以哈尔滨为中心，14个旅游名镇对外连接公路主通道将基本实现二公路和二级以上公路连接。这些重大工程项目的建设进一步为黑龙江省民族地区旅游业的发展提供了良好的硬件发展条件。

7.3.2 北国风光特色旅游开发区建设将促进黑龙江省民族地区旅游产业集群建设

旅游产业集群的形成就是要通过空间集聚和产业联动来提高区域旅游产业的整体竞争力。北国风光特色旅游开发区的建设将从政策层面推动旅游开发区基础设施建设、培育相关支撑企业、打造客源市场，民族地区可以充分借力北国风光特色旅游开发区的地缘优势，得到以上三方面的辐射效应。

在旅游产业集群形成过程中，政府的政策性扶持和制定的各种优惠鼓励政策能够吸引企业加入，这不仅仅是区域旅游产业集群形成所必须的"硬件"条件完善的保障，更是其"软件"得以发展和完备的前提，即通过制定科学合理的旅游产业发展政策和规划，引导区域旅游产业健康、持续和快速发展，并运用政府的力量引导旅游企业的地理性集中，从而促使区域旅游产业高效率地发展，并获得持续的竞争优势。[93]

北国风光特色旅游开发区初步建成后，民族地区将在政府政策的推动下逐步形成其内在发展动力。开发区对民族地区的辐射效应将使得地理上相互临近，空间距离小的旅游企业降低交易成本，促进企业间互信机制的建立和交易习惯的形成，进而可以减少交易的额外成本。与此同时，北国风光特色旅游开发区的建设一方面将吸引具备一定实力的旅游企业进驻开发区及民族地区，另一方面将带动开发区和民族地区旅游企业向着规模化方向发展。通过产业内专业化的分工和不断创新降低生产成本和经营成本，形成规模经济。企业协同创新的需要也将进一步推动旅游产业集群的形成，开发区内具备一定实力、规模和开拓能力的企业首先通过自身创新能力产生一定的示范效应，然后带动、吸引大批企业协同创新，培养出协同创新的良好环境，进一步推动旅游产业集群的发展。

7.4 民族地区旅游产业发展模式典型案例研究及其启示

7.4.1 我国民族地区旅游产业发展模式典型案例研究

7.4.1.1 政府主导、公司运作、社会参与的互动发展模式——以湖南省凤凰县为例

凤凰县地处湖南省西部边缘，湘西土家族苗族自治州的西南角，属经济欠发达地区。凤凰县旅游产业起步晚，但创造了一种发展迅速、效益显著、独具特色的凤凰县旅游发展模式。凤凰县进一步发展了大理的"政府—事业管理—企业经营"的发展模式和丽江的"政府—企业"发展模式。凤凰县政府根据旅游业不同发展阶段的特点不断调整政府主导内容与政府工作重心。在旅游发展的初始阶段，旅游开发涉及面广，工作难度大需要政府强势介入。政府主要从事旅游资源调查、规划、宣传、开发、交通与旅游基础设施建设、协调社区关系和文物古迹的保护与修缮工作。景区（点）也主要由政府极其相关职能部门经营管理。在旅游产业步入发展阶段后，政府主导内容要进行调整，工作重心转入制定旅游管理条例、规范市场、协调社区与公司关系、加快旅游交通设施建设和加强资源与环境保护等事务，保障旅游业的持续健康发展。同时，实

施公司化运作、推动社会参与凤凰县旅游及时转入以市场为导向，积极引入市场机制实行景区公司化经营。黄龙洞投资股份有限公司非凡的经营理念和管理模式，促使凤凰县旅游业飞速发展。

由此可见，从民族地区旅游产业发展的推动主体方面看，政府的重视与工作水平在民族地区旅游产业发展初期起到至关重要的作用，在民族地区旅游产业发展初期，政府必须起到主导作用，如制度的建立与完善、基础设施的建设与发展规划、市场的培育、资源的保护与开发、各方利益的保护与平衡等。当旅游产业发展步入快车道时，政府有必要从完全主导向有限主导过度，建立完善的管理与监督机制，引入具备实力的旅游管理公司，同时调动好当地居民，形成产业利益相关者互动发展的动态发展模式。

7.4.1.2 集立体旅游圈和产业集群为一体的整体发展模式——以贵州省民族地区为例

贵州民族地区旅游产业的发展采取打造旅游产业集群经济圈的模式，范围主要指贵州民族地区市及其所辖12县的行政范围，其构成的县域旅游组块为构成研究范围的区域单元。1985年贵州民族地区"区域旅游圈"概念首次被提及，2003年底，整个贵州民族地区旅游圈区域旅游的整体框架基本形成。贵州民族地区形成了集自然、历史、民俗、节庆活动以及会议会展等为一体的9个旅游产业集群经济圈。

贵州民族地区旅游产业集群经济圈的构建主要依靠以下三个基础条件：一是贵州民族地区旅游产业作为地区支柱性产业发展已较为成熟，不仅从业人员几乎占到了城镇就业比例的一半以上，而且旅游收入较高，近乎占到地区GDP的三分之一。二是贵州民族地区旅游产业集群经济圈内部具备集群发展的基础。贵州民族地区旅游产业集群中旅游项目借助丰富的旅游资源，最初主要以贵州民族地区市区旅游和贵州民族地区—黄果树瀑布和梵净山风景项目为主，逐步形成了典型的核心—边缘互动的贵州民族地区区域发展格局。三是得益于贵州省政府行政角色的转变与对民族地区的政策支持。贵州民族地区市政府从2002年以来打造贵州民族地区旅游圈，随后几年开展了区域内合作，签署合作协议，构建无障碍旅游区，搭建区域内政府间的合作平台。2005年，贵州民族地区政府又成立了旅游信息协会，开通了贵州民族地区旅游信息网，这些形式均为区域旅游集群的启动和发展提供了良好平台。[94]现在，贵州民族地区旅游形成了除传统的黄果树瀑布和梵净山旅游集群之外，一个集综合旅游区和特色旅游区的形成、特色文化品牌建立为一体的立体式贵州民族地区旅游圈。

由此可见，那些区域分布零散、旅游资源有限、经济欠发达的民族地区各自为政发展旅游业是很难成功的，民族地区需要通过建设旅游产业集群经济圈形成产业发展的合力，在资源共享、整体宣传、旅游线路的形成和优势互补等多方面发挥集合效应和竞争效应，形成区域内大旅游的格局，这是未来民族地区旅游产业发展的必经之路。

7.4.1.3 区域协同营销和发展的导向型发展模式——以甘南藏族自治州为例

甘南藏族自治州位于甘肃省南部，是中国10个藏族自治州之一，地处甘肃、青海、四川三省交界地带，属藏、汉两大文化板块的结合部。牧业、林业、水力、矿产和旅游是甘南的资源优势。以藏族为主体民族的甘南藏族自治州，是国家扶贫工作重点地区。畜牧业是甘南州的支柱产业，为甘肃省主要牧区之一，四千多万亩的天然草场，是青藏高原天然草场中自然载畜能力较高、耐放牧性最大的草场，被誉为亚洲最好的天然草场之一。在政府支持下，以自然旅游资源为基础，以民族文化、宗教文化为特色，以区域协同营销和发展为手段，打造甘南州旅游特色品牌，实现甘南州旅游产业集团化发展，最后实现以旅游产业带动相关产业发展的经济导向型与适度超前型相结合的发展模式。[95]

由此可见，民族地区除了拥有独特的民俗文化资源外，通常还拥有一些具有比较优势的自然资源，民族地区要充分利用这些优势资源，大力发展相关产业，使民族地区旅游业与相关产业协同发展，形成包括旅游产业在内的多产业互动发展模式，即多架马车拉动地方经济，最后助力旅游产业发展的模式。

7.4.1.4 "品牌特色+规模发展"的现代营销型发展模式——以内蒙古克什克腾旗为例

克什克腾旗（以下简称为克旗）位于内蒙古赤峰市西北部，地处内蒙古高原中东部。近年来，克什克腾旗以旅游业为优势产业，坚持发展特色旅游战略，主打草原生态、世界地质公园、民族传统文化三大旅游品牌，旅游业发展突飞猛进，迅速成为内蒙古自治区的旅游大旗。现在，克旗景区建设形成一定规模，已建成以达里湖为中心的贡格尔草原风情旅游、以热水塘为中心的温泉康乐疗养度假旅游、以乌兰布统古战场为中心的草原生态旅游、以青山岩臼园区为中心的古地质遗迹和历史文化旅游、以经棚为中心的西拉沐沦旅游五大旅游区域，形成世界地质公园地质地貌、沙地云杉、达里湖、黄岗梁国家森林公园及国际狩猎场、贡格尔草原、乌兰布统坝上草原、西拉沐沦河、桦木沟森林风光、热水塘神泉、蒙古族游牧文化等十二大旅游景观。[96]

由此可见，民族地区旅游产业的发展要充分利用资源优势，运用现代营销理念，走特色品牌之路，在旅游产品的设计、旅游产品的宣传、旅游品牌的创立、旅游市场的培育、规模经济的实现等方面做到科学规划、市场运作、现代营销，将"品牌特色和规模发展"作为大力发展旅游业的关键突破点，以点带面形成旅游业全面发展的良好局面。

7.4.2 我国民族地区旅游产业发展模式典型案例带来的启示

7.4.2.1 在民族地区旅游产业发展初期政府的主导作用非常重要

一方面，旅游业的战略地位和作用要求政府主导。旅游业已成为当今世界最具发展活力和潜力的国民经济大产业，20世纪90年代初就超过石油工业和汽车工业，成为世界第一大产业。现在已进入大众化和全球化旅游时代，旅游业日益成为国民经济的重要支柱产业，成为国民的基本生活方式，成为现代经济和社会发展的重要标志。更重要的是旅游业直接或间接地拉动了交通运输、商业贸易、金融保险、食品加工、商业购物、信息咨询、影视娱乐和会展商务等现代服务业的发展，促进了科研技术、教育培训、城乡建设、环境保护、生态建设、国民素质的发展和提升，已成为带动现代服务业及相关产业和社会各项事业发展的优势产业。

另一方面，旅游产业资源的区域整合和互惠需要政府的主导。相同或类似的旅游产业要素往往会跨越地域上的行政界限，因此必须树立"大旅游"观念和"一盘棋"思想，对具有共同特质的、跨越行政地域界限的旅游产业资源，要紧紧围绕共同点和相关性进行开发，加强对要素资源的整合利用，不能各自为政、圈地经营、地域保护。在区域联合、地域联动方面，市场的分散决策、自发形成、自由竞争、自主经营、个体利益驱动将难以实现统一协调、互利互惠、互相依托、破除界限，因此需要政府积极主导、统一调控、协调安排，有效整合各相关区域资源，解决体制上、管理上和经营中一系列问题，形成资源合力，实现地域合作利益最大化。

7.4.2.2 民族地区旅游产业的发展要依靠集群式大旅游发展格局来实现

民族地区旅游业的发展面临着诸多的问题和困难，如由于民族地区旅游业进入退出壁垒较低，往往造成旅游企业相对数量过多，企业规模普遍偏小；旅游行业发展也不平衡，景区业占据绝对统治地位，其他旅游行业弱小，经济效益普遍低下；旅游产品链不全，单一的初级观光旅游产品配套接待能力有限的旅行社、酒店、餐饮和购物点，往往缺乏专向游客提供的休闲娱乐产品、特色商品生产和各种旅游交通产品；旅游企业之间没有建立起良好的协作关系，各自为阵，信息分散，缺乏稳定的系统的关联性经营。[97]民族地区要实现旅游业的发展就必须走上集群式旅游发展道路，使产业集群在发挥集聚区域的竞争优势，突破企业和单一产业的边界，降低信息交流和经营成本，形成区域的聚集效应、规模效应、品牌效应，促进旅游产业机构调整和优化升级，加快大企业、大集团纵向一体化的发展，扶持配套产业的发展，促进具有竞争和合作关系的企业、关联机构、政府、社团组织的互动等方面发挥着积极和重要的作用。

旅游产业集群的建立能够优化群内旅游产品结构，使集群内部每个旅游企业找准自己的定位点，做出自己的特色，并把它做专、做精、做大、做强，从而避免发展中出现的恶意竞争、产业雷同、大而全、小而全等问题。[98]同时，集聚区的建立将会对集聚区内企业拥有和保持创新能力，促进区内产业结构的优化和升级起着至关重要的作用。另外，集群内政府不仅要为旅游产业集群化发展创造良好的硬件环境，更要为集聚区内企业提供良好的制度环境。这就避免了因各个旅游企业各自为政经营而导致对民族地区整体形象的塑造带来负面影响，提升民族地区旅游整体形象。

7.5 黑龙江省民族地区旅游产业发展的路径选择及对策研究

7.5.1 黑龙江省民族地区旅游产业发展需要政府先"主导"后"干预"

7.5.1.1 民族地区旅游产业发展中政府由"主导"过渡到"干预"的原因

1. 政府对旅游资源拥有明确的产权

国内学者大多认为之所以需要政府主导旅游产业，其重要原因在于旅游产业存在市场失灵：一是旅游资源属于公共产品，容易产生"搭便车"现象，因而需要政府主导旅游产业发展。除了旅游资源本身的公共产品特点外，旅游产业的发展还需要依托大量其他的公共产品，包括旅游资源、旅游环境、旅游基础设施等物质条件和良好的社会风气、有效的部门联动、完善的政策法规、便捷的咨询服务等无形服务。二是旅游市场的信息不对称，旅游目的地、旅游企业与游客之间因为信息不对称，无法区分旅游产品的品质，因而也需要政府主导旅游产业。三是旅游业会对环境、资源造成外部不经济，外部性的问题也必须由政府主导。

但他们都没有考虑到旅游资源在开发利用前已经作为一种资源而存在，具有明确的产权。旅游资源是指自然界和人类社会凡能对游客产生吸引力，可以为旅游业开发利用，并可产生经济效益、社会效益和环境效益的各种事物和因素。旅游资源分为地文景观、水域风光、生物景观、天象与气候景观、遗址遗迹、建筑与设施、旅游商品和人文活动等八大类。可以看出，在这些旅游资源尚未被旅游业开发利用前，它们已作为某种资源归属于国家。公共产品是指一个人对某一产品的消费不会导致别人对该产品消费的减少，也不能阻止别人对该产品的消费。简单说公共产品的特点就是消费的非竞争性和非排他性。对于绝大多数旅游资源而言，在旅游资源未被开发利用前，从它能为人们提供观光游览的精神产品角度而言，它属于旅游公共产品，也就是说它既不能阻止人们旅游，在不拥挤的情况下也不能因一个人的旅游而减少其他人旅游；或者它属于公有资源，即它不能阻止人们旅游，但在拥挤的情况下，一个人的旅游会对其他人旅游质量造成不利影响。但旅游资源不可能永远作为公共产品或公有资源而存在，一方面是因为旅游资源不同于阳光、空气没有产权，相反，旅游资源在未开发前本身已经作为某种资源有着明确的公有产权，被开发后就不再属于公共产品或公有资源。因此，旅游资源拥有产权而非公共产品。一方面，政府可以通过两权分离的办法退出其在旅游产业中的主导地位，使旅游企业真正成为市场主体；另一方面，政府可以间接的干预市场，即为市场提供公共服务以促进信息沟通、进行市场监管、保护环境和资源以消除市场的负外部性。

2. 避免政府利益最大化

《中华人民共和国旅游法》尚不完善，各地旅游产业的发展靠地方政府的意志，"摸着石头过河"。政府在促进旅游产业发展中扮演的角色各异，如王赞新（2010）曾以湖南省武陵区、凤凰县和永顺县为例，指出武陵区核心景区实施政府垄断经营，而其他两地采取所有权与经营权分离模式，吸纳民间资本开发旅游业，政府进行公共管理与服务。同样是古镇旅游，周庄采取的是市场为主体经营模式，乌镇采取政府为主体经营的模式。由此可见，各地政府干预旅游产业没有固定模式，旅游业发展水平和政府管理能力也不同，这完全出于地方政府利益的考虑。各地政府均将发展旅游产业看做促进地区产业结构升级、带动经济增长的一剂解药，导致一些地方政府为追求眼前利益、保护本地经济利益而将自己打造成具有独立利益和行为目标的"准市场主体"。

尽管我国自改革开发以来一直主张采取政府主导型旅游产业发展战略，但不等于说认可政府的市场主体地位。政府主导型旅游产业发展战略也是建立在承认市场主体地位的基础之上。然而在实际当中，因为法律法规的不健全，各地政府出于政府利益考虑，在干预旅游产业发展的同时将"政府主导"理解为"政府主宰"，既管理、指导、规范市场又参与市场经济活动，政府偏离公共效用最大化的目标，而将追求自身效用最大化作为目标，结果导致政府职能的转变和权力的滥用。例如：企业设租，政府官员寻租；政府监管、服务做得少，参与市场做得多；等等。正如经济学家帕金森所言，随着政府行政权力的增加，政府作为经济人一面越来越强烈，成为有着国家意志和行政权力作为掩饰而容易掠夺消费者的经济人。[99]因此，政府在旅游产业发展中扮演的角色应逐步从"主导"向"干预"转变，以避免政府利益最大化问题给市场带来严重后果。

3. 政府在旅游产业发展中扮演的角色要与时俱进

世界各国政府在发展旅游业中的作用大致分为两种：政府主导型和市场主导型。美国、法国、英国等发达国家由于市场经济体制完备，其旅游业的发展模式采取的是市场主导型，将市场作为主要推动力推动旅游业成长与演进，政府在一定时期内对旅游业不施加或者很少施加影响，倾向完全由市场这只"看不见的手"自动调节旅游产业的资源配置过程。日本虽然也属于发达国家，但是在发展旅游业方面却一直采取与其他发达国家完全不同的发展模式，即政府主导型发展模式。其他一些国家在旅游方面基本上采取的模式都是政府主导型的，如西班牙、墨西哥、新加坡、以色列、印度、泰国等。1996年，我国政府在借鉴一些发展中国家发展旅游业的成功经验基础上，首次明确提出政府主导型旅游产业发展的战略，并一直沿用至今。

然而，任何一种发展模式都不应该是一成不变的。随着市场经济改革的深化，市场越来越要求通过其内在机制发挥作用。近年来，我国旅游产业平均以每年10%左右的速度在增长,其发展速度远远高于国家整体的经济增长率,旅游业进入了一个大发展时期。预计到2020年我国旅游产业规模、质量、效益将基本达到世界旅游强国水平。这一过程需要我们更多地运用商业的理性、资本的逻辑、技术的进步并且遵循市场的规律,更好更快地实现旅游产业发展方式转变和旅游产业结构优化。正如国家旅游局规划财务司司长吴文学所说,政府要逐渐将角色由运动员转变为教练员和裁判员。政府要采取措施组织资源开发、推动产品建设、加大宣传促销力度等,即政府高度重视、促进、引导旅游产业发展,而并非作为市场主导直接参与市场经济活动。在市场经济体制下,政府的作用严格地说应该是积极干预,从政策、服务、监督等方面做好对旅游产业的引导。

7.5.1.2 政府干预民族地区旅游产业发展的角色定位

1. 政府、居民作为旅游资源的所有者拥有产权

产权是以财产所有权为主的一系列财产权利的总和,包括所有权及其衍生的占有权、使用权、经营权、收益权、处置权和让渡权等权利。产权具有明显的排他性,明晰的产权是市场交易的基础。因此,产权的清晰界定很重要,往往决定了产权变迁的方向和对双方盈亏的影响。产权安排的中心任务是表明产权的内容如何以特定的和可以预期的方式来影响资源的配置和使用,以及产出的构成和收入的分配等。合理的产权安排能够最高效率地配置和使用稀缺资源,同时激励人们最佳地使用他们的财产,以获得最大的收益。[100]建立有效的激励机制和治理结构,真正实现产权明晰、权责明确,才能保障旅游资源开发的效率。

只有建立起清晰明确的产权主体,市场配置资源才是有效的。由于旅游资源不是公共产品,政府作为产权所有者将其开发利用责无旁贷,政府要出台政策、措施将旅游资源所有权和经营权分开,政府作为所有者对资产进行监督、对环境进行保护。除此之外,政府就可以只管做一个市场的"守夜人"。民族地区旅游产品更多的是对民俗民风等文化的解读和体验,旅游资源以人文旅游资源为主、自然旅游资源

第7章 黑龙江省民族地区旅游产业的发展模式

为辅。民族地区的居民既是民族文化的创造者也是所有者,因此理应作为旅游资源的所有者参与要素的分配。政府、当地居民作为所有者拥有产权,企业作为经营者拥有经营权,这不仅具有理论依据,而且有着现实意义。

所有权、经营权和管理权相分离的实践模式主要有三种,即经营权长期出售制、股份制、村民自主经营制三种产权制度形式。丽江主要采取的是股份制旅游经营模式,其主要内容是:政府出资源,企业出资本,在保护生态的前提下,授权企业在相当长一段时期内对资源进行整体控制和开发,简言之,采取旅游开发模式中的上市股份制企业经营模式,应当说在西部乃至中国具有很强的现实意义,是旅游资源产权制度新尝试和成功典范。

2. 政府作为旅游公共服务提供者增加社会福利

政府可以为旅游产业的发展提供公共服务,即进行旅游目的地基础设施建设、旅游信息沟通与提供、旅游产品整体促销等,这样既不会因参与个别企业的经济运行而干扰市场,又可以通过为整个市场提供公共服务而增加旅游市场总需求。如图7-1所示,供给曲线 S 表示旅游产品的供给意愿,长期看来因民族地区垄断性的旅游资源使得市场进入壁垒较高,供给曲线的弹性较小;需求曲线 D_1 表示在没有政府干预的情况下,消费者对民族地区旅游的需求意愿,因为民族地区旅游替代性小,需求曲线的弹性也较小。政府提供公共服务,会促进旅游市场需求增加,需求曲线由 D_1 向右平移至 D_2,这时旅游市场均衡点由 E_1 变为 E_2。

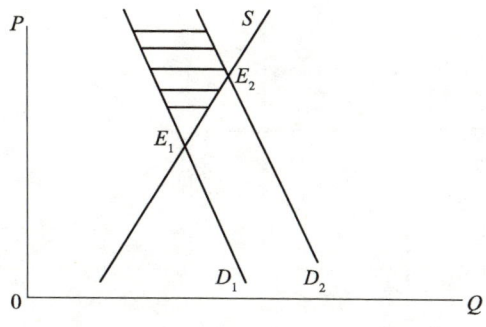

图7-1 政府对旅游市场供求的影响

社会总福利等于消费者剩余与生产者剩余的总和,简单说就是需求曲线以下生产曲线以上的部分。从图7-2中可见,社会总福利会因需求的增加而增加,增加部分用图中阴影部分表示。尽管政府提供公共服务是有成本的,但对市场需求的带动会受到乘数效应的影响而成倍增长。因此,政府提供公共服务使得民族旅游市场需求增加,社会总福利增加。

3.政府作为市场经济的宏观调控者促进资源有效配置

政府可以采取政策措施对旅游产业的发展进行宏观调控。政府在民族地区旅游产业发展中不是作为市场经济主体直接参与旅游市场活动,而是作为宏观调控者间接干预旅游市场。市场会在"看不见的手"的指挥下使资源实现有效配置,然而,市场并不是万能的,市场只能有代价地实现经济价值最大化。民族地区旅游产业多元价值的实现要靠政府的宏观调控,政府通过调整信贷、税收、制定法规等手段帮助民族地区旅游产业实现社会文化价值、环境生态价值等。以政府运用税收手段调节旅游市场为例。

如图7-2所示,在完全竞争市场上,当政府没有对旅游企业收税时,市场会自动达到均衡。当政府对旅游企业收税时,卖者得到的价格比没有税收时的低,买者支付的价格比没有税收时的高,导致买卖双方在市场上交易数量的减少。这样,一方面政府可以将税收收入用于补偿旅游对民族地区居民造成的精神损失、资源破坏和环境污染等外部性问题,另一方面政府又可以引导市场减少或增加对旅游产品的供与求。

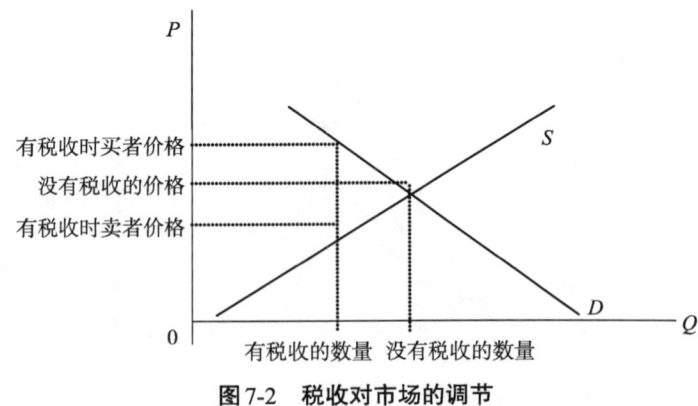

图7-2　税收对市场的调节

7.5.2 黑龙江省民族地区旅游产业发展应该走出一条区域协同发展之路

7.5.2.1 黑龙江省民族地区协同发展旅游的理论依据

1978年德国斯图加特大学教授、著名物理学家赫尔曼·哈肯从物理学的角度提出协同理论及思维方式。协同学以统一的观念处置一个系统内部各因子之间的相互作用，使得系统能够形成宏观水平上结构并体现功能的良好协作。当各子系统相互协调，相互影响，整体运动占主导地位时，系统呈现有规律的有序运动状态，整体功能也能有效发挥。而形成"一种新的有序结构一旦产生，就会获得更为丰富的时间结构！空间结构和功能结构；只有不断与外界进行能量和物质交换，才能维持新的有序结构；新的有序结构一旦产生，便具有相对的稳定性，不会因外界条件的微小变化而消失"系统从无序到有序演变，波浪式前进，各个子系统之间具有协同性。

黑龙江省民族地区的发展应汲取协同学原理的理论智慧，遵循比较优势与互利共赢原则、科学性与超前性原则、组织实施的可操作性与可调控性原则、协同发展下的效率与公平兼顾原则，重构价值取向，理顺各个旅游开发区与民族地区发展的轨道，进行资源整合，调整产业结构，实现功能进化；建立跨行政区组织协调机构及其运行机制，彼此之间并行不悖，彼此之间相互适应；加强在宏观发展框架下的区域规划工作和规划实施，有效激活与加快构建行业与企业的自组织协调机制；建立跨行政区点轴开发的经济地域系统；建立区际协调与保障机制，并提出区域协同发展战略选择与实施途径，通过协同理论的引领，有效避免产业结构趋同，更加明确地域分工体系，坚持凸显地方特色，促使民族地区的发展由当前的无序化走向未来的有序化。

7.5.2.2 区域协同发展的基础是便捷的无障碍交通网络

民族地区旅游业的发展离不开省内基础设施的建设，交通作为旅游业的三大支柱之一，对旅游业发展有着至关重要的影响。无论是发展省内十大旅游开发区，还是发展民族地区旅游业都需要以便捷的无障碍交通网做基础。进一步提高旅游交通的效率，合理规划与管理旅游交通基础设施，提高省内各旅游开发区之间和旅游开发区与周边民族地区的交通便捷度、舒适度，构建便捷的无障碍交通网络，是实现区域旅游协同发展的实际需要，交通与旅游既可相互促进，也可相互制约，必须尽力使交通与旅游有计划地协调发展，互相促进，物尽其用，才能发挥彼此间最大的潜力。[101]

总体而言，黑龙江省的交通设施状况良好，拥有以哈尔滨为中心向旅游开发区辐射的高速公路，基本实现4小时公路交通旅程圈。黑龙江省各级政府在实施"村村通"工程的同时，加大了对民族乡村交通建设的投入。据统计，"十一五"期间，黑龙江省共投入资金3.26亿元人民币，完成了69个民族乡至各县城的道路硬化工程，完成全省697个民族村至乡（镇）的公路硬化，总里程达5356千米。未来黑龙江省应该实现交通网络无缝对接，建设城际高速铁路，提高旅游开发区至民族地区的公路等级，建立自驾游等相关旅游的交通服务保障体系等，力求实现区域旅游一体化。

7.5.2.3 区域协同发展的目标是共享资源和互惠互利

黑龙江省十大旅游开发区及六大民族地区要各自谋发展的同时，突破行政区划限制，在省内、开发区内进行区域性资源整合，发展区域性旅游产业。区域合作能更好地满足消费者的旅游需要，改善旅游产品的结构，丰富旅游产品的内容，降低旅游费用，吸引更多的消费者，从而解决旅游产业一贯存在的产品单一的问题，并提高旅游资源利用效率，避免旅游市场重复建设，防止行业恶性竞争，通过区域旅游资源整合，实现区域规划一张图、交通网络无缝对接、旅游叠加效应凸现。推动区域旅游资源、产品、市场、信息、客源和利益共享，达到政策统一、规划统一、市场统一、信息统一和标准统一的"五个统一"。鼓励和倡导区域内互为旅游客源地，互为旅游目的地，实现区域内的互动旅游。

为全方位促进十大旅游开发区和六大民族地区的旅游宣传的深度合

作，进行联合促销，打造统独具特色的旅游品牌形象，还需要创新合作机制，相互支持各自举办的旅游促销活动，实现旅游资源共享。在打造各旅游开发区的旅游品牌和形象的过程中，加大对游客宣传民族地区旅游的力度，组织开展各类宣传活动，组织省内旅游部门和企业走进民族地区开展促销活动。可以说，区域旅游协同合作是互惠互利的过程，市场的互补、叠加效应会更明显，将有效地促进十大旅游开发区和六大民族地区的旅游经济又好又快发展。

7.5.2.4 区域协同发展的方法是实行"旅游一卡通"

为了充分发挥区域内各自资源优势，彰显地域民族特色，面向国内外不同客源群体的不同需要，整合设计精品旅游线路，共同构建旅游产品体系，黑龙江省可以效仿京津冀三地采取"旅游一卡通"的方式，既实现了彼此间旅游资源信息、服务的相互连接，在更大区域范围内整合了旅游资源，也促成了旅游产品的联动、旅游项目的优化，更为旅游节庆活动搭建了很好的营销平台，为游客提供了更多更方便的旅游休闲方式和更优惠的旅游消费产品，从而使旅游发展真正迈出区域旅游合作实质性的步伐。"旅游一卡通"会以其旅游资源的整合和优惠的价格，大大激发广大市民的出游愿望，激发了人们娱乐、休闲潜能的释放，地区的空间区隔进一步被弱化，游客进入与对流规模进一步扩大，旅游经济效益倍增。

7.5.3 黑龙江省民族地区旅游产业发展要以科学、适当的组织模式为基础

发展民族地区旅游产业，既要选择符合市场经济发展要求的科学的组织模式，同时还要根据本民族地区的各方面条件和特点选择适当的组织模式。

7.5.3.1 松散的个体经营模式

松散的个体经营模式是指民族资源的所有者直接进行项目的开发经营，民族地区社员分散地自主经营，项目的所有权、经营权合一，而没

有通过第三方代理经营与管理。这种组织模式适合于民族地区旅游产业发展初期，民族资源尚没有有效的整合与开发或没有外界资本可以进入的情况。这种组织模式有利于调动民族地区社员的积极性，但却存在着由于经营者自身在经营观念、经济实力等方面的局限，而导致民族地区旅游产业发展受到限制。

7.5.3.2 "政府+企业+业户"模式

"政府+企业+业户"模式是由政府负责招商引资及民族地区旅游的整体规划，由旅游企业为龙头进行旅游景区的开发建设和营销，带动民族地区旅游产业发展，由自愿参与的民族地区社员为主体提供旅游服务，形成多方参与、优势互补、共同发展的格局。这种组织模式适合民族社员聚集，民族地区旅游粗具规模的地区，如佳木斯敖其镇赫哲族聚集区，齐齐哈尔梅里斯哈拉新村达斡尔族聚集区等。

7.5.3.3 "社区+公司+业户"模式

"社区+公司+业户"模式是指"社区"作为社员代表的村旅游协会，由村旅游经营业户参加，一户一名代表，其职权相当于旅游公司董事会，决定村内一切有关乡村旅游开发的重大事件、任命并考核、监督旅游公司管理人员、审查财务状况等。[102]"公司"接受协会委托，具体负责本村乡村的旅游经营。"业户"作为具体服务的单元，承担公司安排接待游客，定期与公司结算。这种组织模式能充分保障开发成本和利益的均衡分配，也能使乡村文化得到较好保护与传承。但由于村办的企业规模有限，资金实力不足，在利润的分配时，有可能与村民间发生争执。

7.5.3.4 整体租赁模式

整体租赁模式指将旅游资源所有权与经营权分开，授权给一家企业进行较长时间经营和管理，成片地租赁开发，垄断性地建设、经营及管理，按约定的比例由所有者社员和经营者企业分享经营的收益。这种组织模式使得旅游资源的开发效率很高，收益也会较为可观，如杜尔伯特蒙古族聚集区的连环湖等。

第7章 黑龙江省民族地区旅游产业的发展模式

7.5.4 黑龙江省民族地区旅游产业发展的关键是成为旅游产业集群中的集群辐射带

7.5.4.1 民族地区集群辐射带的推动主体是政府及旅游组织

黑龙江省民族地区旅游产业的发展要充分依托十大旅游开发区所拥有的各方面优势，打造以旅游开发区为产业集群中心，以民族地区为集群辐射带的发展格局。

民族地区要想成为旅游开发区产业集群中的辐射带，首先要得到政府的重视与推动旅游产业具备综合性、关联性及影响力强的特点，涉及的领域比一般产业更为广泛，因此，如果仅仅依托旅游产业自发形成集群将会需要相当漫长的时间。政府在区域旅游产业集群形成与完善阶段要协调多方因素，并行使有所为、有所不为和有所为与有所不为相结合的介入来支持集群辐射带的形成发展。

旅游核心企业、部门和机构构成了旅游产业的主体，它们的有效分工和协作是民族地区旅游辐射带得以持续发展的前提，加强这些企业、部门和机构的关联和合作，充分提高旅游产业集群价值链的比较优势，更大程度发挥旅游辐射带的优势是旅游产业主体存在的动力。各地政府的引导下，正式或非正式旅游集群组织的成立能促进区域旅游产业集群主体的协调和合作，并吸收了更多本区域内外的旅游企业作为组织成员加入，在共同的愿景下展开区域性的联合，对外营销本地的旅游目的地，打造健康的竞争合作关系，并有目的性和规划性地在该区域旅游产业内发展不同规模、不同类型的旅游企业所组成的成熟集群，来完善目前的区域旅游产业集群体系，促进区域旅游产业集群的进一步发展。[103]

7.5.4.2 以旅游开发区为中心培育"由点到带"的产业集群发展路径

目前，黑龙江省民族地区旅游还处于初步发展阶段，已基本完成民族村的建设，景区景点也已初步运营，但相关产业还处于低水平发展阶段。这主要是由于民族地区提供的旅游产品还不够丰富、尚缺乏一批有实力的旅行社、宾馆、酒店、购物商场、交通运输、娱乐场所

199

等旅游要素供应层企业，这就需要政府在交通设施、邮电通信、金融服务、媒体宣传、环境保护、医疗处理等方面做好保障与支持，逐步引进或培育出具有一定竞争优势的核心企业，带动民族村旅游产业的综合发展。

随着民族村点状旅游核心企业向专业化和协作化的发展，核心企业会把生产经营中不关键的部分或竞争力相对较弱的环节转包出去，这样旅游产业链条就会得到延伸和拓宽，由初始的点状阶段向线形阶段发展。然后，随着旅游开发区产业集群的建设和发展，其辐射效应进一步促进具有地缘优势的民族村的民俗旅游、探险旅游、教育旅游、生态旅游、休闲度假旅游、健康旅游、体育旅游等多元化主题旅游产业链的形成，从而使产业集群链条进一步地纵向延伸，产业链各节点横向加粗，相互错综交织，与旅游开发区共同形成密集网络式旅游产业集群。

具有示范作用的民族村会带动位置邻近、民俗文化环境相似、经济发展高度关联、产业互动发展的民族地区开始逐步打破传统行政区域的划分限制，出现以民族村为依托，跨行政地域的旅游产业带发展趋势，旅游产业链条的延长和拓广突破以往的点状、线形、网面发展轨迹，呈现出明显的带状旅游经济集群趋向。

7.5.5 黑龙江省民族地区旅游产业发展的前提是运用好BOT融资模式

7.5.5.1 黑龙江省民族地区旅游产业发展选择BOT融资模式的原因

旅游业融资涉及景点景区、饭店、餐饮、娱乐、交通建设等方面，各方面的内容和要求各有差异。一般来说，旅游基础设施项目、重要服务设施项目、间接项目、长远效益项目要采取政府融资方式，其途径是财政拨款的专项资金、国债资金、影响旅游发展的其他专项资金、地方财政自筹资金。但是，从旅游产业投融资经济规律的角度出发，按照产业内各个部门链提供的产品和服务的性质，旅游项目可分为非经营性、可

经营性、准经营性三种类型。作为企业，其投资、经营的最终目的是获得经济上的收益。[104]所以兼顾企业和旅游行业的特点，企业主体可将投资目标定在可经营性项目上，对这些项目采用BOT投资模式。BOT是英文Build－Operate－Transfer的缩写，是由政府向私人机构颁布特许，允许其在一定时期内筹集资金建设某一基础设施并管理和经营该设施及其相应的产品与服务。政府对该机构提供的公共产品或服务的数量和价格可以有所限制，但保证私人资本具有获取利润的机会。

可以说，旅游产业融资渠道很多，如成立旅游股份有限公司，上市筹集资金；产业投资基金；旅游资产证券化；PPP模式；等等，但就目前民族地区的经济发展状况来讲，成立旅游股份有限公司的可行性比较低。产业投资基金要从旅游企业的营业收入中按比例提取。而民族地区的大部分景点还处在开发的初期，旅游的营业收入比较少。旅游资产证券化的交易结构比较复杂，前期成本较高。PPP融资主要取决于外在因素的作用与影响，PPP融资是政府和私人合作的融资方式，在旅游投资项目中需要寻求专业的中介机构设计方案、提供融资咨询服务，民族地区也很难实现。

7.5.5.2 黑龙江省民族地区运用BOT融资模式发展旅游产业的政策性建议

BOT模式在我国的许多地区都进行了运用，并被实践检验是一种较好的投资模式，国家有关部委也相继颁布了一系列文件，为BOT模式在我国的进一步运用扫清了一些障碍。但在操作方面仍有很多地方需要注意。

一是要成立专门机构，加强政府内部协作。由于BOT项目涵盖了项目融资、建设及运营等三个重要阶段，项目规模大、涉及面广、建设周期长、注入资金量大，从确定项目方案到项目移交是一个非常复杂的过程，在这一过程中，有着较多的参与者，且彼此之间存在利益冲突。为了提高效率，确保项目能顺利实施，政府应该发挥其行政职能，各相关职能部门要加强协作，成立专门的办事机构，为投资商成立的景区管理公司提供详细的资料和周到的服务。

二是加强投资管理功能，对景区进行科学的规划。旅游规划一般由相关专家在实地考察的基础上进行编制，规划的旅游产品要经过多方面专家的论证，具有前瞻性和可操作性。因此，应制定统一的旅游投资规划，成立旅游项目资金库，确立优先发展项目，保证重点项目的优先开发。这一方面有利于旅游景区的保护和可持续发展；另一方面，也有利于开发商减少失误、降低成本，保证一定的收益。并且在旅游景区开发中，规划是政府对投资商进行监督的一个重要依据。如果投资商所投入的资金是通过银行信贷获得，那么银行为了降低风险，也会要求投资商按照规划进行投资和建设。所以，旅游景区开发采用BOT模式必须对景区进行科学的规划。

三是解决好旅游区内各少数民族的利益问题。民族地区未开发的旅游资源大都地处偏僻，自然条件恶劣，交通闭塞。当地的少数民族生产方式相对落后，生活水平不高，当地政府对旅游资源进行开发也符合他们脱贫致富的愿望。所以，运用BOT模式发展该地区的旅游业，必须要重视各少数民族人民的利益问题。当旅游开发建设遇到土地征用和房屋拆迁等问题时，要在国家政策规定的范围内与当地居民进行协商落实，原材料的采购以及就业等问题尽量做到就地解决，保证当地居民能够从中受益。

参考文献

[1] 赫修贵.建设北国风光特色旅游开发区的理性思考[J].理论探讨,2010,(3).
[2] 赫修贵.建设北国风光特色旅游开发区的理性思考[J].理论探讨,2010,(3).
[3] 赫修贵.建设北国风光特色旅游开发区的理性思考[J].理论探讨,2010,(3).
[4] 邹震远.黑龙江旅游业发展政策研究[D].哈尔滨:哈尔滨工业大学,2010.
[5] 钱威.北国风光特色旅游产业发展模式研究——以黑龙江省民族地区为例[J].黑龙江民族丛刊,2014,(1).
[6] 曲丽丽.林业生态产业链的稳定机理与拓展对策研究[D].哈尔滨:东北林业大学,2011.
[7] 赵阳.德国旅游企业产品管理对黑龙江省旅行社的启示[J].黑龙江对外经贸,2010,(2).
[8] 曲丽丽.林业生态产业链的稳定机理与拓展对策研究[D].哈尔滨:东北林业大学,2011.
[9] 王超.如何使广告在建立品牌和市场营销中发挥最佳效果[J].商业研究,2006,(08).
[10] 徐亿军.东北老工业基地振兴与黑龙江省旅游业发展构想[J].商业研究,2006,(08).
[11] 徐亿军.中国旅游业面临的机遇及生存发展战略[J].哈尔滨学院学报,2004,(08).
[12] 刘明.如何发挥黑龙江省的旅游优势[J].继续教育研究,2007,(03).
[13] 柳振万.东北振兴与大连旅游业发展[J].大连干部学刊,2004,(06).
[14] 龚鹏.知识经济时代旅游业发展的新趋势[J].特区经济,2005,(03).
[15] 石彩霞.我国旅游业发展趋势及对临潭县旅游业发展的启示[J].甘肃科技纵横,2008,(01).
[16] 张颖.新《旅行社条例》对旅行社管理的影响研究[D].天津:天津师范大学,2010.
[17] 韩国圣.经济全球化背景下中国旅行社企业空间扩张模式的实证研究[D].上海:上海师范大学,2004.
[18] 洪梅.中国旅行社产业集中度分析[D].湘潭:湘潭大学,2006.
[19] 徐亿军.哈尔滨城市冰雪旅游市场需求影响因素分析与预测[J].哈尔滨学院学报,2013,(06).
[20] 陈明秀.吉林省冰雪旅游资源开发研究[D].长春:东北师范大学,2006.

[21] 夏青伟.黑龙江冰雪旅游可持续发展[J].集团经济研究,2006,(04).

[22] 吴艳秋.冰雪—哈尔滨市旅游经济的王牌[J].商业研究,2001,(09).

[23] 龙耀强,哈尔滨市冰雪旅游竞争力研究[D].成都:西南交通大学,2008.

[24] Icozo Var T,Kozak M. Tourism Demand in Turkey[J]. Annals of Tourism Research,1998,25(1).

[25] Aguilo,Eugeni,Riera,et al. The Short-term Price Effect of a Tourist Tax through a Dynamic Demand[J]. Tourism Management,2005,26(3).

[26] Vanegas Sr,Manuel,Croes,et al. Evaluation of Demand:US Tourists to Aruba[J]. Annals of Tourism Research,2000,27(4).

[27] Mathieson A,Wall G.转引自德村志成,中国国际旅游发展战略研究——日本客源市场[M].北京:中国旅游出版社,2002.

[28] Var T,Mohammad G,Icoz O. Factors Affecting International Tourism Demand for Turkey[J]. Annals of Tourism Research,1990,17(4).

[29] Crouch G. Effect of Income and Price on International Tourism[J]. Annals of Tourism Research,1992,(19).

[30] 梁强.面向体验经济的休闲旅游需求开发与营销创新[D].天津:天津财经大学,2008.

[31] Saunders Palu R,Senter H,Jarvis J. Forcasting Recreation Demand in the Upper Savannah River Basin[J]. Annals of Tourism Research,1981,8(2).

[32] Greenidge K. Forecasting Tourism Demand:An STM Approach[J]. Annals of Tourism Research,2001,28(1).

[33] Chu L. Forecasting Tourism Demand:A Cubic Polynomial Approach[J]. Tourism Management,2004,25(5).

[34] Durbarry R,Sinclair M T. Market Shares Analysis:The Case of French Tourism Demand[J]. Annals of Tourism Research,2003,30(4).

[35] Wong. K K F,Song H Y,Chon K S. Bayesian Models for Tourism Demand Forecasting[J]. Tourism Management,2006.

[36] Cayey G R L. Incorporating the Rough Setheory into Travel Demand Analysis[J]. Tourism Management,2003,(24).

[37] Chen K Y,Wang C H. Supportvecto Regression with Genetic Algorithms in Forecasting Tourism Demand[J]. Tourism Management,2007,(28).

[38] 吴必虎,方芳,等.上海市民近程出游力与目的地选择评价研究[J].人文地理,1997,12(1).

[39] 吴必虎,唐俊雅,黄安民,等.中国城市居民旅游目的地选择行为研究[J].地理学报,1997,52(2).

[40] 杨学燕,金海龙.居民出游决策行为与家庭结构的关系探讨——以宁夏回族自治区为例[J].旅游学刊,2004,(04).

[41] 梁强.面向体验经济的休闲旅游需求开发与营销创新[D].天津:天津财经大学,2008.

[42] 谢彦君.基础旅游学[M].北京:中国旅游出版社,2004.

[43] 林南枝,陶汉军.旅游经济学[M].天津:南开大学出版社,2000.

[44] 刘富刚.旅游需求影响因素分析[J].德州学院学报,2004,20(4).

[45] 王艳平.对"旅游需求"概念及其影响因子分析的深度认识[J].桂林旅游高等专科学校学报,2005,(3).

[46] 卞显红.游客目的地选择影响因素分析[J].地理与地理信息科学,2003,19(6).

[47] 王婉飞.我国分时度假市场需求实证研究[J].浙江大学学报:人文社会科学版,2005,35(6).

[48] 朱湖英,许春晓.不同收入城市居民文化旅游需求差异研究——以长沙市不同收入居民对凤凰古城的旅游需求为例[J].长沙大学学报,2006,20(1).

[49] 梁强.面向体验经济的休闲旅游需求开发与营销创新[D].天津:天津财经大学,2008.

[50] 滕丽,王铮.中国城市居民旅游需求差异分析[J].旅游学刊,2004,19(4).

[51] 刘锋.建设世界旅游强国的前沿关注[J].旅游学刊,2005,(3).

[52] 李一玮.对入境旅游消费结构状况的分析与思考[J].国际经济合作,2004,(7).

[53] 沈振剑.河南境外游客消费行为研究[J].中州学刊,2005(7).

[54] 赵西萍,王磊,邹慧萍.旅游目的地国际旅游需求预测方法综述[J].旅游学刊,1996,11(6).

[55] 吴江华,葛兆帅,杨达源.基于人工神经网络的国际入境旅游需求的定量分析与预测——以日本对香港的国际旅游需求分析为例[J].旅游学刊,2002,17(3).

[56] 肖智,叶煜岚.一种旅游需求多因素动态粗的预测模型[J].统计与决策,2005,(6).

[57] 孙睿君,钟笑寒.运用旅行费用模型估计典型消费者的旅游需求及其收益:对中国的实证研究[J].统计研究,2005,(12).

[58] 保继刚,刘雪梅.广东城市海外旅游发展动力因子量化分析[J].旅游学刊,2002,(1).

[59] 周鹏,任建兰.中国入境旅游客源市场格局及发展预测[J].地域研究与开发,2004,(10).

[60] 王洁,张恩祥,王涛.境外游客流到北京的动态预测[J].统计与信息论坛,1997,(6).

[61] 林依颖.国外旅客对中国大陆旅游业需求预测之分析[D].台北:台湾大学国家发展研究所,2003.

[62] 王磐岩,王玉洁.旅游规划中的旅游经济分析与预测问题[J].旅游学刊,2000,(04).

[63] 李志宏.浅议黑龙江省冰雪旅游产业现状及发展[J].冰雪运动,2004,(03).

[64] 高尚.黑龙江省旅游竞争力提升对策研究[D].哈尔滨:哈尔滨工程大学,2007.

[65] 孙广丰,张宇.吉林省冰雪体育旅游品牌发展建设探讨[J].冰雪运动,2007,(04).

[66] 徐亿军.哈尔滨冰雪旅游客源市场现状与定位分析[J].中国高新技术企业,2007,(03).

[67] 王孟林,董欣,等.黑龙江省冰雪旅游市场影响因素分析与发展对策[J].冰雪运动,2005,(05).

[68] 周鹏,任建兰.中国入境旅游客源市场格局及发展预测[J].地域研究与开发,2004,(10).

[69] 王孟林,董欣,等.黑龙江省冰雪旅游市场影响因素分析与发展对策[J].冰雪运动,2005,(05).

[70] 宋坚,宋强.博物馆社会效益量化分析方法初探[J].杭州科技,2007,(03).

[71] 宋坚,宋强.博物馆社会效益量化分析方法初探[J].杭州科技,2007,(03).

[72] 王磐岩,王玉洁.旅游规划中的旅游经济分析与预测问题[J].旅游学刊,2000,(04).

[73] GREENIDGE K. Forecasting Tourism Demand:An STM Approach[J]. Annals of Tourism Research,2001,28(1).

[74] GREENIDGE K. Forecasting Tourism Demand:An STM Approach[J]. Annals of Tourism Research,2001,28(1).

[75] 宋坚,宋强.博物馆社会效益量化分析方法初探[J].杭州科技,2007,(03).

[76] 薛寒冰.中国少数民族地区旅游业跨越式发展研究[D].北京:中央民族大学,2010.

[77] 彭斌.绿色发展与城市升级的特色:基于区域因素的分析[J].生态经济,2011,(7).

[78] 徐舟.历史城镇的旅游节庆活动方法研究[D].上海:同济大学,2005.

[79] 马剑锋.黑龙江省少数民族旅游经济发展初探[J].黑龙江民族丛刊,2010,(6).

[80] 徐文燕.黑龙江省少数民族民俗旅游资源开发模式分析[J].商业经济,2008,(2).

[81] 郭孟秀.黑龙江省少数民族文化历史与现状调查报告[J].北方文物,2008,(8).

[82] 相华.鄂伦春族农村经济发展情况调研报告[J].黑龙江民族丛刊,2009,(4).

[83] 相华.鄂伦春族农村经济发展情况调研报告[J].黑龙江民族丛刊,2009,(4).

[84] 沃岭生.黑龙江省人口较少民族发展状况的调查与思考[J].黑龙江民族丛刊,2009,(10).

[85] 吴瑶.关于黑龙江省民族乡(镇)发展情况的调研报告[J].黑龙江民族丛刊,2012,(12).

[86] 黄起东.黑龙江少数民族传统体育旅游发展的SWOT分析[J].黑龙江史志,2010,(2).

[87] 黄起东.黑龙江少数民族传统体育旅游发展的SWOT分析[J].黑龙江史志,2010,(2).

[88] 关立卓.黑龙江省少数民族和民族地区全面建设小康社会的理论与实践[J].黑龙江民族丛刊,2005,(6).

[89] 井方.关于黑龙江省少数民族文化工作的研析与思考[J].黑龙江民族丛刊,2011,(4).

[90] 井方.关于黑龙江省少数民族文化工作的研析与思考[J].黑龙江民族丛刊,2011,(4).

[91] 邹震远.黑龙江旅游业发展政策研究[D].哈尔滨:哈尔滨工程大学,2010.

[92] 曲丽丽.林业生态产业链的稳定机理与拓展对策研究[D].哈尔滨:东北林业大学,2011.

[93] 陈苏.区域旅游产业集群形成机理及发展对策研究[D].武汉:武汉理工大学,2011.

[94] 周萍.民族地区旅游产业集群经济圈的构建——以贵州为例[J].商场现代化,2011,(1).

[95] 王俊.基于产业结构优化升级的西北民族地区旅游产业发展模式研究——以甘南藏族自治州为例[D].兰州:西北师范大学,2010.

[96] 游喜喜.民族地区旅游产业运行问题研究——以内蒙古克什克腾旗为例[D].兰州:西北师范大学,2008.

[97] 龚绍方.县域旅游产业集群化发展规划初探[J].地域研究与开发,2008,(12).

[98] 邓念梅.建设三峡区域旅游产业集群的思考[J].特区经济,2007,(6).

[99] 向珍.基于犯罪学视角的旅游目的地安全形象营销研究[D].青岛:中国海洋大学,2009.

[100] 范莉娜.对民族文化旅游资源产权制度中所有者缺位现象的探讨[J].旅游论坛,2009,(4).

[101] 胡静.湖北西部地区区域发展战略与路径研究——旅游引领区域协同[D].武汉:华中农业大学,2010.

[102] 彭燕.平乡村旅游经营模式研究[D].济南:山东大学,2007.

[103] 陈苏.区域旅游产业集群形成机理及发展对策研究[D].武汉:武汉理工大学,2011.

[104] 岑先梅.广西旅游投资的BOT模式探析[J].广西轻工业,2008,(3).